Hot Topic

Sonja Eismann (Hg.)

HOT TOPIC

ventil

Die Arbeit an diesem Buch wurde durch
einen Marie Curie International Reintegration
Grant (an Elke Zobl) innerhalb des
6. Rahmenprogrammes der EU unterstützt.
Sonja Eismann arbeitete an diesem
Projekt mit.

2. Auflage Januar 2008
ISBN 978-3-931555-75-7

Lektorat: Martin Büsser, Jonas Engelmann
Layout/Satz: Amélie Schneider
Illustration Cover: Nic Koskowski
Druck: Fuldaer Verlagsanstalt

Ventil Verlag
Augustinerstr. 18, 55116 Mainz
www.ventil-verlag.de

Inhaltsverzeichnis

Einleitung

> »Stop, we won't stop / don't you stop / I can't live if you stop.«
> (Le Tigre, »Hot Topic«)

»Hot Topic« ist ein Song der Band Le Tigre und der Name einer amerikanischen Bekleidungskette. In »Hot Topic« von der Band Le Tigre geht es um Vorbilder, die FeministInnen inspirieren, trotz aller Widrigkeiten weiterzukämpfen. Die börsennotierte Klamottenmarke »Hot Topic« rühmt sich damit, als erste »rock-inspired clothing« und »music-influenced accessories for teens« in rauen Mengen in die amerikanischen Malls gebracht zu haben. – Hier die Utopie, da die Ware. Ein Widerspruch, der wie ein beinahe ironischer Antagonismus erscheint. Und doch bringt er das Spannungsfeld, in dem sich auch dieses Buch bewegt, prägnant auf den Punkt. Während auf der einen Seite die immer noch misstrauisch bis hasserfüllt beäugte Bewegung des Feminismus' aufgrund stets neu befeuerter Assoziationen von »Unattraktivität« und »Verbissenheit« wie die letzte Bastion der Unvermarktbarkeit wirkt, werden auf der anderen Seite die ihrer Inhalte entleerten ›coolen‹ Codes der popkulturell aktiven Feministinnen unbekümmert in den Markt eingespeist. Bestes, ad infinitum wiederholtes Beispiel: die Mutation vom feministisch-punkigen Riot Grrrl zum konsumfröhlichen Spice Girly in den 1990er-Jahren. Aber auch Le Tigre, die Poster Girls einer neuen feministischen Revolution, werden als positive musikalische Referenz auf Websites erwähnt, die sich ansonsten hauptsächlich damit beschäftigen, in welchen Moskauer Puffs sich amerikanische Expats besonders kostengünstig Prostituierte kaufen können. Das Dilemma der Popkultur, das so alt ist wie die

Popkultur selbst, hat nun auch den Feminismus erreicht, nachdem der es endlich geschafft hat, durch seinen zähflüssigen Einzug in die Popkultur ganz andere RezipientInnen zu erreichen.

Aber dennoch und gerade deshalb: Dass man im deutschsprachigen Raum in Bezug auf neuere Feminismen gerne von ›Popfeminismus‹ spricht, heißt nicht, dass es keinen Widerstand mehr zu formulieren gebe. Und wenn an verschiedenen Stellen immer wieder gefordert wird, Feminismus müsse glamourös werden, dann gilt es auch innerhalb des hegemonialen Systems Pop zu korrigieren: Er muss dürfen, aber er darf nicht müssen. Nicht die viel strapazierte weibliche Haut muss wieder zu Markte getragen werden, um der Oberfläche Pop mit einer adäquat zugerichteten femininen Oberfläche das Prinzip Feminismus schmackhaft zu machen, sondern umgekehrt sollte Popkultur durch feministische Strategien perforiert und erschüttert werden.

›Hot Topics‹, brennende Themen, gibt es auch heute noch viele, auch wenn Mainstream-Jubelmeldungen über vereinzelte weibliche Spitzenpolitikerinnen, bessere Noten von Mädchen und eine diffus ›weibliche‹ Zukunft mit einer ›Frauen ist alles möglich, wenn sie denn nur endlich wollten‹-Haltung hausieren gehen. Dass die Realität anders aussieht, zeigt nicht nur ein Blick auf die immer noch weit auseinanderklaffenden Einkommensverhältnisse von Männern und Frauen, sondern auf der symbolischen Ebene genügt schon ein Blick in pro-feministische Webforen wie genderblog.de, die von »Männerrechtlern« dazu missbraucht werden, ihrem Frust über »sexfeindliche Männerhasserinnen« und den Missbrauch der Männer als »Samenspender« im »zu weit gegangenen Feminismus« Luft zu machen.

Wenn auch die Einbettung in die popkulturelle Sozialisation, die alle Autorinnen des Buches geprägt hat, einen neuen Zugang privilegiert, sind doch viele der Problematiken bekannt – und nach wie vor erdrückend aktuell. Neben der Bewusstmachung der Konflikte oder Fragestellungen, die popkulturell sozialisierte Frauen (und andere) heute umtreiben und die vom Recht der Herrschaft über den eigenen Körper bis zum Umgang mit sexistischen Strukturen im Musikbusiness reichen, verfolgt dieses Buch aber noch ein ganz anderes Projekt.

In meiner Arbeit als Journalistin und feministische Kulturwissenschaftlerin ist mir deutlich geworden, dass es im deutschen Sprachraum keine medial präsente Kultur eines radikalen, popbezogenen Feminismus' gibt, wie er sich im anglophonen, hauptsächlich US-amerikanischen Raum schon seit Jahren in Medien wie *Bust*, *Bitch* und *Venus Zine* und kontinuierlichen Buchveröffentlichungen Bahn bricht. Im deutschen Sprachraum hingegen wird Feminismus im öffentlichen Bewusstsein seit ca. 30 Jahren fast exklusiv mit der Figur Alice Schwarzer, für die Jüngeren maximal mit Charlotte Roche, in Verbindung gebracht. Doch aus eigenen Erfahrungen im Freundinnenkreis, auf Ladyfesten, feministischen Workshops, Grrrl-Zinester-Treffen, und Drag-King-Shows weiß ich: Es gibt diese Community, die sich nicht den Kopf darüber zerbricht, ob Feminismus bedeutet, dass man sich leider nicht die Beine rasieren ›dürfe‹, sondern lieber darüber, wie man effektiv netzwerken, feministische Veränderung bewirken und dabei möglichst noch Spaß haben kann. Diese Community braucht meiner Meinung nach ein öffentliches Forum, damit junge Mädchen – und auch ältere Frauen – wissen, dass es nicht nur die Wahl zwischen dem pornokompatiblen Pseudo-Empowerment der Pussycat Dolls und dem lahmen Gleichstellungs›feminismus‹ bürgerlicher Medien und Institutionen gibt.

Seit der Veröffentlichung des essenziellen Buches »Lips Tits Hits Power? Popkultur und Feminismus« vor beinahe zehn Jahren ist im deutschsprachigen Raum in diesem Bereich fast nichts mehr passiert. Sicher, es gibt tolle Bands, female DJs, Ladyfeste, Zines und ab und zu schafft es auch eine feministisch denkende Person, einen Artikel in ein größeres Medium zu schmuggeln. Doch im Großen und Ganzen herrschen bei der Mehrheit der Frauen (und Männer) nach wie vor Unkenntnis und Berührungsängste bezüglich des tabuisierten »F-Wortes« vor.

Ich erinnere mich noch genau, wie euphorisch ich war, als ich 2000 in Wien mit anderen popversessenen feministischen Frauen um die 20 anfing, für die selbst produzierte Zeitschrift *nylon. KunstStoff zu Feminismus und Popkultur* zu arbeiten. Ich war richtiggehend überwältigt, denn ich hatte vorher nicht gewusst, dass es uns als Gruppe gab. Doch in Deutschland, wohin es mich meiner Arbeit wegen verschlug, wartete ich jahrelang auf diese Form der Sichtbarkeit. Trotz des Austauschs mit anderen an Feminismus interessierten Frauen kam es nie zur Bildung eines größeren, handlungsfähigen Netzwerks, und der ›Malestream‹ blieb feindlich.

Daher wünsche ich mir, dass dieses Buch auch als Forum fungieren kann, das noch viele ähnliche Projekte nach sich zieht. Es soll keine definitive Antwort auf die Frage geben, was der (streitbare) Terminus ›Popfeminismus‹

bedeuten kann, sondern eher einen exemplarischen Überblick über den Status Quo der Debatte(n) darstellen. Bewusst habe ich den Autorinnen nahe gelegt, Themen, die ihr Leben oder ihr Denken bestimmen, mit einem persönlichen Zugang – das Private ist schließlich nach wie vor politisch – zu einem theoretischeren Diskurs-Level zu führen, um zu demonstrieren, dass Feminismus kein abstraktes Konzept ist, sondern als gelebte Alltagskultur alle Lebensbereiche durchdringt. Obwohl die identitäre Politik, die vor allem den US-amerikanischen Third Wave Feminism auszeichnet, in ihrer Betonung der Differenzen tendenziell die Wirksamkeit einer solidarischen gemeinsamen Handlungsbasis unterminiert, erscheint mir die Nähe zu tatsächlich Erlebtem nicht nur wichtig für die Formulierung von Anliegen, sondern ganz einfach auch spannend zu lesen: Welche Erfahrungen haben andere Frauen gemacht? Was verbindet uns? Was trennt?

Die Frage nach der Präsenz von Männern in dieser Anthologie, die ja durchaus auch einen Beitrag zur Emanzipation leisten können und sollen, empfahl mir eine Mitautorin mit folgenden Worten zu quittieren: »Ach, es sind keine Männer als Autoren dabei? Ups, ist mir gar nicht aufgefallen!« – in Anspielung auf die vielen (Musik-)Veranstaltungen und Buchveröffentlichungen, die ›men only‹ sind, ohne sich als ›Männerprojekte‹ zu deklarieren. Einfach nur, weil den Machern eben nur männliche Freunde zum Thema eingefallen sind. Nun, »Hot Topic« ist in dieser Hinsicht ehrlich und versucht nicht, durch die Präsenz eines Quotenmannes, wie das z. B. bei Fachbüchern über elektronische Musik umgekehrt in Bezug auf Frauen gerne praktiziert wird, über die Frauenübermacht wegzutäuschen.

Ja, ich wünsche mir, dass Geschlecht dekonstruiert wird und in Zukunft keine Definitionsmacht mehr über die Gesellschaft hat, und ja, ich denke, dass es bis dahin ein politisch probates Mittel ist, Frauen ihre eigenen ›Spaces‹ zur Veränderung und zur Repräsentation ihres Wirkens, das im Mainstream allzu oft marginalisiert wird, zuzugestehen. Genug also hierzu. Stattdessen danke ich lieber allen Frauen, die mitgeschrieben und -geholfen haben. Ohne sie wäre das Buch nicht entstanden, ohne sie gäbe es keine der immer noch so verzweifelt gebrauchten weiblichen Netzwerke und, für mich zumindest, keine Inspiration. Liebe feministische Wegbegleiterinnen, don't you stop. I can't live if you stop.

Sonja Eismann

ALBUM

Des mit der Arbeit
Illustration: Isabel Reiss und Viola Thiele, Mosh Mosh

USA Signs 1
Foto: Sarah Diehl

Eistruhe
Foto: Sandra Stein

Flüssiger Hahn
Illustration: Fehmi Baumbach

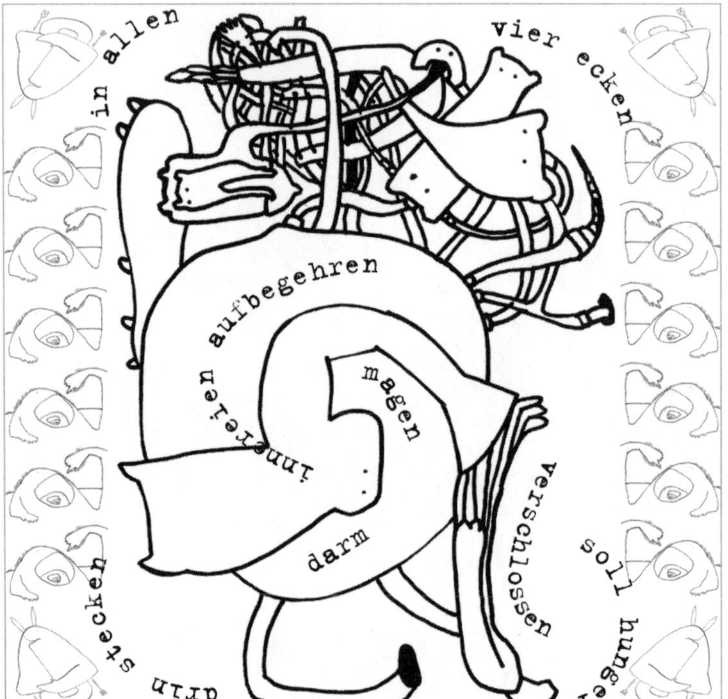

Magen
Illustration: elffriede

Textilperformance Elektrische Zahnbürste
*Kleidercollage: Stephanie Müller, rag*treasure, Foto: scissabob.de*

Störung
Illustration: elffriede

Unbeschreiblich weiblich, 2007. Fotos vom Filmdreh
Dimitrina Sevova

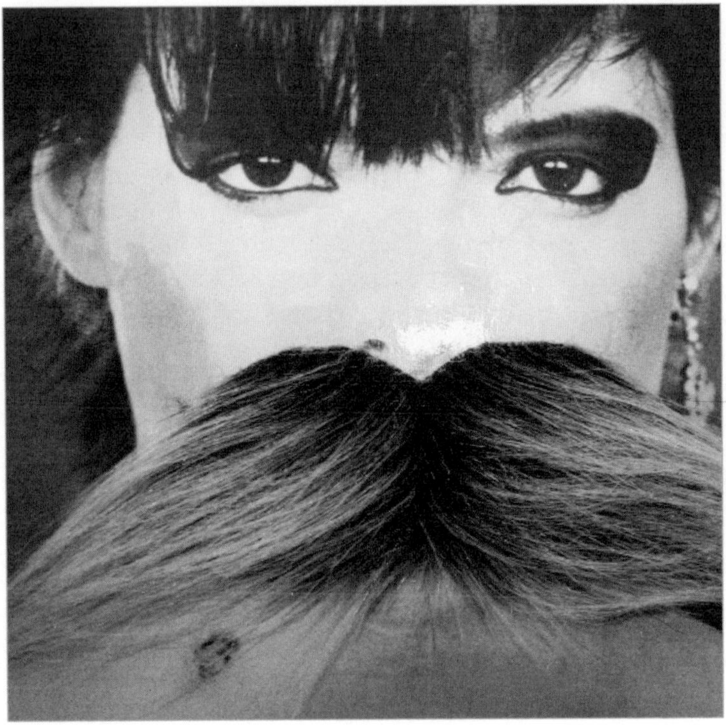

Unbeschreiblich weiblich, 2007. Detail, angeeignetes Objekt mit Schnauz.
Dimitrina Sevova

anonymous-warhol_flowers@Apr_18_08.24.13_2007
Projekt: Cornelia Sollfrank, net.art.generator.com

The Greatest
Artwork: Hank Bobbit, Foto: Pia Thilmann

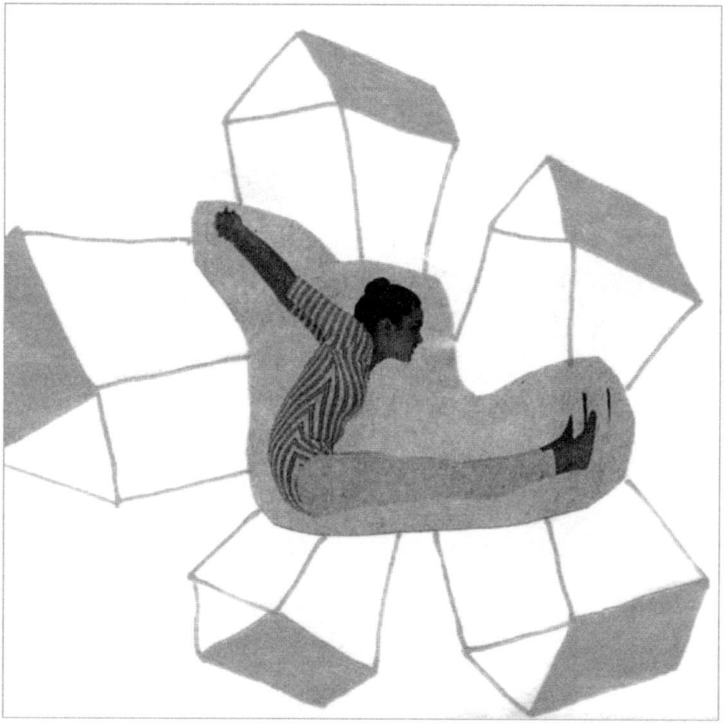

now!
Illustration: Julia Wacker, Mimikry

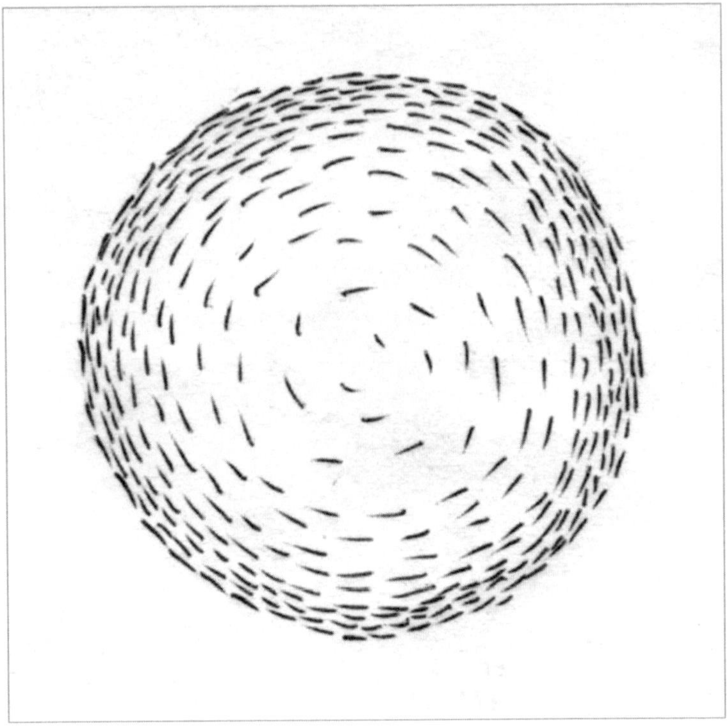

Vielliebchen
Illustration: Julia Wacker, Mimikry

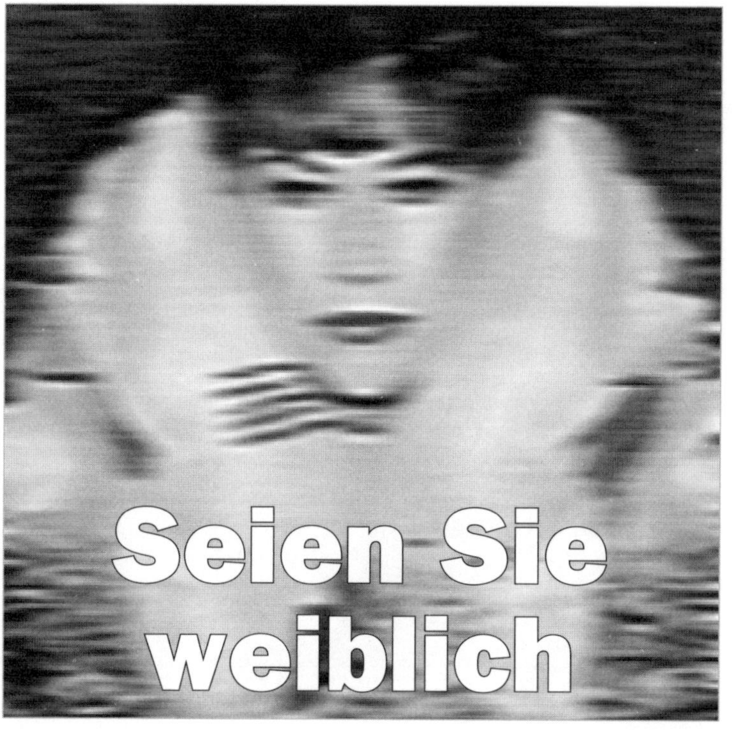

Party
Illustration: Verena Lettmayer

Internationale Grrrl Zines
Foto: Elke Zobl

Cafe: Mit unerwünschtem Blick
Foto: Bettina Mooshammer

Cafe: Ohne unerwünschten Blick durch ausfaltbaren Blumenstrauß
Foto: Bettina Mooshammer

Lemmy
Illustration: Anne Lück

»Writings on the wall«, Gedankenfragmente einer 16-Jährigen
Installation: Elisabeth Moch

»Love me or hate me«, Venus Performance, 09.07.2007, Hamburg
Performance: Anna W., Foto: Malin Schulz

Luxury
Illustration: Linda Wölfel

Kapitel 1

SEXUALITÄT

Cordula Thym

I'M HERE, I'M QUEER, UND JETZT?

Homophobie ist eine Strategie

»Große Panik entsteht / wenn man sich eingesteht / dass die größte Gefahr / sich selbst zu zeigen war.«
(Justus Köhncke, »Herz aus Papier«)

Coming of Age

Als kleines Mädchen verliebte ich mich immer in die Freunde meines älteren Bruders. Das war auch kein Wunder, denn im Gegensatz zu meinem Bruder waren sie nett und spielten mit mir. Ich war ja an sich ein ganz süßes Kind. Und ein ziemlich wildes. Lieber als mit Puppen zu spielen, kletterte ich mit den Nachbarbuben auf Bäume, gleichtzeitig tanzte ich auch Ballett. Gender Trouble war, wie bei vielen anderen Mädchen auch, vorprogrammiert.

Meinen ersten Kuss erlebte ich mit zehn in einem Ferienlager. Er war auch zehn. Es war ziemlich aufregend. Die Zwänge des binären Geschlechtersystems spielten für mich in diesem Alter noch keine große Rolle, ich machte mir nicht viele Gedanken über Etikette und mein Verhalten. Ich tat es einfach. Im Gymnasium wurde es dann schwieriger. Auf einmal flippten alle aus, den Mädchen wuchsen Brüste, die Buben kamen in den Stimmbruch und die allgemein bekannte Feindseligkeit zwischen beiden Parteien machte sich breit. Für mich war es niederschmetternd zu erleben, wie sich die meisten meiner Freundinnen auf den vorbestimmten Wegen einfanden. Flirten, knutschen, Briefchen scheiben, sich schminken und Röcke tragen, das interessierte mich alles nicht. Ich wollte altkluge Gespräche führen und als gleichwertig anerkannt werden.

Meinen ersten Freund hatte ich mit 15. Unsere Beziehung dauerte drei Monate, dann war ich ihm zu anstrengend. Er verbrachte seine Zeit doch lieber mit seinen Buddies beim Computerspielen. Zur gleichen Zeit verliebte ich mich zum ersten Mal in eine Frau, meine damals beste Freundin. Ich übernachtete am Wochenende oft bei ihr und verbrachte die Nächte meistens damit, ihr beim Schlafen zuzusehen und ziemlich verzweifelt zu sein. An so was wie ›lesbisch sein‹ habe ich damals noch nicht gedacht. Und es sollte noch vier Jahre dauern, bevor ich meine erste Frau küsste.

Ich komme aus einer Kleinstadt. Dort gab es keine Szene, keine Lokale und auch keine, zumindest damals, bekennenden Schwulen und Lesben. Außer einer. Sie war 16, ›working class‹. In ihrer Freizeit prügelte sie sich am liebsten mit den Jungs und hatte oft irgendwas in Gips. Ich fand das sehr beeindruckend. Über ihre Identität sprach sie nie mit mir, nur einmal sagte sie: »Mit Jungs, das hab' ich ausprobiert, aber das taugt mir nicht so.« Sie roch wahnsinnig gut and her kisses tasted like honey. Und so hatte ich mit 19 mein Coming-Out. Meine Eltern waren nicht begeistert und gewöhnen sich erst jetzt langsam daran.

Wir waren einen Monat zusammen, dann verließ sie mich, weil sie mit einer 14-Jährigen rumgeknutscht hatte. Weiter sind wir auch nie gekommen. Ich hatte meinen ersten Sex allerdings schon zwei Jahre vorher gehabt. Er war acht Jahre älter als ich und ein verantwortungsloser Vollidiot. Aber ich war froh, es hinter mich gebracht zu haben. Mit 20 hatte ich endlich meine erste richtige Freundin, zog in ein schwul-lesbisches Hausprojekt und dachte im Großen und Ganzen, meine Identität wäre jetzt besiegelt. Ich wusste, wo ich hin wollte und wer ich sein wollte. Bis ich mich mit 28 unerwartet und unvorbereitet in einen Mann verliebte.

Queere Theorien

Laut Judith Butler steht das Konzept der Zweigeschlechlichkeit im Dienst der heterosexuellen Matrix. Das biologische Geschlecht entbehrt jeder Essenz, sein Sein ist ein Produkt des hegemonialen Diskurses. Butler kritisiert auch die Kategorie ›Identität‹ und die damit zusammenhängende Identitätspolitik als ein über Ausschlüsse operierendes Konzept. Und diese ›Identität‹ als versprochene Einheit der Interessen – im Fall von Lesben und Schwulen oft unter dem kleinsten gemeinsamen Nenner, nämlich gleichgeschlechtlichem Sex, gefasst – stellte sich für mich als eine unglaublich brüchige und für mein Leben nicht mehr anwendbare dar. Obwohl ich zehn Jahre meines Lebens um diese Identität herum aufgebaut hatte, war sie auf einmal nicht mehr praktikabel. Das führte bei mir zu einer gewissen Frustration. Ich begann, eine ablehnende Haltung gegenüber meinem Lesbisch-Sein zu entwickeln. Und verbrachte daraufhin ziemlich viel Zeit damit, mir zu überlegen, wie das passieren konnte. Was war diese Identität, und warum war sie in der Form, in der ich sie bisher gelebt hatte, so unhaltbar?

Ich stellte mir viele Fragen: Konnte ich noch lesbisch sein und trotzdem mit einem Mann schlafen? Was bedeutet Sexualität überhaupt für mich und wie ensteht mein Begehren? Und wenn ich mich als Lesbe definiere, habe ich dann, obwohl ich mit einem Mann schlafe, ›lesbischen Sex‹? Kann ich trotzdem weiterhin in einem schwul-lesbischen Hausprojekt wohnen? (Ich entschied mich dafür, da ich nicht dem heterosexuellen Normalisierungsdruck nachgeben wollte.) Sollte ich mich als ›bisexuell‹ bezeichnen, also mit einem Begriff, den ich für mich ablehne, weil er, zumindest im deutschsprachigen Raum, noch keine politische Dimension hat? Oder sollte ich überhaupt damit aufhören, mich irgendwie zu labeln? Was passiert aber dann mit der politischen Notwendigkeit, als Lesbe sichtbar zu bleiben?

Dazu kam noch die Trennung von meiner Freundin. Eine gemeinsam geglaubte Identität wurde in ihren Grundfesten erschüttert. Schon bald führten wir einen erbitterten Stellvertreter-Krieg um eben diese lesbische Identität, der viel mehr in Trümmern zurückließ als nötig gewesen wäre. Ich brauchte sehr lange um zu verstehen, dass ich nicht ›schuldig‹ war, weil ich mit dem ›Feind‹ geschlafen hatte. Sondern dass die Gründe für unseren Kampf und unsere Entfremdung sowie für meine Identitätskrise Resultate eines Lebens in einer homophoben Gesellschaft und einer internalisierten Homophobie sind.

Krise als Chance

Homophobie bezeichnet die irrationale Angst vor Menschen, die gleichgeschlechtlich lieben. Wobei der Terminus Phobie eigentlich irreführend ist, denn Homophobie ist keine psychische Störung, sondern sie hat System. So operiert Homophobie sowohl auf der persönlichen als auch der zwischenmenschlichen, der institutionellen und der kulturellen Ebene.

Queere Theorien und das Wissen um shiftende Identiäten halfen mir zwar, mein Erleben rational zu begreifen, nicht aber das emotionale Chaos in den Griff zu bekommen. Auch das führte zu einer gewissen Frustration. Wenn ich das sowieso alles ›wusste‹, warum ging es mir dann nicht besser? Und warum konnte ich mich nicht auf eine neue Beziehung, die abseits der definierten Grenzen lag, einlassen? Ich litt unter Angstzuständen und hatte aus unterschiedlichen Gründen Schuldgefühle. Das Innen und das Außen passten nicht mehr zusammen. Bei wem aber liegt letztendlich die Definitionsmacht darüber, wer und was ich sein kann, wenn nicht bei mir selbst? Ich begann, dieses Ringen um und mit meiner Identität auch als einen Prozess des ›self empowerment‹ zu begreifen.

Vor einer Weile meinte eine Freundin: »Deiner Identität fehlt einfach die Anerkennung.« Aber Anerkennung von wem? Meinen Eltern? Der Gesellschaft? Von der lesbisch-schwulen Community? Und wenn eine queere Identität bedeuten kann, sich in permanenter Auflösung oder Veränderung zu befinden, wo soll diese Anerkennung stattfinden? Führt Queerness den Begriff der Anerkennung nicht ad absurdum? Was bleibt, ist die Frage nach der eigenen Positionierung und Möglichkeiten der Solidarität. Denn die Erfahrung des Ausschlusses von bestimmten Strukturen, sei es als Mädchen, Frau oder Lesbe, haben mich in dieser Hinsicht auf jeden Fall sensibilisiert.

Homophobie erzeugt einen großen Druck auf die lesbisch-schwule Community. Die Kritik an Identitätspolitik mag berechtigt sein, verleugnet aber deren Gründe und auch deren Notwendigkeit in einer homophoben Gesellschaft. Das Schaffen von eigenen Räumen und Netzwerken ist nach wie vor eine wichtige politische Strategie. Dabei muss ein nach eigenen Regeln definierter Raum nicht unbedingt als Fluchtpunkt vor einer homophoben Gesellschaft gesehen werden. Ein solches Denken impliziert für mich sogar wieder eine gewisse Homophobie. Trotzdem verdecken viele dieser bereits existierenden Strukturen den Blick auf andere Möglichkeiten der Solidarisierung unterschiedlicher Gruppen oder Menschen. Und es stellt sich die Frage, ob Homophobie nicht auch als ein Instrument zur Trennung von Menschen dient, die eigentlich das Gleiche wollen: jenseits von sexistischen, homophoben, rassistischen und kapitalistischen Strukturen lieben und leben. Ich hatte diesen Prozess der Spaltung vollkommen verinnerlicht, und das hat mich tatsächlich fast verrückt gemacht. Irgendwann stellte ich fest, dass ich mir über die falschen Dinge den Kopf zerbreche – ich hatte zugelassen, dass der Kampf in mir stattfindet, anstatt wahrzunehmen, dass der Druck mich einzuordnen, mir die Energie für viel wichtigere Dinge geraubt hat.

In ihrem Buch »Homophobia, a Weapon of Sexism« wirft Suzanne Pharr die Frage auf: »Wie würde diese Welt aussehen, wenn es keine Homophobie gäbe – für alle Menschen, egal welchen Geschlechts oder welcher sexuellen Orientierung?«[1] Diese sehr einfache Frage rückte meine Identitätskrise in ein völlig neues Licht. Es geht nicht so sehr darum, wer oder was ich bin, sondern wofür ich eintrete und mich stark mache.

Würde mich jetzt jemand nach meiner Identität fragen, könnte ich wohl diverse Antworten geben: Neben ›Lesbian‹ bin ich wohl auch gleichzeitig ›Hasbian‹, lesbophil, bi, queer, ein ›Dykehag‹, unsicher und sicher, stabil und veränderbar. Für mich ist diese Frage nicht wirklich beantwortbar und sie ist mir auch nicht mehr so wichtig. Positionierungen machen sowieso immer nur in einem bestimmten Kontext Sinn. Ich kann die Schnittstellen zwischen Privatem und Öffentlichem wieder für mich fruchtbar machen. Gleichzeitig kann ich klarer unterscheiden, wo ich in dieser Frage beginne und wo ich aufhöre. Meine Identität gehört mir, aber der Kampf gegen Homophobie geht uns alle an.

ANMERKUNGEN

1 s. Pharr, Suzanne: Homophobia. A Weapon of Sexism. Little Rock: Women's Project 1988.

Julia Roth

FRAUENKÖRPER – MÄNNERSACHE?

Ein feministischer Blick auf Verhütungspraktiken

»Have you any notion of how many books are written about women in the course of one year? Have you any notion how many are written by men? Are you aware that you are, perhaps, the most discussed animal in the universe?«
(Virginia Woolf: A Room of One's Own, 2000 [1929]: 33-34)

»Wenn Frauen wirklich so ›befreit‹ sind, warum haben sie dann, was Fortpflanzung betrifft, weniger Freiheit als noch vor einer Dekade? [...] Die Auswahl an verschiedenen Verhütungsmitteln wird kleiner, die diesbezügliche Forschung ist praktisch zum Stillstand gekommen.«
(Susan Faludi: Backlash, 1995: 15)

»Nehmen Sie doch die Pille!« Der kleine ältere Herr in Weiß fuchtelt mir mit einer Papptabelle vor den Augen herum, die an Aufklärungsunterricht aus den 1970er-Jahren erinnert. »Schauen Sie, die Pille bietet 98-prozentige Sicherheit, Kondome sind viel unsicherer!«, erklärt er, während ich auf dem antiquierten Gynäkologenstuhl eingezwängt bin. Aus reiner Bequemlichkeit hatte ich ausgerechnet seine Praxis zwecks eines Schwangerschaftstests aufgesucht, weil sie die laut Telefonbuch nächstgelegene war. Ich kann nicht glauben, dass er das wirklich zu mir gesagt hat. Leider bin ich zu perplex, um ihm die Papptafel um die Ohren zu hauen. Mit einem Satz meint dieser greise Schulmediziner, meine körperliche und feministische Bewusstseinsbildung der letzten zehn Jahre wegwischen zu können.

Denn schließlich war eine gleichberechtigte, zwanglose und lustvolle Sexualität eines der Hauptziele der Zweiten Welle des Feminismus. Die Erfindung der Pille war zunächst natürlich ein Befreiungsschlag. Wie oben genannter Gynäkologe paradigmatisch beweist, geriet darüber im Mainstream-Diskurs aber jegliche kritische Auseinandersetzung mit den Nebeneffekten und deren Hinterfragung wieder aus dem Blickfeld. Gleichsam rückten die Parameter, Strukturen und Institutionen, die eben diese Form hervorbringen, legitimieren, normieren und gegenüber anderen moralisch höher bewerten als andere, in den Hintergrund. Wenn viele Gynäkologen in Deutschland so drauf sind, wundert mich das Verhütungsverhalten vieler Frauen und der scheinbare Stillstand der Debatte nicht mehr.

Aber der Reihe nach: Auch hinter mir lag ein langer und schrittweiser Erkenntnisprozess, bis ich endlich begann, die Mechanismen zu verstehen, mittels derer Frauenkörper in puncto Verhütung immer noch unhinterfragt diszipliniert und ihre Besitzerinnen indoktriniert werden. Und bis ich mich also über beschriebenen Frauenarztbesuch so aufregen konnte.

Wie so viele pubertierende Mädchen ließ auch ich mir mit 15 Jahren die Pille verschreiben, bevor ich das ›richtige‹ erste Mal hinter mich brachte. Ich überredete meine perplex-skeptische, aber aufgeschlossene Mutter, mit mir zu ihrem Frauenarzt zu gehen (ich dachte damals noch, frau bräuchte dazu die elterliche Legitimation). Er war so ein väterlicher Typ, der uns abwechselnd beruhigend in die Augen schaute und sagte: »Lieber einer 13-Jährigen die Pille verschreiben, als das Risiko einer ungewollten Schwangerschaft einzugehen.« Diese Worte fand ich einleuchtend. Sie prägten sich mir tief ein. Auch die Zeitschriften *Bravo* und *Bravo Girl*, die ich unregelmäßig aber interessiert las, beteten diese Erkenntnis mantra-artig und in Endlosschleifen herunter.

Bravo hat mich quasi aufgeklärt. Ich las sie heimlich und gegen den Willen meiner Mutter vom zarten Alter von acht Jahren an, nachdem der ältere Sohn einer Freundin meiner Mutter einige Ausgaben bei uns vergessen hatte. Als sie mir dann Jahre später ein pädagogisch wertvolles Aufklärungsbuch vorlegte, konnte mir dies nur ein müdes Lächeln abgewinnen. Ich kann mich nicht erinnern, dass meine sehr junge und ansonsten äußerst aufgeschlossene und lockere Mutter jemals persönlich mit mir über Verhütung gesprochen hätte. Und vom Bio-Unterricht war ebenfalls wenig zu erwarten. Mein erster Biolehrer, Typ zerstreuter Professor mit herzerwärmendem russischen Akzent, erzählte uns in der sechsten Klasse etwas von der Entwicklung des Kindes im Mutterleib. Dann waren Sommerferien. Der nächste Lehrer stellte dumme Fragen wie »Wer nimmt denn die Pille? Mann oder Frau?«, die uns gleichsam nur amüsiertes Grinsen abringen konnten. Immerhin haben wir bei ihm gelernt, wie AIDS-Viren funktionieren und warum es so schwer ist, ein Medikament dagegen zu entwickeln. Wie man sich davor schützt, blieb Nebensache des Erkenntnisinteresses. Und von Geschlechtskrankheiten war weder in den mir damals bekannten Aufklärungsbüchern à la »Wenn Mama und Papa sich ganz doll lieb haben« noch im aufs Reproduktiv-Technische zentrierten Sexualkundeunterricht die Rede. Das kann man immerhin der *Bravo* trotz der von ihr reproduzierten Geschlechterstereotypen zugute halten. (Der einzige Hollywoodfilm, der mir einfällt, in dem Kondome vorkommen, ist »Pretty Woman«. Julia Roberts spielt darin bezeichnender Weise eine Prostituierte. Weitere Mainstream-Filme oder -Romane, in denen Verhütungsmittel ein Thema sind, fallen mir spontan nicht ein. Von Pornos ganz zu schweigen. So viel zum Thema verfügbarer kultureller Bilder.) Alles Nichtheterosexuelle war Tabuthema, mit real erlebter Sexualität hatten diese Genres so gut wie gar nichts tun. Die Sexualpädagoginnen von Pro Familia oder AWO fanden den Weg in meine nordhessische Provinzschule nicht.

Eigentlich widerstrebt es mir, mich durch Zitate schlauer Männer zu autorisieren, doch nachdem ich mich inzwischen etwas intensiver mit feministischer Kritik und Kritik von Machtstrukturen allgemein beschäftigt habe, muss ich, wenn ich meine Schulzeit und Pubertät Revue passieren lasse, unweigerlich an Foucault denken, wenn er schreibt:

> »[D]as Unterfangen, frei über den Sex zu sprechen und ihn in seiner Wirklichkeit zu akzeptieren, ist dem Lauf einer mittlerweile tausendjährigen Geschichte so fremd und steht den inneren Mechanismen der Macht so feindlich gegenüber, daß sie sicherlich lange auf der Stelle treten wird, bis sie endlich Erfolg haben kann.« (Foucault: 17)

(Vor allem auch) dank Pille und mangels kritischen Bewusstseins erlebte ich also meine sexuelle Erweckungsphase unbeschwert und ohne größere Komplikationen. Die tägliche Einnahme ging mir schnell in Routine über, und in den seltenen Fällen, wenn ich mal vergaß, die Dinger zu schlucken, war mir das stets bewusst, und ich sorgte zusätzlich für Kondome. Ich muss zugeben: Es liebt sich recht unbeschwert, wenn die Möglichkeit einer Schwangerschaft definitiv ausgeschlossen werden kann. So gewöhnte ich mich daran, immer, überall und auf alle möglichen Arten Sex haben zu können, ohne an die damit verknüpfte Möglichkeit einer Schwangerschaft auch nur zu denken. Obwohl ich den Titelsong meiner ersten CD von Salt'n'Pepa – »Let's talk about sex, baby, let's talk about you and me, let's talk about all the good things and the bad things that may be« – ziemlich toll fand und lauthals mitsang, bezog ich ihn nicht auf mein eigenes Verhalten. Vom gravierenden hormonellen Eingriff in den Körper, den diese Methode der Empfängnisverhütung darstellt, wollte ich damals noch nichts wissen.

So wie ich hielten es die meisten meiner Freundinnen. Wir fanden es ziemlich erwachsen und cool, mit einschlägigen Berichten auftrumpfen zu können. Ich glaube, wir hielten uns für emanzipiert und frei, unsere Sexualität sorgenfrei ausleben zu können. Bevor wir den unreifen, unsicheren und ungeübten Jungs vertrauten, behielten wir lieber selbst die Kontrolle. Die einzige Freundin, von der ich weiß, dass sie nicht die Pille nahm, wurde tatsächlich mit 17 schwanger und ist heute Mutter einer zwölfjährigen Tochter. Ich erinnere mich aber auch, dass wir über ein älteres Mädchen unserer Schule in der nordhessischen Kleinststadt, wo ich aufwuchs, lästerten, weil sie demonstrativ ihr Pillen-Päckchen für alle sichtbar im Portemonnaie mit sich spazieren trug. Schnell bekam sie den Stempel der ›Dorfmatratze‹ aufgedrückt.

Wenig später, inzwischen auf dem mittelgroßstädtischen Oberstufengymnasium, fand ich meine Sitznachbarin Petra ziemlich punkig, als sie mir in der Biostunde erklärte, ihr sei schrecklich schlecht, weil sie in der Nacht in Folge eines gerissenen Kondoms ›die Pille danach‹ geschluckt habe. Ich bewunderte sie insgeheim für ihren Mut und ihre Unangepasstheit. Petra hat heute ebenfalls eine Tochter. Nach meiner ersten experimentierfreudigen Beziehung durchlebte ich eine längere Phase des Ausprobierens. Meist benutzten wir Kondome, wenn es damit aufgrund von Ungeübtheit oder übermäßigem Alkoholkonsum nicht so recht klappte, konnte ich ja immerhin nicht schwanger werden. Langsam begann ich darüber nachzudenken, dass es vielleicht doch nicht nur cool sein könnte, tagtäglich Hormone in sich hineinzustopfen, zumal ich zu dieser Zeit auch noch relativ regelmäßig rauchte. Eine Freundin meiner Mutter, die starke Raucherin war und die Pille nahm, erlitt einen Schlaganfall und musste erst wieder sprechen lernen.

Die Spirale erschien mir nicht wirklich als Alternative. Einer Freundin musste sie wenige Tage nach dem Einsetzen unter großen Schmerzen wieder entfernt werden. Außerdem stellte auch sie einen massiven Eingriff in den Körper dar. So hielt ich während meiner beiden folgenden längeren Beziehungen an dem Prinzip fest, den Weg des vermeintlich geringsten Widerstands zu gehen und dem unbeschwerten Spaß den Vorrang zu lassen. So lange ich in zumeist braven monogamen Dauerbeziehungen lebte, stellte ich das Nachdenken über die Auswirkungen auf meinen Körper und Verantwortlichkeiten hinten an. Auch brachte ich mein stärker werdendes feministisches Bewusstsein nicht mit meinem eigenen Verhütungsverhalten in Verbindung. Das Festhalten an der Vorstellung der Freiheit und Kontrolle war ohne Frage praktischer.

Mit dem schmerzhaften Ende einer längeren Beziehung einige Jahre später setzte dann schlagartig das Bedürfnis ein, von einem auf den anderen Tag mit der Pille aufzuhören und meinen Körper nicht länger hormonell auf allzeit bereit zu schalten. Ich begann mich auch zu fragen, warum eigentlich nur einigermaßen verlässliche Verhütungsmittel für Frauen existierten. Die ›Pille für den Mann‹ kam zu dem Zeitpunkt gerade ins Gespräch, sie galt jedoch als unsicher, und Erfahrungswerte wusste niemand aufzuweisen. Von meinen Freunden hatte meines Wissens so gut wie keiner jemals einen Urologen aufgesucht, geschweige denn in regelmäßigen Abständen. Die meisten Frauen, die ich kenne, unterwerfen sich mindestens ein- bis zweimal pro Jahr gynäkologisch-medizinischer Kontrolle. (Als einzige innere Genugtuung bleibt das Wissen, dass sich die Jungs so ganz nebenbei auch die Möglichkeit von prophylaktischen Vorsorgeuntersuchungen entgehen lassen, die sie später Mal am vorzeitigen Tod durch Prostatakrebs bewahren könnte.)

Ich erinnere mich noch, dass ich damals eine regelrechte Wut auf meine Ignoranz und Kritiklosigkeit, aber insbesondere auf die scheinbar noch immer wirkmächtigen patriarchalischen Machtstrukturen und Verhaltensweisen entwickelte, zumal ich mich seit längerem intensiver mit feministischen Fragestellungen beschäftigte. Noch fassungsloser als meine eigene Naivität machte mich in der folgenden Zeit immer öfter allerdings das Verhalten meiner zahlreicher werdenden Sexualpartner. Einige Jungs sind vorbildhaft, haben Kondome stets griffbereit, die sie selbstverständlich und ohne Diskussion geschickt und ohne größere Unterbrechung anzuwenden wissen. Nach meiner persönlichen Statistik waren diese Jungs ebenso experimentierfreudig wie ich und mehrheitlich in einem anderen Land aufgewachsen. Bei anderen gleichaltrigen Jungs stieß ich hingegen häufig auf Exemplare, die in Endlosbeziehungen geschult und an Mädels gewöhnt waren, die selbstverständlich die Pille nahmen oder irgendwie anderweitig dafür sorgten, dass nichts passierte. Meist war es entsprechend an mir, mitten im Gefecht das Wort zu ergreifen und all die guten und schlechten Dinge anzusprechen, die passieren können. Besonders ältere Semester kamen von selbst in den seltensten Fällen auf die Idee, an Verhütung zu denken.

Besonders hartnäckig empfand ich darunter diejenigen, die bereits anderweitig Kinder in die Welt gesetzt hatten. (Als sehr wirksam erwies sich für diese Spezies die dezente Frage »Du möchtest doch heute Nacht kein Geschwisterchen für Leon (Lea, Simon) zeugen, oder?«)

Ich bin sehr romantisch und finde es mühselig, im Bett Gespräche über Verhütung zu führen. Es macht einfach keinen Spaß, in Situationen, die auch frau idealerweise in vollkommener Ekstase erleben will, unfreiwillig die Moralapostelin zu spielen. Meiner Erfahrung nach sind diese Gespräche mit verantwortungsbewussten Männern aber auch nicht verkrampft, sondern selbstverständlich.

Seit ich mich als Hormonjunkie verweigerte, wurde mir schlagartig klar, welche Abgründe sich an der Verhütungsfront noch immer (und immer wieder) auftun. Ständig war ich hin- und hergerissen zwischen sich häufendem »Pille danach«-Schlucken und zitterndem Erwarten der nächsten Periode. Ich erinnere mich an Zeiten, in denen in meiner Mädels-Dreier-WG immer eine von uns in einer dieser beiden Situationen war, und wir uns gegenseitig beglückwünschten, wenn nach Tagen endlich die Tamponpackung auf der Waschmaschine thronte. Zwischenzeitlich griff ich widerwillig wieder auf die Pille zurück. In Folge mehrerer negativer Erfahrungen fühlte ich mich unwohl dabei, mich allein auf Kondome zu verlassen.

Ich fragte einen sehr kritischen und emanzipierten Freund, wie er zur Pille steht. Er erzählte mir, dass seine ehemalige Freundin die Pille genommen habe. Zumeist haben sie zusätzlich Kondome benutzt. »Ich fand das schon krass, dass sie diese harten Hormone schluckte. Aber es war ihre Entscheidung«, erklärte er mir. Als Mann fühlte er sich nicht verantwortlich.

Im Grunde verlaufen die Mechanismen in Bezug auf Verhütung ähnlich wie mit dem Haushalt oder der Kinderbetreuung: Solange sie sich ordentlich darum kümmert und alles sowieso viel sorgfältiger erledigt, braucht er sich keine Gedanken zu machen. (In Extremfällen reicht die Begründung, die Waschmaschine nicht bedienen zu können.) Schluss damit! – Schatz, dein Essen steht im Kochbuch.

Die Pille hat ohne Frage die Sexualität von Frauen revolutioniert. Sie ist das sicherste Schwangerschaftsverhütungsmittel, das bisher erfunden wurde. Dieser Aspekt vernebelt aber sowohl Nebeneffekte als auch die dahinter stehenden Normen hinsichtlich Sexualverhalten und -moral. Scheinbar hat die Pille in der betriebenen Anwendung auch einen nicht unerheblichen Teil dazu beigetragen, dass Männer sich nicht mehr gemeint fühlen, wenn es um Verhütungsfragen geht. Die Pille hatte gewissermaßen einen Bumerang-Nebeneffekt, indem sie nämlich wiederum einzig uns Frauen in Sachen Sex vehement auf unseren Körper zurückschleudert. Weibliche (heterosexuelle) Sexualität und Körper werden so einmal mehr mit Krankheit in Verbindung gebracht, als Bereiche, die medizinischer Kontrolle und Disziplinierung zu unterwerfen sind. Dieses Verständnis hat in Deutschland Tradition:

> »We are confronting the multiple ways in which [the leftist Sex Reformers' of the 1920s and early 1930s] sexual revolution (like ours of the 1960s?) freed women only to please men or reject them, liberated women in terms women themselves did not determine, and finally subordinated women's freedom to the interests of family and state.« (Grossman: 169)

Feministisches Emanzipationsbestreben für ein gleichberechtigtes und lustvolles Ausleben (hetero)sexuellen Begehrens prallt noch viel zu oft jäh mit der Praxis aufeinander. Als Frau bleibt man letztendlich immer noch allzu häufig auf den Körper zurückgeworfen, Sex somit wieder (bzw. weiterhin) an Reproduktion gekoppelt. Nimmt man die Pille oder lässt sich eine Spirale einsetzen, manipuliert man den Körper, um ihn zeitweise von seiner Reproduktionsfunktion zu befreien. Der ausschließliche Gebrauch dieser Mittel ›der Schwangerschaftsverhütung‹ eignet sich ohnehin lediglich für monogame heterosexuelle Langzeitbeziehungen, denn vor Geschlechtskrankheiten schützen sie keineswegs.

(Bei einem früheren Besuch eingangs genannter gynäkologischer Arztpraxis zwecks eines HIV-Tests hatte sich die Schwester mir gegenüber wohlwollend geäußert: »Bei Ihnen nehm' ick keene Handschuhe, se sehen mir ja nich so aus, als ob se so wat ham.« Ich hätte ihr von Herzen gewünscht, sie möge sich bei genau so ›jemandem‹ anstecken. Auch der erwähnte väterliche Gynäkologe reagierte perplex, als meine Mutter einen eben solchen Test durchführen wollte. Eine Frau in ihrem Alter, die zwei Kinder zur Welt gebracht hätte, habe das doch nun wirklich nicht nötig. Meinte er.)

Die Verweigerung dieser massiven Eingriffe führt jedoch oft zum gleichen Ergebnis: Frau wird in die Rolle der moralischen Spielverderberin gedrängt oder aber sie hat hemmungslosen Spaß und muss dann aufgrund mangelnder Übung im Umgang mit ambulanten Verhütungsmitteln oder in Folge derer – leider – geringeren Sicherheit ›die Pille danach‹ schlucken oder traumatische Wochen des zitternden Erwartens der nächsten Periode durchstehen. Und alles im Zweifelsfall wegen einer Nacht Spaß.

Durch diese ungleich verheerenderen Folgen von Sex geraten besonders Frauen, die auch außerhalb monogamer Langzeitbeziehungen lustvoll ihre Sexualität ausleben, noch immer schnell an die Grenzen der sexuellen Gleichheit. Es ist einfach unfair, dass eine Frau wahrscheinlich selten so spontan und unbedacht (d. h. ohne Nachdenken über die Folgen) wie ein Mann einen One-Night-Stand haben kann, geschweige denn einfach mal zu betrunken oder begeistert zu sein, als dass sich der Control Freak zwischen die Laken drängt.

Gleichberechtigung bedeutet vor allem auch selbstbestimmt, angst- und vorurteilsfrei zu lieben und zu begehren. Über ihr wirkliches Sexualverhalten trauen sich wohl noch immer die wenigsten Frauen, die nicht entsprechend westdeutscher, bürgerlicher Moralvorstellungen leben und lieben, öffentlich oder auch nur mit ihrer Gynäkologin zu sprechen.

Wieder drängt sich good old Foucault auf:

> »Die Sexualität geht [im Laufe des 19. Jahrhunderts] ganz im Ernst der Fortpflanzung auf. Um den Sex breitet sich Schweigen. Das legitime, sich fortpflanzende Paar macht das Gesetz. Es setzt sich als Modell durch, es stellt die Norm auf und verfügt über die Wahrheit, es bewahrt das Recht zu sprechen, indem es sich das Prinzip des Geheimnisses vorbehält.« (Foucault: 11)

Ein ausschweifendes Sexualleben bleibt für Frauen auch heute noch oft folgenschwer, wird gesellschaftlich und institutionell geächtet und bestraft. Abtreibung bleibt im verpönten Halbdunkel der Semi-Legalität, das heißt der Nichtstrafbarkeit bei Zwangsberatung, offiziell geduldet in Ausnahmefällen wie etwa Vergewaltigung. (Interessant scheint in diesem Zusammenhang, dass bei Abtreibungen bis in späte Schwangerschaftswochen, wenn eine starke Behinderung des Kinds wahrscheinlich ist, niemand aufschreit. Scheinbar sind gewisse Teile von Gottes Schöpfung doch lebenswerter als andere.) So wissen zum Beispiel auch die wenigsten Frauen von der wesentlich sanfteren (und billigeren!) Form des Schwangerschaftsabbruchs durch die sogenannte ›Abtreibungspille‹ (RU 486), die inzwischen alternativ zum herkömmlichen operativen Eingriff etabliert und verfügbar ist.

Hier hat sich wieder einmal besonders deutlich unhinterfragt das westdeutsch-christlich geprägte Modell gegenüber einem wesentlich liberaleren ostdeutschen Umgang durchgesetzt: In der ehemaligen DDR wurde ein Schwangerschaftsabbruch keinesfalls mit gesellschaftlicher Ächtung geahndet. Für meine Freundin Lysan, der ich diese wertvollen Informationen verdanke, war ein einschneidendes Erlebnis, wie sich die ›Wende‹ anfühlte, als Abtreibungsgegner in ihrer Heimatstadt Schwedt aufmarschierten. Lysan und ihre Freunde beschimpften die Wessi-Missionare lautstark. Abtreibung war dort bisher im Gegensatz zu Westdeutschland straffrei, kein Tabu.

Doch was ist dieser scheinbar ausweglosen Situation entgegenzusetzen? Wie kann frau ein entspanntes Verhältnis zu ihrem Körper behalten (oder entwickeln) und frei lieben, ohne ständig auf dessen Reproduktionsmechanismus zurückgeworfen zu werden? Wie kann eine feministisch denkende Person verhüten?

Die meisten Frauen, die ich kenne, nehmen die Pille heute nicht (mehr). (Und das, obwohl ähnlich viele von ihnen mit dem Rauchen aufgehört haben.) Die Erfindung der Pille hat zwar zweifellos die (insbesondere heterosexuell-weibliche) Sexualität revolutioniert. Es sollte inzwischen jedoch feministischer Konsens sein, dass dies noch nicht automatisch Emanzipation und Gleichberechtigung bedeutet. Wir sollten endlich aufhören, den weiblichen Körper, Sex und Schwangerschaft als Problem wahrzunehmen und mit Krankheitsmetaphern zu assoziieren, die eine ständige medizinische und institutionelle Kontrolle, Disziplinierung und Überwachung logisch erscheinen lassen. Zumindest sollten feministisches Bewusstsein und feministische Praxis sich wieder stärker daran orientieren, diese Debatte voranzutreiben. Das gilt umso mehr, als die Eva Hermans dieser Welt ihren männlichen Vorreitern in nichts nachstehen, wieder von der ›natürlichen‹ (=heterosexuell-mütterlichen-zurückhaltend-bescheidenen-empfangenden) Bestimmung des weiblichen Körpers zu predigen.

In Gesprächen mit meiner klugen Hebammenfreundin, der ich einige Entmystifizierungserlebnisse weiblicher Sexualität verdanke, wurde mir klar, dass viele pillen- und spiralensozialisierte Frauen ihren Körper und ihren Zyklus überhaupt nicht mehr kennen. Dass frau nur an wenigen Tagen im Monat schwanger werden kann, wissen die wenigsten. Generell wäre es an der Zeit, die vorherrschenden Methoden überhaupt mal wieder zu diskutieren und samt der dahinter stehenden Vorannahmen zu hinterfragen.

Der französische Philosoph Luc Boltanski bekennt in *Literaturen* im Mai 2007: »Ich habe mir zuvor überhaupt keine Gedanken darüber gemacht, was es eigentlich heißt, eine Frau zu sein.« Inzwischen scheint er dieses Versäumnis nachgeholt zu haben, der Satz fiel anlässlich des Erscheinens der deutschen Übersetzung seiner Studie über Abtreibung. Es bleibt zu hoffen, dass Boltanski mit diesem Bewusstsein Trends setzt. Damit hat er auch ein Kernproblem der Verhütungsdebatte auf den Punkt gebracht. Gleiche Rechte bringen gleiche Verantwortlichkeiten mit sich. Erst wenn wir es schaffen, dass Jungs sich immer und überall genauso verantwortlich für Verhütung fühlen wie Mädchen, nähern wir uns einer wahrhaft emanzipatorischen und für beide Seiten lustvollen und unbeschwerten heterosexuellen Sexualität an.

Ansonsten würde ich es vorerst mit meiner wunderbaren aus dem Iran stammenden Gynäkologin halten, zu der ich inzwischen gehe: »Jede Frau muss selbst entscheiden und die Methode wählen, mit der sie sich am wohlsten fühlt.« Das setzt zunächst den kritischen Umgang mit den dominierenden Formen und Gewohnheiten und damit eine veränderte Aufklärung für Jungs und Mädchen, in der Schule, in der *Bravo* und bei der Frauenärztin voraus. Vor allem aber sollte die Selbstverständlichkeit hinterfragt werden, mit der Mädchen Hormone schlucken und die Jungs so allzu häufig noch aus der Verantwortung entlassen. Die Einnahme der Pille bringt zwangsläufig die Befürwortung bestimmter Machtstrukturen und Verhaltensmuster mit sich. Sie sollte von daher keineswegs als Krönung der Wissenschaft betrachtet werden. Die seit kurzem erhältlichen Verhütungspflaster und -ringe sind im Prinzip das Gleiche unter anderen Vorzeichen – immerhin nehmen sie dem Ganzen jedoch das reglementierende, medikamentenhafte der ›oralen Empfängnisverhütung‹ in Pillenform. Genauso sollten Mädels selbstverständlich in Erwägung ziehen, sich den traumsicheren Umgang mit Kondomen anzueignen und stets einen ihrem Paarungsverhalten entsprechenden Vorrat davon unterm Kopfkissen und in der Jeanstasche zu haben.

Darüber hinaus bleibt es unumgänglich, politisch für die Entwicklung, Stärkung, Verbreitung und Anwendung von Verhütungsmitteln für Männer einzutreten. Und für Jungs gilt ohne Frage nach wie vor genauso: Jeder, der eine Vaterschaft ausschließen möchte, sollte Kondome benutzen. Und zwar immer. Allen anderen sollte man gelegentlich zur Erinnerung ein Weidenkörbchen mit einem Säugling auf derTürschwelle abstellen oder die Rechnung für eine Abtreibung (ca. 400 Euro) schicken.

Nachtrag: Im Berliner *Tagesspiegel* vom 7. Juni 2007 war zu lesen, dass Schering-Käufer Bayer die Forschung an der ›Pille für den Mann‹ einstellen will. Als Begründung steht dort: »Während Frauen tatsächlich zur Tablette greifen können, ist die Sache bei Männern ungleich komplizierter. Denn die ›Pille‹ ist eigentlich ein Kombinationspräparat aus dem männlichen Sexualhormon Testosteron, das alle drei Monate verabreicht werden muss, und einem Implantat.« Klingt nicht wirklich aufwendiger, als täglich eine Tablette zu schlucken und alle drei Monate ein Rezept zu besorgen. Der wahrscheinlichere Grund folgt dann einige Zeilen weiter unten: »Selbst wenn das Produkt auf den Markt kommen sollte, sei nicht klar, ob Männer es akzeptieren, hätte Schering eingeräumt.«

LITERATUR

Boltanski, Luc: Soziologie der Abtreibung. Zur Lage des fötalen Lebens. Frankfurt am Main: Suhrkamp 2007.

Faludi, Susan: Backlash. Die Männer schlagen zurück. Reinbek: Rowohlt 1995.

Foucault, Michel: Der Wille zum Wissen. Sexualität und Wahrheit 1. Frankfurt am Main: Suhrkamp 1976.

Grossman, Atina: The New Woman and the Rationalization of Sexuality in Weimar Germany. In: Snitow, Ann, Stansell, und Christine Thompson, Sharon (Hg.): Powers of Desire. The Politics of Sexuality. New York: Monthly Review Press 1983, S. 153–171.

Meister, Martina: Was es heißt, eine Frau zu sein. In: Literaturen Mai 2007, S. 20–25.

Woolf, Virginia: A Room of One's Own [1929]. Oxford: Oxford University Press 2000.

Sarah Diehl

AUCH DAS GEHÖRT ZUM LEBEN DAZU

Der Schwangerschaftsabbruch: das unangenehme, vernachlässigte Thema

Neulich in der Zwangsberatung

Meine Freundin formulierte den Satz, mit dem sie mir mitteilte, dass sie schwanger sei, mit der größtmöglichen Distanz. »Hast du Lust, mal bei einer Zwangsberatung dabei zu sein? Es ist nun zufälligerweise passiert, dass ich zu einer solchen Beratung muss, da ich schwanger bin.« Ich glaube, ungefähr so sagte sie das.

»Das Schlimmste«, meinte sie, »ist, dass dir auf einmal klar wird, dass dir das tatsächlich passieren kann; dass du zu dem Teil der Weltbevölkerung gehörst, der es ausbaden muss, wenn beim Sex etwas schief läuft.«

Dass der Schwangerschaftsabbruch in der BRD immer noch rechtswidrig ist, wird oft vergessen, da er straffrei ist. Die Verschärfung des Gesetzes, die 1995 eine deutliche Einschränkung der Rechte darstellt, die ostdeutsche Frauen vorher hatten, sieht u. a. eine Zwangsberatung vor. Diese brandmarkt Frauen als potenziell verantwortungslos, unwissend und unmündig. Für Männer gibt es in keinem Zusammenhang einen vergleichbaren Zwang. Ein Beratungszwang ist in sich ein Paradox: Es geht hierbei nicht um Information, denn diese wäre durch vielfältige, freiwillige Beratungsmöglichkeiten vermittelbar, sondern um die Reproduktion patriarchaler Kontrolle und die Festschreibung von geschlechtlichem Rollenverhalten.

Wir gingen zusammen zu einer, wie wir später feststellten, evangelischen Beratungsstelle. Die Dame, die sich in ihren Vierzigern befand, aber recht jugendlich aussah, hatte ein Kalenderbild mit sich an den Händen fassenden Frauen und ein Selbstbildnis von Frida Kahlo an der Wand hängen. Sie reichte meiner Freundin gleich die von ihr unterschriebene Beratungsbescheinigung, die sie für die Abtreibung dem Arzt vorlegen muss. Die vorformulierten Begründungen für eine Abtreibung, die bei dieser Beratung auf einem Formular anzukreuzen sind, stellen ausschließlich Problemfälle im Leben der Frau dar: gesundheitliche Probleme, Probleme in der Beziehung, befindet sich gerade in der Ausbildung etc. Wir fragten sie, was denn sei, wenn man einfach keine Kinder wolle, zumindest nicht jetzt, wo könne man das ankreuzen? Auch wenn man es rein theoretisch unter »Sonstiges« angeben könnte, wird den Frauen mit diesen Vorgaben suggeriert, dass eine Notlage vorliegen muss, damit sie das gesetzliche und vor allem moralische Recht auf einen Schwangerschaftsabbruch haben. Die Entscheidung, tatsächlich keine Kinder zu *wollen*, ist nicht vorgesehen und wird in dieser Beratung ignoriert, womit alle Frauen als potenzielle Mütter betrachtet werden, die nur durch bestimmte Sachzwänge daran gehindert werden, ihren natürlichen Mutterwunsch zu erfüllen. Dementsprechend sieht das ›Beratungs‹gespräch auch aus. Die Dame empfahl meiner Freundin sodann, sich doch gleich sterilisieren zu lassen.

Auch wenn keine ökonomischen oder sozialen Zwänge als Begründung für die Entscheidung zu einer Abtreibung bestehen, müssen Frauen ein selbstverständliches Entscheidungsrecht über ihre reproduktiven Fähigkeiten haben. Dass dies juristisch denkbar und machbar ist, zeigt das Beispiel Kanada: Dort hat sich die Einsicht durchgesetzt, dass der Abbruch einer ungewollten Schwangerschaft nichts anderes als eine ärztliche Behandlung und eine gesetzliche Einmischung deshalb unangebracht ist. Dementsprechend erklärte der Oberste Gerichtshof das bestehende Abtreibungsgesetz 1988 nach längeren juristischen Auseinandersetzungen für verfassungswidrig und strich es ersatzlos. Mit dem Anspruch, dass Frauenrechte Menschenrechte sind, ist es schwer zu verstehen, warum dieses Beispiel aus den 1980er-Jahren nicht längst in anderen Ländern diskutiert und übernommen wurde.

Hierzulande hat sich hingegen in den Argumenten der Gesetzgebung die Einschätzung niedergeschlagen, dass es nicht zu einfach gemacht werden solle. Bei keiner anderen medizinischen Prozedur gibt es derartige Aussagen, die darauf abzielen, das Entscheidungsrecht von mündigen Menschen über ihren Körper einzuschränken. Für Frauen scheint dieses selbstverständliche Menschenrecht in Bezug auf ihre Reproduktionsfähigkeit plötzlich nicht mehr zu gelten. Auch in privaten Gesprächen bin ich immer wieder überrascht darüber, dass dem Wunsch, Abtreibungen zu vermeiden, nicht damit begegnet wird, eine bessere Sexualaufklärung, sondern eine Verschärfung des Abtreibungsrechts zu fordern.

Neulich bei der Rötelnimpfung

Die Sache mit der Rötelnimpfung wurde uns Mädchen gar nicht wirklich erklärt. Ich kann mich nur daran erinnern, dass wir in der Schule plötzlich aufgerufen wurden, während der Unterrichtszeit ins Krankenzimmer zu kommen. Einige Mädchen munkelten, dass diese Impfung, die nur uns Mädchen zuteil wurde, eine Vorsorge sei, damit wir mal keine behinderten Kinder bekämen. Davon abgesehen, dass ich zu der Zeit eine gehörige Panik vor Spritzen aller Art entwickelt hatte, behagte mir auch der Gedanke nicht wirklich, im zarten Alter von zwölf Jahren mit Impfstoffen konfrontiert zu sein, die Schwangerschaft, Mutterschaft und nervtötende Babys, die in mir wachsen könnten, betrafen. Ich verließ mit meinen Mitschülerinnen die Klasse und ging mit ihnen in Richtung Krankenzimmer. Eine nach der anderen ging hinein; gruselig, ich sah sie wie durch ein Tor verschwinden und verändert wieder herauskommen. Ich verkrümelte mich und keiner bemerkte es. Wäre ich alt und verrucht genug gewesen, hätte ich draußen wohl eine Fluppe geraucht, aber ich hatte mich angesichts der Raucherlunge meines Vaters zur militanten Nichtraucherin entwickelt. Also lungerte ich nur blöd in einer Klokabine herum, ging nach einer Weile wieder ins Klassenzimmer zurück und tat so, als ob ich die Impfung bekommen hätte. Am Mittagstisch erzählte ich meiner Mutter voller Stolz, dass ich gewitzt genug gewesen sei, der medizinischen Prozedur zu entgehen. Fehler. Ich erwartete ein: »Bravo, du Schlitzohr!« Stattdessen ging meine Mutter zum Telefon und arrangierte einen Termin beim Arzt, zu dem ich ein paar Tage später mit meinem Vater antanzen musste.

Ich nehme es meinen Eltern nicht übel, schließlich meinten sie es nur gut. Aber als ich in diesem trotz weißen Anstrichs dunklen Arztzimmer saß und zwei Männer mich festhielten und mir eine Spritze gaben, um mich auf meine Mutterrolle vorzubereiten, da wurde mir doch der ganze Horror darüber deutlich vor Augen geführt, welche Erwartungshaltung an mich als angehende Frau gestellt wird. Man wollte mich tatsächlich damit überreden, dass ich bei Nichtbefolgung *behinderte* Kinder bekommen könnte. »Und das willst du doch nicht, oder?«

So wurde ich ohne Erklärung, ohne Diskussion via eines Gesundheitsdiskurses auf meine Rolle als Hüterin der nationalen Gesundheit vorbereitet. Wenn ein Staat aus sozialen, demografischen und gesundheitspolitischen Faktoren bestimmte Kinder als Gefahr für die Gesellschaft klassifiziert, kann der Frau plötzlich zugemutet werden, ihren angeblich natürlichen und sonst propagierten Selbstverwirklichungsdrang in der Mutterschaft einzuschränken. Das schlagende Argument der Gesetzesänderung von 1995 war, dass ein ohne die Frau nicht überlebensfähiger Zellhaufen zu einem Individuum konstruiert wurde, der dann als eigenständiges Rechtssubjekt der Frau gegenübergestellt wurde, um ihr das Recht auf Selbstbestimmung zu entziehen. Dieses entpuppt sich aber als scheinheilig, wenn Frauen bei Behinderung und Intersexualität des Kindes dazu bedrängt werden, abzutreiben. Denn dem Fötus wird nun plötzlich sein vermeintlicher Subjektstatus wieder entzogen. Ein bemerkenswerter Umstand.

Neulich bei der Sozialministerin

Es gibt bedauerlicherweise eine körperliche Tatsache, der man bzw. frau sich stellen muss: der Reproduktionsfähigkeit. Die meisten biologischen Frauen sind für eine gewisse Zeit ihres Lebens ihrer körperlichen Fähigkeit zum Gebären ausgesetzt und müssen diese wohl oder übel managen. Dieses Management bezieht sich nicht nur auf die Alternative von Verhütung oder Kinderaufzucht, sondern bringt weitere, sehr ideologisch geprägte Faktoren mit sich: von Verhandlungen mit Männern, doch bitte Kondome überzuziehen, weil man die Pille nicht mag oder verträgt, bis hin zu allwöchentlichen Rechtfertigungen, warum man denn mit 35 noch kinderlos sei.

Die Verantwortung für die Konsequenzen dieses Managements wird allein den Frauen überlassen. Das funktioniert nur, da gesellschaftliche Aufgaben mit dem Kurzschluss einer durch das biologische Schicksal bestimmten Bedeutung auf Frauen geschoben werden. Das passiert auf der privaten wie öffentlichen Ebene: Frauen werden dabei zusätzlich die ganzen restlichen Aufgaben der Fürsorge wie selbstverständlich zugeschanzt, vom inkontinenten Opa bis zum unterbezahlten Pflegejob. Die psychologische Zurichtung von Frauen zu sich selbst aufopfernden Müttern kam bisher noch jedem Staat zugute.

Immer noch ist ein mit bestimmten Merkmalen markierter sozialer Status einer Frau eng verbunden mit biologistischen Erwartungshaltungen an ihr geschlechtliches Rollenverhalten. Den meisten Leuten leuchtet es zwar ein, dass eine Minderjährige oder sich in der Ausbildung befindliche unverheiratete Frau abtreiben möchte, dieses Verständnis gilt aber für eine 30-jährige Ehefrau nicht.

Da die Frauen in der BRD nun scheinbar in den viel zitierten Gebärstreik gegangen sind, wie das Frösteln der Politiker angesichts des Rentenproblems es kundtut, stand die Sozialministerin von Sachsen, Helma Orosz, im Juni 2006 mit ihrer Forderung, die finanzielle Unterstützung für Schwangerschaftsabbrüche zu reduzieren, nicht alleine da. Thüringen, Sachsen-Anhalt, Schleswig-Holstein, Nordrhein-Westfalen und Bayern unterstützten sie.

Aus dem bayerischen Sozialministerium hieß es: Die extrem hohen Quoten der staatlichen Finanzierung der rechtswidrigen Schwangerschaftsabbrüche stünden im deutlichen Widerspruch zum staatlichen Schutz des ungeborenen Lebens.

»Aber wir brauchen auch einen Mentalitätswechsel: Kinderkriegen muss wieder in sein«, meinte Orosz in der *SZ*.[1] Dass dies nun sogar durch finanziellen Druck erreicht werden soll, zeugt aber nicht von einem Verständnis oder gar einer Anerkennung der reproduktiven Rechte und Bedürfnisse von Frauen. Die Einkommensgrenze, ab der eine Abtreibung wegen Bedürftigkeit von der Krankenkasse übernommen wird, sollte nach Orosz von 929 Euro auf 662 Euro heruntergesetzt werden. Bei Kosten von über 500 Euro für eine Abtreibung in der Klinik frisst dieser Betrag bereits jetzt oft den halben Monatslohn vieler der zumeist ökonomisch schlechter als Männer gestellten Frauen auf.

Orosz äußerte im *SZ*-Interview zusätzlich, Verhütungsmethoden seien doch genügend verbreitet, so dass ungewollte Schwangerschaften eigentlich kaum vorkommen müssten. So eine Kurzsichtigkeit erwartet man ja eigentlich nur noch aus Bayern. Denn Sexualität ist bekanntlich nichts, das sich wie gut geordnete Formulare verwalten ließe. Diese Argumentation zielt auf das alte Urteil ab, dass die sexuelle Lusterfüllung von Frauen und deren selbstbestimmte Ausübung von diesen teuer bezahlt werden müsse.

Die Gebärmutter ist, wie das dafür gewählte Wort bezeugt, ungemein symbolträchtig für unsere Gesellschaft. Den aktuellen Debatten nach müssen meine Geschlechtsgenossinnen nun auch noch überlegen, ob sie tatsächlich jeden Monat für Deutschland bluten wollen. Denn wenn weißen deutschen Frauen die Verantwortung der demografischen Zukunft der Nation aufgebürdet wird, während Kinder aus migrantischen Familien nur als Problemfall der deutschen Gesellschaft dargestellt werden, propagiert eine solche Reproduktionspolitik noch dazu eine ausschließlich weiße deutsche Identität.

Die Gesundheitsminister der Länder verständigten sich auf einer Konferenz Ende Juni 2006 darauf, zunächst ihre Daten zur Häufigkeit der Abbrüche und zur Kostenentwicklung zu überprüfen und sich auf der nächsten Gesundheitsministerkonferenz 2007 erneut mit dem Thema zu befassen. Vielleicht wäre aber eher die Diskussion über einen neuen Geschlechter- und Gesellschaftsvertrag angebracht, so dass die Gesellschaft Frauen in ihren reproduktiven Rechten unter allen Umständen unterstützt. Dann würden nicht die Frauen die alleinige Verantwortung für ihre Gebärfähigkeit tragen, von der aber die gesamte Gesellschaft profitieren will.

Neulich bei der Demo

Am 23. September 2006 riefen christliche Gruppen zu einem Trauermarsch für getötete Kinder auf. Den etwa 600 ChristInnen, die mit weißen Holzkreuzen die Straße Unter den Linden in Berlin entlang zogen, traten traurige zwölf GegendemonstrantInnen gegenüber. Deutlicher kann kaum präsentiert werden, dass Abtreibung hierzulande für linke und feministische Gruppen kein Thema mehr ist. Die Suggestion, dass die Frauen aufgrund der Straflosigkeit des Schwangerschaftsabbruchs nun mal Ruhe geben und vor allem nicht mehr auf das lästige moralische Recht auf den Abbruch beharren sollten, scheint aufgegangen zu sein. Bei aller Liebe und Lust am Dekonstruieren des Geschlechts wurde bisher außer Acht gelassen, dass sich Themen wie Abtreibung oder Verhütung als freudiges Objekt anbieten, den Ringelreihen des Verqueerens der Geschlechter zu erweitern. Und zwar mit mindestens so viel Spaß wie mit Dildos, Lippenstiften und Schnurrbärten.

Die Institution der Heterosexualität bezieht ihre natürliche Legitimation vor allem aus der zweigeschlechtlichen Reproduktion. Diese zu unterlaufen, die gesellschaftliche Konstruktion von Mütterlichkeit und Väterlichkeit zu hinterfragen und sich dem ›natürlichen‹ Schicksal durch einen Schwangerschaftsabbruch zu verweigern, sind für die Dekonstruktion der Kategorie

Gender sehr hilfreiche Tools. Präsent sind sie in diesem Bereich hingegen kaum. Warum haben sich die Queer Theory und jüngere feministische Arbeitsbereiche dieses Komplexes noch nicht angenommen? Ich vermute Berührungsängste mit einem Thema, das so sehr an den körperlich-biologischen Vorgängen zu kleben scheint. Wenn Schwangerschaft für unsere Gesellschaft als ultimativer Beweis biologischer Weiblichkeit fungiert, fasst man Themen, die so sehr nach determinierter Körperlichkeit riechen, nur mit Fingerspitzen an – obwohl der Schwangerschaftsabbruch diese Konstrukte gerade unterläuft.

Ein anderer Grund mag sein, dass die Zweite Frauenbewegung der 1970er-Jahre, die gemeinhin mit dem Kampf gegen den §218 assoziiert wird, auch mit essenzialistischen Konzeptionen von neuer Mütterlichkeit, der Idealisierung biologischer Weiblichkeit und dem Bild des immer wieder als lächerliches Beispiel herbeizitierten gemeinsamen Menstruierens in Verbindung gebracht wird. Zudem wird ›Queering‹ normalerweise mit der Überschreitung der Geschlechtergrenzen zwischen männlich und weiblich und mit offen zur Schau gestellter sexueller Nonkonformität verbunden – und nicht mit einer heimlichen Verweigerung innerhalb einer Geschlechterrolle. Das Thema Abtreibung ist aus dem Sumpf der Vorurteile gegenüber der alten Frauenbewegung nicht ans Licht der zeitgenössischen Gender Studies geholt worden. Aber es wird Zeit, dies schleunigst nachzuholen.

In Polen z. B. arbeiten feministische und queere AktivistInnen eng zusammen, auch im Kampf gegen das Abtreibungsverbot. Dass das Recht auf Abtreibung im Kontext sexueller Selbstbestimmung nicht fehlen darf, haben dort alle progressiven Bewegungen erkannt. In der BRD ist dies leider nicht der Fall. Dieses mangelnde Interesse ist bedauerlich, wenn man sich die bereits bestehenden Zustände von moralischer Verurteilung, Zwangsberatung und Mutterkult, die allesamt physisch und psychisch von Frauen ausgebadet werden müssen, in unserer Gesellschaft ansieht. In weiten Landstrichen in Bayern und in Österreich haben Frauen gar keinen Zugang zu Abtreibungen in Kliniken mehr, da sich das Gesundheitspersonal kollektiv weigert, diese durchzuführen. Wer beispielsweise in Passau an einer Klinik angestellt werden will, muss ein Dokument unterschreiben, das besagt, dass man keine Abbrüche vornehmen wird.[2] Das Ignorieren dieses Themas könnte Frauen teuer zu stehen kommen, denn die Konservativen schlafen nicht. Wie gefährlich es tatsächlich schon ist, bezeugt eine Studie der WHO, die besagt, dass weltweit alle sieben Minuten eine Frau an einem medizinisch nicht fachgerecht durchgeführten Abbruch stirbt, da die gesetzlichen Bestimmung ihres Landes diesen verbieten. Damit sind unsichere Schwangerschaftsabbrüche der Hauptgrund für die Sterblichkeit von schwangeren Frauen.[3]

Dass auch wir uns nicht in Sicherheit wiegen können, bezeugt der Backlash in Polen, wo die von der Kirche und anderen konservativen Kräften angestachelte Gesellschaft in den 1990er-Jahren mit eiserner Hand die Frauen wieder zurück an den Herd schickte. Abtreibung ist seither nur noch in Fällen eines schweren Gesundheitsrisikos der Frau, Vergewaltigung und Behinderung des Fötus' erlaubt.

In Polen gibt es Hunderte von Ärzten, die am Morgen im Krankenhaus eine Abtreibung »wegen moralischer Bedenken« verweigern, am Nachmittag in ihren eigenen Ärztezimmern aber eine Abtreibung gegen private Bezahlung durchführen. Dort stehen 160 legal vorgenommenen Abbrüchen ca. 200.000 illegale jährlich gegenüber. Solange Abtreibung im medizinischen und gerichtlichen System verwaltet wird, haben Ärzte und anderes Gesundheitspersonal die Möglichkeit, Frauen durch respektlose Behandlung, Zurückhalten von Information, Verlängerung von Wartezeiten und dem Verlangen unnötiger Dokumente den Zugang zu Abtreibung unmöglich zu machen. In Polen wird in Frauenberatungszentren sogar schon ganz vom Versuch einer legalen Abtreibung abgeraten, um den Frauen diesen nervenaufreibenden Prozess zu ersparen; sie empfehlen hingegen, besser gleich eine illegale Abtreibung vorzunehmen. Da Ärzte sich weigerten, schwangere Frauen in Kliniken zu behandeln, weil dadurch ihre Schwangerschaft gefährdet worden sei, gab es bereits Todesfälle und Fälle von drastischen gesundheitlichen Schäden von Frauen, was diesen Bedenken Recht gibt.[4]

International ist Abtreibung mittlerweile ein lukratives Geschäft geworden, weshalb Ärzte in vielen Ländern gar kein Interesse an deren Legalisierung haben, da illegale Abbrüche ein gutes Nebeneinkommen gewährleisten. In Nicaragua wurde Ende Oktober 2006 durch ein neues Gesetz Abtreibung ohne Ausnahme kriminalisiert, sogar dann, wenn das Leben der Frau in Gefahr ist. Das Gesetz wurde im Parlament ohne Gegenstimme 52 zu 0 verabschiedet, was als deutliche Anbiederung an die Kirche gedeutet wird, deren Unterstützung sich alle Parteien für die Präsidentschaftswahl in der darauf folgenden Woche erhofften.[5] Ein anderes Beispiel ist der Backlash in den USA. Hier wird mit dem Argument, dass man das (vor allem christlich-fundamentalistische) Gesundheitspersonal nicht zwingen könne, gegen seine ethischen Überzeugungen zu handeln, und durch das Kriminalisieren von Abtreibung in verschiedenen Bundesstaaten nach und nach das Recht auf legale Abbrüche abgebaut oder der Zugang immens erschwert. Angesichts der Tatsache, dass AbtreibungsgegnerInnen sich nicht mit der gleichen Vehemenz, mit der sie Frauen dazu bringen wollen, ungewollte Schwangerschaften auszutragen, um Kinder kümmern, die bereits am Leben sind, scheint es tatsächlich eher darum zu gehen, Frauen die Entscheidungshoheit über ihre Reproduktionsfähigkeit zu versagen denn unter allen Umständen ein Kinderleben zu retten.

Dieser Befürchtung geht Christina Page in ihrer neuen Studie »How the Pro-Choice Movement saved America. Freedom, Politics and the War on Sex« nach. Darin belegt sie, dass die Pro-Life-Bewegung nicht nur gegen Abtreibung vorgeht, sondern auch gegen das effizienteste Mittel, ungewollte Schwangerschaften zu verhindern, nämlich das Benutzen von und die Aufklärung über Verhütung.[6]

In South Dakota, Mississippi und Arkansas wurden mithilfe der Lobby-Arbeit der Pro-Life-Bewegung bereits Gesetze erlassen, die Gesundheits- und Apothekenpersonal erlauben, aufgrund eigener moralischer Überzeugungen Dienstleistungen bezüglich Abtreibung und Verhütung zu verweigern. Das ging so weit, dass in einem dokumentierten Fall sogar ein Apotheker einer Frau nach einer Vergewaltigung die Herausgabe der Pille danach verweigerte, aus »ethischen Bedenken«.[7]

Die Frage, was es denn nun tatsächlich sei, was da vernichtet wird, ist nicht abschließend zu beantworten. Alle Beurteilungen funktionieren nur durch eine ideologische Brille. Gerade deshalb ist es wichtig, diese nicht den AbtreibungsgegnerInnen zu überlassen. Die technische Darstellbarkeit des Fötus' im Uterus hat sich in den letzten Jahren enorm verbessert, was es AbtreibungsgegnerInnen sehr leicht macht, mit dessen Leben zu argumentieren. Denn unabhängig davon, was in einem Fötus wann funktioniert oder was eben nicht, sieht er bereits in einem sehr frühen Stadium menschenähnlich aus, weshalb seine Darstellung leicht zu populistischen Zwecken missbraucht werden kann und wird.

Neulich im Internet

Das Internet ist voll von Anti-Abtreibungs-Websites. Man muss sich fragen, warum Feministinnen, gerade Cyberfeministinnen, die sich dieses Medium erschließen wollten, hierauf nicht früher vehement reagiert haben. Die Rechte hat sich längst das Vokabular und die Ästhetik der Linken angeeignet. Sites von rechtskonservativen AbtreibungsgegnerInnen sind mittlerweile so raffiniert ausgetüftelt, dass sie sich als Hilfsangebote für Frauen und als coole Teenagersites verkleiden, um Meinungshoheit zu erlangen.

Mutterschaft wird da plötzlich zu Girl Power: *www.StandUpGirl.com* ist eine moderne Website, die die Aufmerksamkeit junger Frauen mit der Hauptaussage auf sich ziehen möchte, dass Mutterschaft Stärke und Unabhängigkeit bedeute. Interessanterweise wird dies mit einem Appell an die Konsuminstinkte der jungen Leserinnen kombiniert. Neben Fotos und Erfahrungsberichten von jungen Frauen bietet die Website Musik und Videos, Girl Power, tolle Zines – und Meinungsäußerungen von Promis, die sich gegen Abtreibung positionieren. Neben persönlichen Geschichten von jungen Männern, die Väter werden wollten, und Mädchen, die ihre Entscheidungen bereuen, kann man schicke T-Shirts, Schmuck und anderes kaufen. Daneben lassen sich Bilder von Föten, »Embroskopien« und »Fötoskopien« betrachten.

Viele Seiten wie *www.abortionfacts.com* oder *www.abtreibung.de* geben sich zunächst als Quelle neutraler Informationen aus. Sie versprechen Fakten, Informationen, Statistiken und Notrufstellen für Informations- oder Hilfesuchende. Tatsächlich bieten sie aber nur einseitige Darstellungen, (»undebattierbare, unzweifelhafte Tatsache (sei), dass das Leben in dem Moment der Empfängnis anfängt«). Solche Websites sind eine Travestie sozialen Engagements und kopieren einen linken aufklärerischen Gestus bei Themen wie Abtreibung, ethnische Minderheiten (die Wahrheit sei, dass Frauen durch Abtreibung diskriminiert würden, besonders afroamerikanische Frauen), Euthanasie. Solche Websites kombinieren kontroverse Behauptungen und verkürzen komplexe Probleme wie Überbevölkerung oder Rassismus, um diese Themen zu ihren Gunsten zu interpretieren.

Daneben gibt es noch eine Reihe wahnwitziger Seiten, die Sensationslust und Sentimentalität bedienen oder gruselige Bilder von toten und zerstückelten Föten zeigen. Anstatt zu argumentieren, bieten viele Websites explizite virtuelle Darstellungen: Fotos von abgetriebenen Föten, blutrünstige Zeichentrickpiktogramme von blitzenden Schädeln, beleuchtete Satansikonen mit Flammen, tropfendes Blut, Scheren und Skalpelle. »Videos und Abtreibungsfernsehen« gibt es auf *www.AbortionTV.com* und *www.priestsforlife.org*. Hier werden kleine Körperteile gezeigt, die sorgfältig um Münzen herum drapiert sind, um ihre Größe zu veranschaulichen. Auch das Vokabular ist dementsprechend: »babycaust«, »baby butchertoriums«, »Abtreibungsfabriken« etc. AbtreibungsgegnerInnen werden mithilfe der Macht der Bilder (niedliche Babys und Embryonen mit »Bitte lasst mich leben«-Sprechblasen) überaus kreativ. Sehr prominent sind auch Vergleiche mit nationalsozialistischen Todeslagern (*www.lifedynamics.com*, *www.babycaust.de* und *www.aktion-leben.de*).

Andere äußerst militante Seiten wie *www.backlife.org/hallofshame*, *www.armyofgod.com* oder *www.christiangallery.com* zeigen Bilder und Adressen von ÄrztInnen, die Abtreibungen durchführen und von pro-choice DemonstrantInnen, die versuchten, pro-life-AktivistInnen – die sich Bürgersteig-Berater nennen – von der Belästigung der Frauen, die Abtreibungskliniken betreten wollen, abzubringen. Oder sie ehren Märtyrer, die u. a. Ärzte umgebracht haben und zur Todesstrafe verurteilt wurden. Diese Seiten rufen mehr oder weniger deutlich zur Ermordung von Menschen auf, die Abtreibung befürworten oder durchführen und tatsächlich mehren sich vor allem in den USA körperliche Angriffe auf pro-choice-VertreterInnen mit tödlichem Ausgang.

Aber es sind vor allem vermeintlich wissenschaftliche Argumentationen, die mit ihrer populistischen Art gefährlich sind – gerade, weil sie seriöser erscheinen als die oben beschriebenen Sites. AbtreibungsgegnerInnen nutzen die optimierte Technik der Darstellbarkeit von Föten. Oft werden Bilder von Föten gezeigt, die tatsächlich älter sind als die Entwicklungsphase, die angegeben wird. Die Tatsache, dass Föten schon sehr früh äußerlich menschliche Merkmale ausbilden, wirkt entsprechend manipulativ.

Auch werden gesundheitliche Schäden für Frauen, die von Abtreibungen abzuleiten seien, als medizinische Fakten behauptet; zum Beispiel die Verbindung zwischen Abtreibung und Unfruchtbarkeit, Brustkrebs oder einem größeren Risiko von Fehlgeburten. Andere Risiken, die hervorgehoben werden, betreffen die emotionale und psychische Gesundheit der Frauen und ihrer künftigen Kinder. Hier werden vollkommen unwissenschaftlich

Post-Abtreibungssyndrome und Traumata als Folgen von Abtreibung unterstellt, die den Zustand von Frauen nach einer Abtreibung als grundsätzlich pathologisch darstellen. Die Darstellung von Wissenschaft spielt eine machtvolle Rolle dabei, wie Menschen körperliche Vorgänge verstehen und auf sie reagieren. AbtreibungsgegnerInnen interpretieren und benutzen das Label der Wissenschaft je nachdem, wie sie es brauchen, um zu untermauern, dass Mutterschaft immer die gesündere Entscheidung sei, sogar bei Fällen von Vergewaltigung.

Die Demokratisierung von Informationen durch das Internet bedeutet, dass Pro-Lifers schnell und kostengünstig manipulative Websites kreieren können, die durch vermeintliche Neutralität und Objektivität zu mächtigen Überzeugungsmitteln werden sollen. Gibt man den Begriff »Abtreibung« bei Google ein, sind solche Seiten unter den ersten, die man auf der Suche nach Informationen findet. Das ist besonders problematisch für schwangere Frauen und Mädchen, die Hilfe brauchen, denen aber der Zugang zu alternativen Informationen in Bezug auf Verhütung und Abtreibung verwehrt ist, bzw. die den restriktiven Moralvorstellungen und Erwartungshaltungen ihrer Umgebung ausgesetzt sind, die von solchen Sites nur verstärkt werden.

Festzustellen ist, dass die wichtigsten und griffigsten Domains bzw. Internetadressen zum Thema Abtreibung von deren Gegnern in Beschlag genommen worden sind. Offensichtlich ist das Thema Abtreibung von feministischen Gruppen in Bezug auf die Informationspolitik im Internet bisher vernachlässigt worden.

Neulich im Fernsehen

Während ich an meinen Buch »Deproduktion«[8] arbeitete, habe ich kaum eine Frau getroffen, die mir nicht eine Geschichte über eine Abtreibung erzählen konnte oder die während unseres Gespräches nicht irgendwann einen Wutanfall bekam, wie in unserer Gesellschaft mit Frauen umgegangen wird, die einen Abbruch haben durchführen lassen. Deshalb habe ich mich oft gefragt, wo diese ganze legitime Wut ein Ventil finden kann und warum sich Frauen das Thema nicht wieder kollektiv aneignen. Obwohl etwa ein Drittel aller Frauen weltweit in ihrem Leben wenigstens eine Abtreibung hat, ist deren Erfahrung immer noch kein Thema, das gesellschaftlich verhandelt wird. In Literatur, in Spielfilmen und in der Kunst gibt es nur sehr rare Beispiele für eine Auseinandersetzung mit der Thematik. Die wohltuende Respektlosigkeit bei »South Park« oder den Filmen John Waters' wie »Female Trouble« oder »Polyester« stehen relativ alleine auf weiter Flur. Andere Beispiele sind Filme wie das Drama »If These Walls Could Talk«, »The Ciderhouse Rules«, oder die Politsatire »Citizen Ruth«, die alle sehr unterschiedliche Möglichkeiten der Verhandelbarkeit des Themas darstellen.

Angesichts des Backlash in den USA hat sogar die Serie »Sex and the City« eine kleine Revolution erlebt, als sich in der vierten Staffel eine komplette Episode dem Thema Abtreibungen widmete. Hauptprotagonistin Carrie hat eine entschuldigende Geschichte: Sie war jung und der Typ nicht der Richtige. Samantha hatte bereits zwei Abbrüche und entschuldigt sich wie gewohnt für nichts. Miranda ist gerade schwanger und will ohne Wenn und Aber eine Abtreibung, entscheidet sich dann aber Minuten vor dem Eingriff dagegen, da dies krankheitsbedingt mit großer Wahrscheinlichkeit ihre einzige Möglichkeit sei, je ein Kind zu bekommen. Dies sind einige der sehr wenigen Beispiele von filmischen Bearbeitungen des Themas, und die beinahe unumstößliche Regel der amerikanischen Film- und Fernsehbranche bleibt aufrecht: Unter Umständen dürfen Abtreibungen thematisiert werden, nie darf aber eine Protagonistin tatsächlich in der Erzählzeit der jeweiligen Sendung eine haben. Am Ende bekommt sie entweder das Kind doch oder sie hat eine Fehlgeburt. Aufgrund dieses Mangels einer Repräsentation an tatsächlichen Erfahrungen von Frauen haben diese häufig nur die Möglichkeit, ihre Abtreibungs-Erlebnisse im Zerrspiegel der politischen, moralischen und religiösen Kämpfe zu erleben. Kein Wunder also, dass somit Postabtreibungstraumata herbei zitiert werden können. Angesichts des Umstands, dass aus einem ohne die Frau nicht überlebensfähigen Zellhaufen eine ›Person‹ konstruiert wird, und zum anderen durch Konstrukte von Mutterinstinkten, denen Frauen biologisch und emotional ausgeliefert seien, ist sicherlich die Frage angebracht, inwieweit der moralische Druck, der auf Frauen hinsichtlich ihrer reproduktiven Fähigkeiten lastet, solche Traumata erst auslöst. Tatsächlich ergab eine Studie der American Psychological Association (APA) mit 360 Frauen, dass die Zeit des größten Stresses, der Angstgefühle und der Unsicherheit vor der Abtreibung liegt und nicht danach. Laut APA haben Abtreibungen keinen negativen Einfluss auf die psychische und physische Gesundheit von Frauen; was Traumata auslöse, sei hingegen die ungewollte Schwangerschaft selbst und der Umstand, keinen sicheren Zugang zu Abtreibungen zu haben.[9]

Liebe, Begehren und Sexualität bringen in der Praxis ein Verhalten mit sich, das sich nicht bis ins letzte Detail kontrollieren und disziplinieren lässt. Selbst die verantwortungsvollste Verhütung schützt nicht immer vor ungewollten Schwangerschaften. Deshalb betonten Cyberfeministinnen wie Rosa Braidotti, Frauen sollten sich Technik aneignen, um zu verhindern, dass technische Innovationen und die damit einhergehende Optimierungsideologie dazu benutzt würden, Frauen in ihrer Reproduktionsfähigkeit zu kontrollieren. Stattdessen sollten diese Techniken Frauen dabei helfen, sich von den ›biologischen‹ Gegebenheiten ihres Körpers zu befreien.[10] Schwangerschaftsabbrüche gehören zu einem selbstbestimmten Leben. Darüber hinaus stellt der Abbruch auch hinsichtlich des sozialen und ökonomischen Drucks auf Frauen in unserer Gesellschaft eine Notwendigkeit dar. Da unsere Gesellschaft dies ›moralisch‹ nicht verkraften kann, prügelt sie mit Images von unschuldig dahingemetzelten Babys auf Frauen ein. Ob die weitgehende Ausklammerung dieses Themas aus den öffentlichen Diskursen der letzten Jahre darin begründet liegt, dass der Schwangerschaftsabbruch heterosexuelle Normen der Arbeitsteilung in Frage stellt, oder welche Notwendigkeit er in einer kapitalistischen Gesellschaftsordnung darstellt, die das Leben auf dessen Effizienz ausrichtet, das wäre doch mal ein begrüßenswertes Thema für die Doktorarbeiten der nächsten Jahre.

ANMERKUNGEN

1 s. *SZ* vom 28.06.2006, *www.sueddeutsche.de/deutschland/artikel/359/79280/* [letzter Zugriff: 31.07.2007]

2 vgl. u. a. Reitmeier, Martin: Abtreibungen am Klinikum? Dieses Thema spaltet Passau! *Wochenblatt* vom 18.07.2007, *www.wochenblatt.de/live/php3/redaktion/ausgabevolltext.php3* [letzter Zugriff: 16.08.2007]

3 s. *www.who.int/reproductive-health/unsafe_abortion/map.html* [letzter Zugriff: 16.08.2007]

4 Polish federation for Women and Family Planning: Contemporary Women's Hell. Warschau 2005.

5 Delgado, Violeta: Abtreibungsverbot von links?! Nicaragua – Lateinamerika – International. Feministische Strategien gegen linkskonservative Geschlechterpolitiken.

6 *www.rosalux.de/cms/index.php?id=12868* [letzter Zugriff: 16.08.2007]

7 Page. Christina: How the Pro-Choice Movement saved America. Freedom, Politics and the War on Sex. New York: Basic Books 2006

8 ibd.

9 Diehl, Sarah: Deproduktion. Schwangerschaftsabbruch im internationalen Kontext. Aschaffenburg: Alibri 2007.

10 Page, Christina: How the Pro-Choice Movement

saved America. Freedom, Politics and the War on Sex. New York: Basic Books 2006.

11 Braidotti, Rosa und Lykke, Nina (Hg.): Between Monsters, Goddesses and Cyborgs: Feminist Confrontations with Science, Medicine and Cyberspace. London: Zed, 1996.

LITERATUR

Berer, Marge: Abortion Law, Policy and Practice in Transition. Reproductive Health Matters, Vol. 12, No. 24, November 2004.

Braidotti, Rosa und Lykke, Nina (Hg.): Between Monsters, Goddesses and Cyborgs: Feminist Confrontations with Science, Medicine and Cyberspace. London: Zed, 1996.

Delgado, Violeta: Abtreibungsverbot von links?! Nicaragua – Lateinamerika – International Feministische Strategien gegen linkskonservative Geschlechterpolitiken. *www.rosalux.de/cms/index.php?id=12868* [letzter Zugriff: 16.08.2007]

Kröger, Inga, van Olst, Nieke und Klingholz, Reiner: Das Ende der Aufklärung. Der internationale Widerstand gegen das Recht auf Familienplanung. Berlin: Berlin Institut für Bevölkerung und Entwicklung 2005.

Klugmann, Barbara, Budlender, Debbie und The Johannesburg Initiative: Advocating for Abortion Access. Eleven Country Studies. Johannesburg: Witwatersrand University Press 2001.

Page, Christina: How the Pro-Choice Movement saved America. Freedom, Politics and the War on Sex. New York: Basic Books 2006.

Polish Federation for Women and Family Planning: Contemporary Women's Hell. Warschau 2005.

Reitmeier, Martin: Abtreibungen am Klinikum? Dieses Thema spaltet Passau! Wochenblatt vom 18.07.07. *www.wochenblatt.de/live/php3/redaktion/ausgabevolltext.php3* [letzter Zugriff: 16.08.2007]

Rosenberg, Martha: Ob die Abtreibung gefährlich ist, ist eine Frage des Geldes. Interview von Jessica Zeller. Nachrichtenpool Lateinamerika Nr, 697 vom 29.11.05, *www.npla.de/poonal/p697.html#ARGENTINIEN* [letzter Zugriff: 16.08.2007]

subRosa: Gestohlene Rhetorik: Die Aneignung der Wahl durch die ART Industrien [Stolen Rhetoric: The Appropriation of Choice by ART Industries], Kunstforum International, Jan-Mar, Volume 158, 2002.

www.who.int/reproductive-health/unsafe_abortion/map.html [letzter Zugriff: 16.08.2007]

Elena Stöhr

I FELT LIKE I HAD SHATTERED INTO A MILLION PIECES

Grrrl Zines und sexualisierte Gewalt

> »I write when it hurts … / cause I won't suffer in silence
> I write cause I can't scream / and I refuse to die.«
> (Billie Rain, »Strength«)

Im Herbst 2003 habe ich zum ersten Mal versucht, ein Compilation-Zine zum Thema Vergewaltigung beziehungsweise sexualisierte Gewalt zusammenzustellen. Mein Aufruf brachte damals so gut wie keine Resonanz, was mich nicht wunderte. Schließlich wollte ich Texte zu einem Thema haben, das immer noch totgeschwiegen und tabuisiert wird. 2005 postete ich meinen Aufruftext in Survivor-Foren[1] – und erhielt plötzlich über 20 Texte. Immer mehr Frauen meldeten sich und es kamen insgesamt 100 Seiten zusammen. *It's not just boys' fun #4*[2] erschien im Sommer 2005. Seitdem beschäftige ich mich vor allem damit, wie das Schreiben als Ventil fungieren kann, um Traumata zu verarbeiten und zu überwinden.

In den letzten Jahren erschienen weltweit unzählige Grrrl Zines zum Thema sexualisierte Gewalt (siehe Zineliste). In ihnen wird das ausgesprochen, was für diejenigen, die sexualisierte Gewalt erfahren haben, zu etwas Unaussprechlichem gemacht wird. Etwas, das so schmerzhaft ist, dass oft nie mehr ein Wort darüber verloren wird. In *True Grit* schreibt Kat: »I never spoke a word of what had happened for seven years. […] It's in every door I look, every baggy sweatshirt I wear, every word I write. The pain will always be with me.«

Dabei sind diese Erfahrungen leider keine Seltenheit. Im Gegenteil. 2004 wurden beim deutschen Bundeskriminalamt 57.306 »Straftaten gegen die sexuelle Selbstbestimmung«[3] erfasst. In den USA waren es 209.880.[4] Die Dunkelziffer liegt um einiges höher, da ca. 58 % aller Angriffe nicht angezeigt werden. Solange von Außenstehenden Fragen wie »Welche Kleidung hast du getragen?«, »Wie oft hast du nein gesagt?«, oder »Warum hast du dich nicht gewehrt?« gestellt werden, wird sich das auch nicht ändern. Die Betroffenen werden alleine gelassen, wie in *Schritte #2* berichtet wird: »Der Schmerz muss warten, bis wir zu Hause sind, allein, und schreiben schreiben schreiben können – aufschreiben, was häufig unaussprechlich bleibt.«

Das Wort ›Trauma‹ stammt aus dem Griechischen und bedeutet ›Wunde‹. Diese Wunde ist nicht nur körperlich, sondern vor allem seelisch[5] zu verstehen. Ein weiteres, wesentliches Merkmal von Traumata ist, dass sie unerwartet kommen und so überwältigend sind, dass das Bewusstsein sie nicht verarbeiten kann. Das Erlebte verschwindet entweder ganz aus dem Gedächtnis und taucht später durch sogenannte ›Trigger‹ wieder auf oder hinterlässt tiefe Spuren, die das Leben zu einem kontinuierlichen Kampf werden lassen. In »Signifying Pain: Constructing and Healing the Self through Writing« schreibt Judith Harris: »This conflict between the will to deny what has happened and the will to speak it aloud is the central dialectic of trauma.« (Harris: 32) Eine traumatische Erfahrung »bring[t] Individuen an die Grenze ihrer Belastbarkeit, ihrer Flexibilität und ihres Handlungsvermögens, ihres Fassungsvermögens[6] und oft an die Grenze zwischen Leben und Tod.« (Botollo et al 2003, 110) In der Traumaliteratur taucht ein Begriff immer wieder auf: »the unspeakable« / »das Unaussprechliche oder Entsetzliche«. Traumatische Erfahrungen sind auch heute noch unaussprechlich, werden tabuisiert. Auf ihnen lastet ein Schweigen, das es zu durchbrechen gilt, indem darüber gesprochen oder geschrieben wird.

Mitte der 1990er-Jahre setzte sich ein Frauenkollektiv in *VIPA – Zeitschrift von FrauenLesben für alle* u. a. mit Gewalterfahrungen auseinander. Ein zentraler Aspekt in allen Texten ist das Schweigen. Emotionen wie Wut und Hass gelten noch immer als inakzeptabel für Frauen. Stattdessen werden wir zu Stille und Passivität erzogen. In *Greenzine #14* schreibt Cristy Road: »I'm a woman, and women are taught vulnerability. Women are taught compassion and compromise.«

Frauen, denen sexualisierte Gewalt widerfahren ist, sehen sich häufig nicht nur mit der Scham des Erlebten und der Erniedrigung, sondern auch mit der Scham, das Erlebte auszusprechen, konfrontiert. »Das betroffene

Schweigen, das diese[s] Thema umgibt, droht mich zu erdrücken«, schreibt raBEA in *VIPA #3*. In Gesprächen mit anderen »[...] ist es peinlich. Weil ich dann denke, es ist meine Schuld, daß die anderen sich unbehaglich fühlen.« Auch Hae-Lin machte solche Erfahrungen: »Die Reaktionen jedoch waren alle recht ähnlich, schweigende Betroffenheit, peinliche Berührtheit und – es wurde nie wieder erwähnt – totgeschwiegen.« Die Reaktionen des Umfeldes verstärken die Scham häufig noch: »My family could simply not tolerate the fact that I had been raped, as there is so much shame wrought up in this crime« (aus *I always called it rape*). Auch in meinem Compilation-Zine waren Scham und Schuld immer wiederkehrende Themen: »As illogical as it may seem, I am plagued by the shame of having been treated like I was worthless and disposable« (anonym). »I became suicidal because I thought it was all my fault and that I deserved it« (Samantha). »Most of all, I want to feel proud of myself, rather than ashamed« (Deborah). In *Chou is my favourite vegetable* erzählt G.G. von ihren Schuldgefühlen: »i feel guilty all the time and i blame myself. [...] it makes me mad that sexual assault is put on those who survive it, who have gone through surviving and then have to explain that process. it makes me mad that sexual assault is the survivor's problem.«

Grrrl Zinester machen einen wichtigen Schritt: Sie versuchen die Mauer der Scham und des Schweigens zu durchbrechen, denn: »Wenn du es aussprichst, wird es real. Etwas, was es nicht geben darf. Der Schmutz wird sichtbar« (aus *Schritte #2*). Warum der Schmutz sichtbar gemacht werden muss, erklärt Isabella Gargiulo, eine der Herausgeberinnen des *Bendita* Zines aus Brasilien, in einem Interview: »We want to tell our stories so that raped girls/boys can identify with it and also because we wanna break the invisible walls that surround this subject. It's our big FUCK YOU to a patriarchal society that tells us to shut up when it comes to rape.«[7]

Vor drei Jahren wurde ein (gutartiger) Tumor aus meiner rechten Brust entfernt. Eigentlich nichts Dramatisches, dennoch dauerte es ein ganzes Jahr, bis ich mein Leben wieder im Griff hatte. Erst nachdem ich das, was mir Angst machte und mich nicht losließ, aufgeschrieben hatte (ein Zine gemacht hatte),[8] fühlte ich mich in der Lage, alles hinter mir zu lassen und neu anzufangen. Das Schreiben hat mir mehr geholfen als jedeR Psychotherapeutln der Welt. Aber warum ist das so? Woher kommt diese ›heilende‹ Wirkung des Schreibens? Und wieso ist sie für Grrrl Zines so relevant?

Ein wichtiger Aspekt scheint mir die Tatsache zu sein, dass Grrrl Zines Frauen zu »cultural producers«[9] machen. Wie in allen gesellschaftlichen Bereichen sind Frauen auch in subkulturellen Kontexten meist unterrepräsentiert. Grrrl Zinester brechen aus der ihnen zugeschriebenen Rolle aus und werden von Konsumentinnen zu Produzentinnen: »By literally taking control of their text, they take control of their bodies, and their writing vibrates with the intensity of those experiences – often shivering on the page.« (Sinor: 246) In einem Essay bezeichnet Jennifer Sinor von Frauen herausgegebene Zines als »life writing«[10]. Eine Art des Schreibens also, die Macht verleiht, sowie die Möglichkeit, gehört zu werden. Besonders für diejenigen, die in der Gesellschaft marginalisiert werden. Isabella Gargiulo beschreibt das Herausgeben von Zines folgendermaßen: »It's so empowering. Especially coz in a lot of occasions it gives a voice to marginalized groups whose voices (and lives) have never been considered by mainstream society in general.«[11] Indem in Grrrl Zines über sexualisierte Gewalt geschrieben wird, kehrt frau die klassische ›Opferrolle‹ um, wie G.G. in *Chou is my favourite vegetable*: »i don't want to be a victim. i want to survive. [...] i need help. i need support. i need to tell my story.«

Des Weiteren bieten Zines die Chance, aus dem eigenen Leben zu erzählen, sind gleichzeitig Zuhörer und Medium, indem sie zur Bildung einer textlichen Community verhelfen und einen Dialog zwischen LeserIn und VerfasserIn möglich machen. Sie stellen einen Raum zur Verfügung, in dem mit anderen über persönliche Dinge ›gesprochen‹ werden kann.[12] Dabei stehen Networking und gegenseitige Unterstützung im Vordergrund. Das Schreiben wird nicht nur immens wichtig für diejenige, die schreibt, sondern auch für alle, die es lesen.[13] Für Brandi Leigh-Ann Bell sind Zines zu Recht »part of a long tradition of information sharing among women« (Bell: 190). Zines bieten einen Rahmen, um von persönlichen und tabuisierten Erfahrungen zu berichten, da sie für die breite Öffentlichkeit nicht zugänglich sind und somit die LeserInnenschaft ›kontrolliert‹ werden kann.[14]

Der Community-Aspekt wird auch in *VIPA #3* hervorgehoben. So schreibt Hae-Lin: »Es hat mir sooo viel Kraft gegeben zu wissen, daß ich nicht alleine bin [...]«, und raBEA: »ich dachte aber, wenn ich darüber schreibe, es öffentlich mache, ist das so was wie ein zeichen, daß ich darüber reden will.« Wichtig ist hierbei vor allem der Kontakt zu Frauen mit ähnlichen Erfahrungen und die Möglichkeit, sich gegenseitig Kraft zu geben, wie Sage auf den ersten Seiten von *Hard Knox #1* bemerkt: »Please read this zine and walk away with something positive.«

Schreiben ermöglicht es, eine Verbindung zwischen Vergangenheit und Gegenwart herzustellen und dadurch die Sichtweise auf die Vergangenheit zu ändern.[15] Trotz der schmerzhaften Erfahrung, das Erlebte noch einmal rekapitulieren zu müssen, muss es zunächst in Worte gefasst werden, um verarbeitet werden zu können. Denn nur über die Erinnerung kann es ins Leben integriert werden. Schreiben ist immer Reflexion und Mittel, mehr über sich selbst herauszufinden. In *Chou is my favourite vegetable* heißt es z. B.: »the process of writing this zine is like a faucet slowly dripping letting off the pressure. [...] writing this down serves as my witness. writing this down allows me another channel outside of my head.«

Ich sehe das Herausgeben von Grrrl Zines im Zusammenhang mit sexualisierter Gewalt als Schritt nach vorne, als Möglichkeit, eine Art Heilungsprozess zu beginnen: »Sometimes writing is like untangling emotional knots« (aus *Chou is my favourite vegetable*). Für Janni ist ihr Zine eine Weiterführung des Tagebuch-Schreibens. In *I always called it rape* schreibt sie: »I think I wrote in my journal as a means of healing.« Für Sage bedeutet es Therapie und die Gelegenheit, nach vorne zu schauen: »Writing *Hard Knox* was more therapeutic then I could have ever imagined. It helped me heal enough so that I can move onto writing more about domestic violence and to help bring some awareness to it as well« (aus *Hard Knox #2*).

In »Signifying Pain« beschreibt Judith Harris das Schreiben über Traumata als eine Art Exorzismus. Es zeigt die Stärke, sich mit dem eigenen Schmerz zu konfrontieren (Harris: 1), ist gleichzeitig Widerstand und Verteidigung: »Writing is more than a defense – an asylum or refuge into which one can withdraw – it is also an armor one puts on to do battle« (Harris: 19). Indem Grrrl Zines das Schweigen brechen und Tabus auflösen, machen sie ein auch für die Trauma-Verarbeitung in anderen Kontexten signifikantes Statement: »There is no life in silence.«[16]

ANMERKUNGEN

1 *www.survivingthememories.com* und *www.aftersilence.org*

2 Der Name des Zines stammt aus einem Song von 7 Seconds, in dem es um die Männerdominanz in der HC/Punk-Szene geht. Ich verwende diesen Namen bereits seit 1998, er ist also nicht im Zusammenhang mit der Compilation-Ausgabe des Zines zu sehen.

3 s. *www.bka.de/pks/pks2004/index2.html*
4 s. *www.rainn.org/statistics/index.html*
5 s. auch Caruth 1996, 4 ff.
6 s. auch Caruth 1995
7 Interview auf GrrrlZines.net: *www.grrrlzines.net/interviews/bendita_venus.htm*
8 *It's not just boys' fun #3* – Some wounds never heal. Erhältlich über *www.notjustboysfun.de.*
9 s. auch Sinor
10 »Life writing« = »writing that takes the writer's life as the center« (Sinor: 245). »Life writing comprises texts that are written by an author who does not continously write about someone else, and who also does not pretend to be absent from the [...] text himself/herself.« (Kadar: 10) »Life writing as a critical practice, then, encourages (a) the reader to develop and foster his / her own self-consciousness in order to (b) humanize and make less abstract [...] the self-in-the-writing.« (Kadar: 12)
11 Interview auf GrrrlZines.net: *www.grrrlzines.net/interviews/bendita_venus.htm*
12 s. auch Schilt: 87
13 »Writing becomes a way out, a path that may not just be the writer's way out, but may be the path for others.« (Harris: 250)
14 s. auch Schilt: 79
15 s. auch Harris: 15ff
16 Zitat aus Not without my consent! *(Asshole!)*. *http://olymedia.mahost.org/notwithout.pdf.*

LITERATUR

Bell, Brandi Leigh-Ann: Riding The Third Wave: Women-Produced Zines and Feminisms. In: Hladki, Janice und Stanworth, Karen (Hg.). Resources for Feminist Research. Vol. 29, N. 3 + 4. Toronto: Ontario Institute for Studies in Education 2002, S. 187–199.
Botollo, Willi, Hagl, Maria und Krüsmann, Marion: Kreativität und Destruktion posttraumatischer Bewältigung. Stuttgart: Pfeiffer 2003.
Caruth, Cathy (Hg.): Trauma. Explorations in memory. Baltimore: Johns Hopkins University Press 1995.
Caruth, Cathy: Unclaimed Experience. Trauma, Narrative, and History. Baltimore: Johns Hopkins University Press 1996.
Harris, Judith: Signifying Pain: Constructing and Healing the Self through Writing. New York: State University of New York Press 2003.
Kadar, Marlene (Hg.): Essays on Life Writing. Toronto: University of Toronto Press 1992.
Quina, Kathryn und Carlson, Nancy L.: Rape, Incest and Sexual Harassment. A Guide for Helping Survivors. New York: Praeger Publishers 1989.
Sanchez, Marta: If a Whore Can't be Raped, Can an Angel? Using Poetry and Art to Reach the Silent Survivors of Sexual Assault. In: Hodžić, Amir und Poštić, Jelena (Hg.): Transgressing Gender: Two is not enough for Gender (E)Quality. The Conference Collection. Zagreb: CESI – Center for Education 2006, S. 40–46.
Schilt, Kristen: »I'll Resist With Every Inch and Every Breath«: Girls and Zine Making as a Form of Resistance. In: Herr, Kathryn (Hg.): Youth & Society. A quarterly journal. Vol. 35, N. 1. London: Sage Publications 2003, S. 71–98.
Sinor, Jennifer: Another Form of Crying: Girl Zines as Life Writing. In: Huff, Cynthia (Hg.): Prose Studies. Vol. 26, Number 1–2. Special Issue on Women's Life Writing and Imagined Communities. Oxfordshire: Taylor & Francis Ltd. 2003, S. 240–264.
Zobl, Elke und Jiménez, Haydée: Grrrl Zine Network. *http://grrrlzines.net.*

EINE KLEINE AUSWAHL AN ZINES ZUM THEMA SEXUALISIERTE GEWALT:

Viele der Zines sind wahrscheinlich out of print. Bei einigen habe ich ein Distro angegeben, bei der sie noch erhältlich sind.

An activist approach to dealin' with domestic violence (out of print)
Bendita (in portugiesischer Sprache; *www.bendita-zine.com.br*)
Bullshit Has A Process (out of print)
But I'm Not A Rapist (out of print)
Caprice (Billie Rain, *http://billierain.pscap.org*)
Casa de los Trucos (Tricky, out of print)
Chou is my favourite vegetable (G.G. Val, chou_rouge@graffiti.net)
Cleaner Light (Amy, erhältlich bei *www.manifesta.co.uk*)
Consent (out of print)
Cross my heart (Billie Rain, *http://billierain.pscap.org*)
Dear body, i'm sorry (Sarah, out of print)
Domestic Violence Info Zine (erhältlich bei *www.csdistro.com*)
Doris (Cindy, erhältlich bei *www.novarecordings.de*)
Epiphany (Billie Rain, *http://billierain.pscap.org*)

Fantastic Fanzine #3.5 (out of print)
Fight Back! (erhältlich bei *www.riotdistro.rocks.it*)
Fighting back – Self defense for women & girls (Isy, als PDF bei *www.thefword.org.uk*)
Flying without Wings (Sarah, *wingless.xexix.net*)
Free To Fight: An Interactive Self-Defense Project (erhältlich bei *www.overground.info*)
From a Wounded Woman (Billie Rain, *http://billierain.pscap.org*)
Full Circle (Molly, out of print)
Greenzine (Cristy Road, *www.croadcore.org*, erhältlich bei *www.microcosmpublishing.com*)
Hard Knox #1 und #2 (Sage, erhältlich bei *www.eyecandyzine.com*)
I always called it rape (Janni, ibelieveinwomen@hotmail.com)
If You Think Domestic Violence Isn't Your Business, Think Again (out of print)
I know what you did to me (Billie Rain, *http://billierain.pscap.org*)
I love you more (Billie Rain, *http://billierain.pscap.org*)
Incongruous Number Uno (Nyky G, erhältlich bei *www.csdistro.com*)
Inkling (out of print)
It's not just boys' fun #4 / Silence = Death (Elena, elena@notjustboysfun.de, *www.notjustboysfun.de*)
I've got angels in my head (Billie Rain, *http://billierain.pscap.org*)
I write this without a mothertongue (Billie Rain, *http://billierain.pscap.org*)
Learning to fly (Billie Rain, *http://billierain.pscap.org*)
Let's Talk About Consent, Baby (out of print)
M is for Monster (Jessica, erhältlich bei *www.microcosmpublishing.com*)
Mend My Dress (erhältlich bei *www.eyecandyzine.com*)
My silence was golden, but now it's gone (Billie Rain, *http://billierain.pscap.org*)
No More Denying: Facing Women On Women Sexual Violence (erhältlich bei *www.overground.info*)
Not Without My Consent (Asshole!)! (Online Version: *http://olymedia.mahost.org/notwithout.pdf*)
On The Table: My Sexual Assaults (Mel, erhältlich bei *www.overground.info*)
Our Own Response: Creating Healthier Communities (out of print)
Out of the vacuum (Liz, erhältlich bei *www.eyecandyzine.com* und *www.overground.info*)
Out of the vortex #7 (Sarah, out of print)
Protect Yourself: A Woman's Survival Guide On Campus (Adrienne, out of print)
Pussycat #2 (out of print)
Radical Slut Dis-covery: Building and Re-building Our Sexual Selves (erhältlich bei *www.overground.info*)
Riotempresses #1 (out of print)
Schritte #1 und #2 (erhältlich bei *www.novarecordings.de*)
See No Speak No Hear No: Articles and Questions about Sexual Assault (Cindy, erhältlich bei *www.overground.info*)
Sewer (out of print)
Sexuelle Belästigung an Hochschulen (aktiv.werden@web.de)
She Rose Again (Angeline, erhältlich bei *www.strangerdangerdistro.com*)
Silence=Death (erhältlich bei *www.overground.info*)
Some Helpful Information on Domestic Violence for Radical Communities (Yentas, erhältlich bei *www.overground.info*)
Smother love (Billie Rain & Firefly, *http://billierain.pscap.org*)
Sometimes there are no answers (JMC, out of print, Kopie erh. bei *www.denverzinelibrary.org*)
Spirals upward (erhältlich bei *www.pscap.org*)
Strength (Billie Rain, *http://billierain.pscap.org*)
String Section (out of print)
Support Zine (Cindy, erhältlich bei *www.microcosmpublishing.com*)
Susie is a Robot #3 (erhältlich bei *www.stranger-dangerdistro.com*)
Talking to spirits (Billie Rain, *http://billierain.pscap.org*)
The tear valley (out of print)
Think About It (out of print)
True Grit (out of print)
Unite Girls Love Yourselves! (out of print)
VIPA – Zeitschrift von FrauenLesben für alle (out of print)
We are warriors (erhältlich bei *www.members.tripod.com/gogproductions*)
With Heart in Mouth (erhältlich bei *www.microcosmpublishing.com*)
Women's Self Defense #2 – Stories and strategies of survival (Ariel, erhältlich bei *www.microcosmpublishing.com*)
Yer Bad Relationship v.1.2 (out of print)

Christiane Erharter

ICH HABE ABGETRIEBEN!

Weil Biologie nicht Schicksal ist

»Ich war schwanger, mir ging's zum Kotzen / ich wollt's nicht haben, brauchste gar nicht erst zu fragen! / Ick fress' Tabletten, und überhaupt Mann! / Ich schaff' mir keine kleinen Kinder an.
Warum soll ich meine Pflicht als Frau erfüll'n? / Für wen? Für die? Für dich? Für mich? / Ich hab keine Lust, meine Pflicht zu erfüll'n! / Für dich nich', für mich nich', ich hab' keine Pflicht!
Als es vorbei war, ging's mir zum Kotzen. / Jetzt isses Zeit endlich mal aufzumotzen. / Ick fress' Tabletten und überhaupt, Mann! / Ich schaff' mir keine kleinen Kinder an!
Marlene hatte and're Pläne, / Simone Beauvoir sacht 'Gott bewahr'! / Und vor dem ersten Kinderschrei'n muss ich mich erstmal / selbst befrei'n! / Und augenblicklich fühl ich mich / unbeschreiblich / weiblich, / weiblich.«
(Nina Hagen, »Unbeschreiblich Weiblich«, 1978)

Ich bin zwölf, als ich meine erste Regel bekomme. Es sind Sommerferien und ich bin mit meinem zwei Jahre jüngeren Bruder bei meiner Tante in München. Wir schlafen gemeinsam auf einem ausziehbaren Sofa. Ich wache früh morgens auf, weil ich schlimme Bauchschmerzen habe. Im Bett sind braune Flecken. Habe ich mich angeschissen? Wahrscheinlich habe ich Durchfall, weil ich solche Bauchkrämpfe habe. Ich wecke meinen Bruder, als mir plötzlich klar wird, dass ich zum ersten Mal die Regel habe, ›die

Zeit‹, wie meine Mutter dazu sagt. Ich schäme mich, weil ich einfach nicht darauf vorbereitet bin; ich fühle mich ausgeliefert. Ich brauche etwas für das Blut. Ich rede mit meiner Tante, die mir bestätigt, dass ich die Regel habe und mir Binden gibt. Sie macht ein Riesen-Tamtam, und ich schäme mich noch mehr. Unsere Eltern holen uns ab und alle stoßen mit Schampus auf meine erste Regelblutung an. Mir ist das alles nur unendlich peinlich. Ich will mich am liebsten in Luft auflösen, so sehr schäme ich mich. Ich will nicht dieses Aufheben um meine Person, nur weil ich die Regel habe. Ich will Ich bleiben und nicht Subjekt eines Initiationsritus' sein. Trotzdem fühle ich mich besonders: Ich bin erwachsen. Ich bin jetzt ›geschlechtsreif‹ und kann schwanger werden, was ein etwas abstrakter Gedanke ist, denn ich hatte noch nie Sex mit einem Mann. Ich habe ja noch nicht mal einen Freund.

Ich bin mir im Nachhinein nicht sicher, warum mich die erste Regel so überrascht hat. Meine Familie spricht über diese Angelegenheiten eigentlich recht offen und ich wurde auch bereits aufgeklärt. Zu meiner Mutter habe ich ein gutes Verhältnis. Wahrscheinlich hat noch niemand ›damit‹ gerechnet. Ich jedenfalls nicht.

Von Anfang an habe ich einen regelmäßigem Zyklus und am ersten Tag starke Bauchkrämpfe. Mit den Tampons klappt es überhaupt nicht und es dauert Jahre, bis ich welche verwenden kann. Dieses kratzige Gefühl beim Einführen von Tampons ist mir zuwider, weshalb ich mittlerweile nur noch Binden verwende. Die Krämpfe habe ich heute viel weniger bzw. manchmal gar nicht mehr. Jedenfalls sind sie nicht mehr so schlimm, dass ich Schmerzmittel einnehmen muss.

Ich gehe zum ersten Mal mit meiner Mutter zum Frauenarzt. Der will mir gegen die starken Regelschmerzen die Pille verschreiben. Das wäre das Beste gegen die Regelschmerzen und gegen ungewollte Schwangerschaft, meint er. Von eventuellen negativen Nebenwirkungen ist keine Rede. Ich will nicht und meine Mutter auch nicht. Sie meint, das hätte doch wohl noch Zeit bis zum ersten Freund. Wir sind einer Meinung. Von nun an werde ich bei jedem Besuch bei FrauenärztInnen gefragt, wie ich verhüte, ob ich die Pille nehme bzw. sie nehmen möchte. Ich will nicht. Ich finde es blöd, die Pille zu nehmen, wenn ich noch nicht mal einen Freund habe. Und jungen Mädchen ausschließlich wegen Regelschmerzen die Pille zu verschreiben, ist nicht gerade innovativ, aber bezeichnend für das Interesse, das nach wie vor daran besteht, die Sexualität von Frauen zu kontrollieren, denke ich heute. Ich nehme die Pille nicht. Ich will keine hormonelle Verhütungsmethode, egal ob Pille, Spritze, Pflaster oder Hormonspirale. Die Spirale ist eine unsägliche Erfindung. Ich finde es brutal, dass Frauen mit einem Metalldraht im Unterleib herumrennen. Natürliche Verhütungsmethoden sind bekanntermaßen äußerst unzuverlässig. Sterilisation steht außer Diskussion. Ein Diaphragma käme in Frage. Ich entscheide mich aber schon als Teenager dafür, mit Kondomen zu verhüten. Dann bleibt die Verhütung nicht nur an mir hängen, sondern auch mein Freund, wenn ich denn einmal einen habe, muss Verantwortung übernehmen.

In der Pubertät bin ich sehr religiös und gehe auch ab und zu in eine katholische Jungschargruppe. Wir schauen uns einen Abtreibungsfilm an. Dass es sich dabei um einen religiös motivierten Propagandafilm gegen Abtreibung handelt, durchschaue ich damals nicht. Stattdessen denke ich: »Schrecklich! Ich werde nie in meinem Leben abtreiben!« In der Vertiefungsgruppe Literatur lesen wir Oriana Fallacis »Brief an ein nie geborenes Kind«. Ich bin überzeugte Abtreibungsgegnerin und diskutiere mit einer Gleichgesinnten aufs heftigste mit einem Jungen, der das Thema differenzierter sieht.

Mit 17 habe ich einen ›richtigen‹ Freund und zum ersten Mal Sex mit einem Mann. Es ist nicht toll. Überhaupt nicht. Es tut weh. Ich bin wahnsinnig enttäuscht: Das ist es also, wovon die ganze Welt spricht, als ob es das Wichtigste und Geilste im Leben sei. Ich bin fassungslos und kann es einfach nicht glauben. Meine Mutter fragt, ob ich jetzt nicht doch die Pille nehmen sollte. Ich will nicht. Wir verhüten mit Kondom. Wir sind zwei Jahre zusammen. Wir haben Sex. Der wird mit der Zeit besser, aber sicher nicht mein Lebensinhalt.

Ich bin 22 und habe zum ersten Mal Sex mit meinem neuen Freund. Wir verhüten nicht. Ich sage, es sei okay, wenn wir Coitus Interruptus machen. So habe ich es mit meinem letzten Freund praktiziert. Im Gegensatz zu meinem ersten Freund mochte mein zweiter Freund nämlich keine Kondome. In zweieinhalb Jahren mit ihm ist nie etwas passiert. Deshalb bin ich auch dieses Mal davon überzeugt, dass ich gar nicht schwanger werden kann. Aber alles geht schief und das Sperma nicht daneben, sondern voll in mich rein. Ich bekomme leichte Panik, weil ich in der Mitte meines Zyklus' bin, denke aber, dass ich nicht schwanger werden kann. Drei Wochen vergehen und mir ist morgens schlecht, meine Brüste sind prall und schmerzen. Meine Regel ist überfällig. Mir wird klar, dass ich schwanger sein könnte. Mir fällt die Zeile »The dream has gone but the baby is real« aus dem Smiths-Song »This night has opened my eyes« ein. Warum kommt meine Scheiß-Regel nicht? Die Warterei wird unerträglich und ich weiß, dass ich mir Klarheit verschaffen muss. Der Schwangerschaftstest in der Apotheke kostet 140 Schilling – ein Vermögen. Ich habe nämlich kein Geld. Zu Hause auf dem Klo pinkle ich auf den Streifen und habe nun die Gewissheit: Ich bin schwanger. Ich breche in Tränen aus. Ich bin verzweifelt. Mir geht es schlecht. Ich rede mit meiner Freundin, die mit mir wohnt. Ich will nicht schwanger sein. Ich will kein Kind. Ich bin noch in der Ausbildung, mitten im Studium. Ich will abtreiben. Ich rufe einen Freund an. Er bietet an, mir für die Abtreibung Geld zu leihen. Ich suche eine Abtreibungsklinik in den Gelben Seiten und vereinbare den frühest möglichen Termin. Das ist in der sechsten Schwangerschaftswoche, gerechnet vom ersten Tag meiner letzten Regel. Ich bin fest entschlossen und nichts wird mich von meiner Entscheidung abbringen. Niemand von den wenigen Leuten, denen ich mich anvertraue, versucht es. Ich sage auch meinem Freund, dass es mein Körper, meine Entscheidung ist. Mein Bauch gehört mir!

Mein Freund ist einverstanden. Wir teilen uns die Kosten, was aber immer noch bedeutet, dass mein ohnehin bereits überzogenes Konto noch mehr, nämlich um 2500 Schilling, ins Minus geht. Ich muss meinen Rhesusfaktor angeben. Wenn sie den in der Klinik feststellen müssen, kostet das noch mal 500 Schilling. Ich weiß nicht einmal meine Blutgruppe. Ich gehe Blut spenden, so bringe ich wenigstens umsonst Blutgruppe und Rhesusfaktor in Erfahrung. Die Warterei bis zum Abtreibungstermin ist nervenaufreibend. Ich bin ungeduldig. Ich will es endlich hinter mich bringen und wieder frei sein – das bedeutet für mich *nicht* schwanger. Mein Körper verändert sich weiter und ich kann kaum glauben, wie schnell sich die Schwangerschaft hormonell auf meinen Organismus auswirkt. Mir ist nach wie vor morgens schlecht. Meine Brüste sind riesig und sehr empfindlich. Ich fühle mich wahnsinnig sexy und habe natürlich Sex. Ich bin auch wütend und will es einfach nicht wahrhaben, dass ich schwanger bin, weshalb ich mir ein paar Mal in den Bauch haue und hoffe, dass es vielleicht auch noch ohne Abtreibung geht. Ich mache Vorsätze, was ich in meinem Leben alles anders und besser machen werde, wenn erst diese Schwangerschaft vorbei ist.

Es ist ein Samstagmorgen im Oktober 1996 und ich fahre mit der U-Bahn zur Abtreibung. Die Leute in der Klinik sind nett. Routiniert. Ich werde untersucht. Ein Ultraschall wird gemacht. Der Schwangerschaftsabbruch findet unter Narkose statt. Ich bekomme nichts von dem kurzen Eingriff der Absaugung mit. Ich werde geweckt und habe Bauchkrämpfe. Es fühlt sich an wie Regelschmerzen. Meine Freundin holt mich ab. Der Pfleger macht Scherze, ob sie auch einmal zu einer Abtreibung vorbei kommen wird. Ich bin erleichtert. Ich bin frei! Ich spüre, wie schön es ist, am Leben zu sein. Ich weiß, dass ich selbstbestimmt leben will und frei sein. Ich bin dankbar, dass es die Möglichkeit abzutreiben gibt und dass Frauen auf die Straße gegangen sind, um für dieses Recht zu kämpfen. Es ist mein Recht! Ich will am liebsten ausgehen und tanzen.

Ich bin 23 und habe Sex mit meinem Freund. Ich bin in der Mitte meines Zyklus'. Wir machen nicht mal einen Coitus Interruptus. Ich besorge mir die ›Pille danach‹ von einem Frauenarzt. Ich habe gleich noch einmal Sex mit meinem Freund. Ohne Verhütung. Ich bin schwanger. Ich schäme mich, weil wir so verantwortungslos mit unserer Sexualität umgehen. Wir müssen verhüten. Vielleicht sollte ich doch die Pille nehmen? Ich will aber einfach nicht. Wir müssen eben immer ein Kondom verwenden. Ich kann doch nicht bei jedem Fick riskieren, schwanger zu werden. Ich bin irrational und denke mir, dass es eine Gemeinheit ist, von ein bisschen Sex schwanger werden zu können und dass diese Tatsache dann lebensbestimmend sein kann. Ich will die Gesetze der Biologie nicht wahr haben. Warum hat Sex überhaupt mit Reproduktion zu tun? Das ist total absurd! Ich will nicht schwanger sein oder es werden können. Die Realität kehrt wieder ein. Ich muss einfach Verantwortung übernehmen. Es ist mir ja sonst auch nicht egal, was in und mit meinem Leben geschieht. Ich sage niemandem, dass ich schwanger bin und ein zweites Mal abtreiben will. Ich gehe in eine andere Abtreibungsklinik, weil es mir peinlich wäre, dass sie mich dort, wo ich beim ersten Mal war, wieder erkennen. Im Wartezimmer sitzen eine Frau und ein Mann um die 40. Die Frau ist völlig fertig und weint. Sie kann oder will nicht abtreiben. Sie sprechen mit einer der Angestellten. Sie verlassen die Klinik. Ich bin wild entschlossen. Ich habe ein sehr kurzes Beratungsgespräch mit einer Psychologin. Sie fragt mich, wie es zu der Schwangerschaft kam sowie nach meiner Verhütungsmethode und gibt mir eine Informationsbroschüre mit. Im September 1997 habe ich meine zweite Abtreibung.

Ich kann mir eine Abtreibung eigentlich gar nicht leisten, auch nicht die Hälfte der Kosten, die wir uns teilen. Ich will kein Kind.

Mit 27 bin ich noch einmal schwanger. Ich lebe mittlerweile in Innsbruck und habe einen guten Job. Zumindest habe ich keine Geldsorgen und mein Studium ist abgeschlossen. Ich habe noch viel vor in meinem Leben. Ich will kein Kind. Ich habe Gewissensbisse. Ich zweifle an meinem Verstand. Es kann doch nicht sein, dass Abtreibung meine Verhütungsmethode ist! Es ist okay abzutreiben. Aber es dreimal zu tun!? Ich will es niemandem sagen, mit niemandem darüber reden und ich tue es auch nicht. Ich kann nur einen Termin am Wochenende vereinbaren, weil ich unter der Woche arbeite und ich für die Abtreibung nach Wien fahren muss. Überhaupt ist alles in meinem Leben gerade recht stressig, aber ich will es so rasch wie möglich hinter mich bringen. In Innsbruck gibt es keine Abtreibungsklinik, in ganz Tirol werden keine Abtreibungen durchgeführt. Ich erinnere mich an ein Gespräch mit einer jungen Turnus-Ärztin. Ich fragte sie, ob man wirklich in ganz Tirol keine Abtreibung bekommen kann. Sie meinte, dass niemand offiziell Abtreibungen durchführe, es sei denn, es lägen medizinische Gründe vor, die die Gesundheit der Mutter oder des Kindes beträfen. Es gäbe aber private Ärzte, die für viel Geld Schwangerschaftsabbrüche vornähmen. Sie wüsste das, weil manchmal Patientinnen, bei denen etwas schief gelaufen sei, ins Krankenhaus gebracht würden. Im Sommer 2001 habe ich meine dritte Abtreibung. Ich hoffe inständig, dass es meine letzte ist. Aber ich weiß natürlich auch, dass hoffen alleine nicht genügt. Also fasse ich wieder gute Vorsätze und nehme mir fest vor, immer mit Kondom zu verhüten. Überhaupt will ich ein besserer Mensch werden, wenn alles erstmal vorbei ist.

Es ist ein schwacher Trost, dass Madonna angeblich mehrere Abtreibungen hatte. Ich kann nicht über meine drei Abtreibungen reden. Ich versuche zumindest offensiver mit dem Thema umzugehen und spreche darüber, einmal abgetrieben zu haben. Es ergibt sich dazu ohnehin nur selten die Gelegenheit, und es sind immer Situationen, in denen ich es nonchalant zugebe, es beiläufig und unbekümmert ins Gespräch einfließen lasse. Ich kann mich aber nicht überwinden zu sagen, dass ich es dreimal getan habe. Und es eventuell wieder tun würde. Die Frage, ob ich Kinder will oder nicht, ist für mich nach wie vor unbeantwortet. Nur wenigen Frauen, die selbst öfter abgetrieben haben, erzähle ich, dass ich drei Abtreibungen hatte.

Abtreibung kommt im öffentlichen Diskurs ohnehin nicht mehr vor. Es ist heute schwer vorstellbar, dass im Juni 1971 auf dem Cover des *Stern* prominente Frauen verkündeten: »Wir haben abgetrieben!« Diese provokante Aktion war von Alice Schwarzer initiiert worden, und ob die Frauen tatsächlich abgetrieben hatten oder nicht – wie einige Frauen, die die Kampagne trotzdem unterstützten – spielte keine Rolle. In ähnlicher Weise bekannten sich Frauen auf Massendemonstrationen aus Solidarität zu einem Abbruch, ganz gleich, ob es der Wahrheit entsprach oder nicht. Damals ging es darum, ein öffentliches Bewusstsein für die Problematik zu schaffen und eine Änderung der Gesetzeslage zu erreichen. Eine Freundin, die damals für dieses Recht auf die Straße gegangen war, meint, dass es für sie selbstverständlich gewesen sei, von diesem Recht Gebrauch zu machen, als sie viel später schwanger wurde. Und nicht zu sagen: »Na ja, jetzt ist es schon mal passiert, die Natur hat es so gewollt. Dann bekomme ich eben ein Kind.«

Abtreibung war das identitätsstiftende Thema der internationalen Frauenbewegung und die Durchsetzung der Fristenlösung ist nach wie vor ihre wichtigste Errungenschaft. In Österreich gilt die Fristenregelung seit 1. Januar 1975. Diese bedeutet Straffreiheit für Schwangerschaftsabbruch bis zum Ende der 12. Schwangerschaftswoche (nach der Einnistung der befruchteten Eizelle, also spätestens bis zum Ende der 14. Schwangerschaftswoche nach Beginn der letzten Regelblutung). Dem Schwangerschaftsabbruch muss eine medizinische Beratung vorausgehen. Die Frau entscheidet über den Abbruch allein – niemand hat ein Mitbestimmungsrecht. Ein Schwangerschaftsabbruch kann anonym durchgeführt werden, niemand muss davon erfahren. Nach jahrzehntelanger Diskussion über eine gesetzliche Neuregelung der Abtreibung und nachdem sich die sozialistische und autonome Frauenbewegung für die Liberalisierung eingesetzt hatte, verabschiedete die damalige SPÖ-Alleinregierung das Gesetz. Widerstand von katholisch-konservativer Seite kam im Volksbegehren zum »Schutz des menschlichen Lebens«, von der Aktion Leben initiiert, zum Ausdruck. Und nach wie vor wird der Position der Kirche zur Abtreibung in Österreich mediale Präsenz eingeräumt. Als vor Jahren über die Einführung der Abtreibungspille Mifegyne berichtet wurde, tat bei einer Diskussion im öffentlichen Fernsehen unter anderem ein Kirchenvertreter seine Meinung dazu kund.

War Abtreibung in den 1970er-Jahren durch den Druck der Frauenbewegung ein Politikum, so ist sie jetzt wieder ins Private zurückgedrängt worden. Nur wenige Medien, wie zum Beispiel die feministische Online-Tageszeitung *www.diestandard.at* nehmen sich des Themas verstärkt an. Dort ist seit einigen Jahren eine eigene Site zum Thema Abtreibung eingerichtet, auf der offensiv über die praktischen, medizinischen und politischen Fakten informiert wird. Auch ist der straffreie Schwangerschaftsabbruch in manchen Kreisen weiterhin umstritten. Die Argumente in der Abtreibungsfrage sind seit jeher die gleichen: Die BefürworterInnen bestehen auf die Wahlmöglichkeit und das Selbstbestimmungsrecht der Frauen, die GegnerInnen sprechen von Mord an ungeborenem Leben. ÄrztInnen können sich aus Gewissensgründen weigern, einen Schwangerschaftsabbruch vorzunehmen. Als im Frühjahr 2005 Abtreibung erstmals in Salzburg in einem öffentlichen Krankenhaus zugelassen wurde, wurde auch sogleich eine Unterschriftenaktion von ÄrztInnen gestartet, um ihre Gewissensbisse zu bekunden. In den USA machen fundamentalistische AbtreibungsgegnerInnen von sich reden und in der Europäischen Union gibt es nach wie vor Länder, in denen Abtreibung strafbar ist. Nicht nur in Österreich hat die ›Familien‹politik längst die ›Frauen‹politik abgelöst, und nicht nur in Deutschland geht die politisch wie medial befeuerte Sorge um, dass die Deutschen bei den derzeitigen Geburtenzahlen ›aussterben‹ könnten. Genauso wie Abtreibung wurde auch das Kinderkriegen und Elternsein sukzessive privatisiert. Wurden früher selbstverwaltete Kindergruppen gegründet und kollektiv in Sachen Kindererziehung experimentiert, ist es heute Konsens, dass Kinder Privatangelegenheit sind, die innerhalb der Familie geregelt werden soll. Und bei Frauen, die Kinder und Beruf haben, wird davon ausgegangen, dass sie sich das selbst schon irgendwie einteilen werden. Nur langsam fruchtet die Erkenntnis, dass Frauen eher Kinder bekommen würden, müssten sie nicht alle Verantwortung alleine tragen. Viele sind sich einig, dass es dafür öffentlicher Infrastrukturmaßnahmen wie mehr Kinderbetreuungsplätze oder Ganztagsschulen bedarf. Allerdings wollen nicht alle für die Umsetzung Geld springen lassen. Obwohl es immer mehr AlleinerzieherInnen (großteils Frauen) und Patchworkfamilien gibt und die Scheidungszahlen steigen, zweifelt niemand daran, dass die (heteronormativ konstruierte) Familie der wichtigste Faktor ist, der zur Systemerhaltung beiträgt. Familien sind eben normalitätsstabilisierend und staatstragend. Überhaupt nicht wird darüber gesprochen, dass Frauen ihr Leben auch jenseits von Mutterschaft und Familiengründung entwerfen können: als Singles, denen Freundschaften über alles gehen, oder in Beziehungen, in denen keine Kinder vorgesehen sind. Abgesehen davon gäbe es für eine Frauenpolitik, die diesen Namen auch verdient, genügend Aufgaben und Herausforderungen: Nicht einmal fundamentale Forderungen der internationalen Frauenbewegung wie »Gleicher Lohn für gleiche Arbeit!« sind umgesetzt. Die Gehälter von Männern und Frauen klaffen nach wie vor auseinander – eine Tatsache, die nicht nur auf den seit jeher prekäreren Arbeitsverhältnissen von Frauen beruht, sondern auch darauf, dass klassische ›Frauenberufe‹ im Pflege- und Erziehungsbereich nach wie vor schlechter entlohnt werden. Es bestätigt sich verstärkt der Eindruck, dass sich der einstige Slogan der Frauenbewegung: »Das Private ist politisch!« umgekehrt hat in: »Das Politische ist privat!«

Ich gehe auf ein Konzert von Agenda Lobkov (Verena Brückner und Eva Jantschitsch alias Gustav), die »music for the working women, feministic tunes and antiphones, anthems for our heroines and almost lost abortion songs« machen. Bei der Interpretation des Wienerlieds »Die alte Engelmacherin« macht Jantschitsch nach der Zeile »Die [Ärzte] machen jetzt genau dasselbe [wie die Engelmacherin], aber leider verlangen's dafür zehnmal soviel Geld« die scherzhafte Bemerkung: »Und glaubt's mir, ich kann ein Liedl singen davon!« Damit spricht sie mir aus der Seele. Und ich bin wieder einmal davon überzeugt, dass Abtreibung auf die Bühne gehört, in die Popkultur und in die gesamte Öffentlichkeit – und wir manchmal ruhig Witze darüber machen sollten, um besser darüber reden zu können.

Vina Yun

HARDCORE MIT HERZ

Beobachtungen zum D.I.Y.-Porno

Einer meiner Jobs während der letzten Monate war es, Pornos anzuschauen. Ich verfasste Texte für das Programmheft des diesjährigen *identities – Queer Film Festival* in Wien und arbeitete mich durch eine Reihe von lesbischen/queeren Sexfilm-Produktionen – darunter »Harigata: The Alien Dildo That Turned Women Into Sexhungry Lesbos«, »Triple X Selects« und »One Night Stand« von Emilie Jouvet. Letzteres ist ein queerer Hardcore-D.I.Y.-Porno, der laut Eigendefinition »von einer lesbischen Regisseurin mit lesbischen und transgender DarstellerInnen für ein lesbisches/transgender/queer Publikum« geschrieben und gedreht wurde. Interessanterweise begegnete mir Jouvets Porno-Movie einige Wochen später nochmals, nämlich auf der Sexparty, die im Rahmen des Wiener Ladyfest07 im Swingerclub Tempel stattfand. Bei meinen Freundinnen und Bekannten kam »One Night Stand« ziemlich gut an, einige waren »total begeistert«. Mich selbst beschleicht bei lesbischen Pornos wie diesem ein wenig der Verdacht der umgekehrten Beweislast: Der Sex auf der Leinwand ist hart, extra-juicy, Orgasmus-zentriert und besonders schwitzig. »Am Schluss bleibt die schlichte Erkenntnis: Genau so machen Lesben Sex«, resümierte das deutsche Queer-Filmfestival *Verzaubert* angesichts des Pornos made in France[1]. Ich stehe ja auf Hardcore, trotzdem hätte ich lieber gelesen: »*Auch so* machen Lesben Sex.«

Auf die Frage »Warum ein queerer Porno?« ist in einem auf der Website des Films veröffentlichten Interview mit Emilie Jouvet zu lesen: »Der Film ist meine Reaktion auf Fragen zum gegenwärtigen Porno. Er ist ›queer‹, weil auch FTM-Transgenders dabei sind. Der Begriff ›queer‹ steht zudem für die politische Dimension eines solchen Projekts, das Sexualitäten sichtbar macht, die für gewöhnlich unsichtbar gemacht werden.«[2] Zum einen geht es also um die Absicht, kommerziellen (Hetero-)Pornos selbstbestimmte Bilder entgegenzusetzen und damit auch lesbischen Subjektpositionen Raum zu geben, zum anderen um den Versuch, die Diversität nicht-heteronormativer Identitäten (und Körper) – von hot Fem-Dykes über Androgirls zu Transboys – unter positiven Vorzeichen sichtbar zu machen. Wenn der klassische Porno männerdefiniert und -zentriert ist (Höhepunkt im doppelten Sinne: der ›money shot‹, also die männliche Ejakulation), sind feministische queere Gegenstrategien die Kreation eigenständiger Bilder und die Visualisierung der eigenen Lust und/oder die subversive Aneignung herrschender Darstellungen durch die Entwicklung einer Lesart, die ›gegen den Strich‹ geht. Kritischerweise wird bei ersterem Zugang ›Authentizität‹ eine zentrale Bedeutung beigemessen, sowohl in der Rezeption (»Genau so machen Lesben Sex«) als auch von Seiten der ProduzentInnen (z. B. durch LaiendarstellerInnen, um eine »real, stimulating performance« [Zitat Jouvet] zu erzielen).

Wenn allerdings dem Sex keine Natürlichkeit innewohnt, sondern diese herstellbar ist, geht es weniger um eine aufzudeckende Wahrheit des (oder im) Sex als um jene Machtkonstellationen, die bestimmte Bilder von Sex als selbstverständlich natürlich (oder unnatürlich) erscheinen lassen, wie es die Filmwissenschafterin Linda Williams in ihrem Buch »Hard Core« bereits Ende der 1980er deutlich machte. Sie macht zudem auf eine weitere Schwierigkeit aufmerksam: »Die neue Vielfalt der Sexualitäten« sowie »die Verbreitung von Perversionen« (z.B. BDSM) könne zwar als »demokratisierender Prozess« und als »Chance zur sexuellen Gleichberechtigung« gelesen werden, doch sie bewegen sich deshalb nicht von vornherein außerhalb der »Ökonomie des Begehrens«[3]. »Diff'rent strokes for diff'rent folks« bezeichnet Williams das, was man auch aktuell als neue Nischenbildungen im Porno-Business beobachten kann.

In diesem Zusammenhang lässt sich auch eine Hochkonjunktur des Porno-Themas beobachten: Im Mainstream, in Independent-Kontexten, aber auch und insbesondere in kulturtheoretischen Debatten boomt schon seit einigen Jahren alles, was mit Pornografie zu tun hat: Konferenzen (u. a. »Post Porn Politics«), Kunstausstellungen, Seminare und Kurse an den Hochschulen (in den USA auf dem aufsteigenden Ast: »Porn Studies«), Buchveröffentlichungen, neu gegründete Filmfestivals (z. B. Pornfilmfestival Berlin), Schwerpunkte in Theorie- und Kulturzeitschriften (*Texte zur Kunst, Spex* etc.) sowie diverse feministische und queere aktivistische Zusammenschlüsse wie »Girls Who Like Porno«, die ›Post-Porno‹ als Möglichkeit zur Kritik regierender Verhältnisse diskutieren und in Beziehung zu herrschenden Subjektivtäts- und Identitätspolitiken setzen. Wie auch bei Jouvet geht es hier u. a. darum, das Begehren ›anderer‹ Körper bzw. Körper, die außerhalb der Norm stehen, als begehrenswert zur Sprache zu bringen und so herkömmliche dichotome Kategorien aufzubrechen. Größer könnte der historische Spagat zwischen den PorNO-Aktivistinnen vor 30 Jahren und Andrea Dworkins radikalfeministischem Anti-Porno-Manifest »Pornography – Men possessing Women« (1979) – einst mein persönlicher feministisch-theoretischer Einstieg in das Thema – und den feministischen und queeren pro-Sex-Diskursen der Gegenwart nicht sein.

Meiner Meinung nach ist besonders auffallend, wie sehr ›queer‹ derzeit über Porno verhandelt und, in Abgrenzung zur und in Kritik der kommerziellen Sexindustrie, mit dem D.I.Y.-Ethos verknüpft wird. Dabei übersehen unabhängige Pornoproduktionen, die das »Do it yourself« als konstituierenden Teil ihres politischen Selbstverständnisses verstehen, allzu leicht, dass das D.I.Y.-Prinzip schon längst im Mainstream angekommen ist. ›Indie-Pornos‹, die sich als Alternative zu Mainstream-Pornos präsentieren und die neuartige Allianzen aus Gegenkulturen und Pornografie darstellen, sind auf dem Vormarsch, wie z. B. die 2001 gegründete Online-Community *www.suicidegirls.com*, dem mittlerweile prominentesten und erfolgreichstem Beispiel in Sachen ›alternative porn‹, das es gar bis in die Musikzeitschrift *Rolling Stone* geschafft hat. *SuicideGirls* baut auf Punk-Ästhetik / Gothic-Style und D.I.Y.-Attitüde und ist umweht von einem Hauch feministischer Selbstbestimmtheit: Die weiblichen Models entscheiden selbst, von wem, in welchem Setting und in welchen Posen sie fotografiert oder gefilmt werden. Einer der MitbegründerInnen von *SuicideGirls* erklärt: »These girls are not being paid to play the part in member's fantasies, they are being paid to be themselves.«[4] Auf der australischen Site *www.ishotmyself.com*, die seit 2003 online ist, ist es sogar Bedingung, dass sich die Frauen selbst (nackt) fotografieren, denn es geht um »women in control of their own image«[5]: »You need to have one hand (or other body part) on the camera at all times«[6]. In den Foren von *ISM* diskutieren die Amateur-Models und FotoshopperInnen (tatsächlich sind viele der KonsumentInnen weiblich) über Cindy Sherman, Misogynie und den »male gaze«.

Die *Suicide-* und *ISM*-Pin-Ups sind meistens solo oder in lesbischen Zweier- oder Gruppenkonstellationen zu sehen, Penetration durch Schwänze gibt es nicht. Das mag es einfacher machen, sich von den üblichen Mainstream-Hetero-Pornos abzuheben, schließlich sieht *SuicideGirls* seine Models »at the forefront of a generation of young women and men whose ideals about sexuality do not conform with what the mainstream media is reporting«[7]. Ähnlich erklärt *ISM*: »We encourage them to challenge and subvert the popular paradigm«[8] und nimmt das Label »feminist porn« mit Handkuss an. Wo der Mainstream-Porno aufhört und der Indie-Porno beginnt, ist aber nicht immer ganz klar, weswegen zum Beispiel *ISM* in einer quasi kuratorischen Geste unter den self-made Models monatlich einen (mit Geld dotierten) Art-Prize für »herausragende« Aufnahmen vergibt. Tatsächlich sind die Indie-Pornos ziemlich clean – hier ist nichts schmuddelig, verwichst oder billig.

Im Gegenteil geben die BetreiberInnen gerne mit dem hohen ›ästhetischen‹ Level ihrer Fotos und Videos an. Und während sich im Mainstream-Porno die Künstlichkeit schnell offenbart (wer hat nicht schon mal gelacht angesichts von akrobatischen Verrenkungen und exzessiver – ›unnatürlicher‹ – Stöhnerei?), setzt der Alternative-Porn auf »real girls«, »genuine passion«, »real sex« und »real orgasms«, wie etwa ein Preview-Video von *ISM* verspricht. Entsprechend nimmt auch ›natürliche‹ Schönheit einen großen Stellenwert ein, operierte Monstertitten sind tabu. Die meisten Indie-Porn-Models sind jung, weiß, schlank und entsprechen durchwegs den gängigen Schönheitsidealen, was aber z. B. *SG* stetig zu entkräften versucht: »We do not discriminate based on weight or race«[9] und »*SuicideGirls* encourages women of color to apply«[10] lauten die Bekenntnisse zur Diversität. Mit einer bloßen Repräsentationsfunktion ist aber noch wenig gewonnen, wie auch das lasche Argument der BetreiberInnen darlegt, wenn sie behaupten, dass, da abseits vom Modelling mehrheitlich Frauen bei *SG* arbeiten, *SG* per se gar nicht sexistisch sein könne.

In zwei Punkten können sich Alternative-Porn und Mainstream-Porno gut einigen: Zum einen wird die Arbeit schlecht bezahlt. 2005 machte *SG* von sich reden, als innerhalb weniger Wochen eine Reihe von Models wegen niedriger Honorare und Knebelverträge ausstieg (u. a. liegen alle Bildrechte bei *SG* und die Models dürfen nicht für andere Porno-Anbieter arbeiten) . *SG* erhöhte im letzten Jahr den Lohn von 300 auf 500 US Dollar pro Set, was angesichts der Einnahmen (laut Selbstbeschreibung besuchen mehr als 5 Millionen Visitors pro Monat die Site) jedoch noch immer ein Klacks ist. Zum anderen gibt es hier wie dort das steigende Interesse, die Frauen in ihrer individuellen Persönlichkeit zu offenbaren und zu vermarkten – schließlich besteht auf beiden Seiten »die neue Qualität [...] darin, dass bei der Speerspitze der Produktionen nicht mehr der Körper, sondern vielmehr die ›Seele‹ der Darstellerin im Mittelpunkt steht«[11], wie es etwa Mark Terkessidis angesichts des aufstrebenden Porno-Subgenres der Gonzo-Movies formuliert. »Suicide Girls are not only physically naked; they're also emotionally fleshed out«[12], beschreibt das feministische *Bitch Magazine* die Verschmelzung von Porno-Figur und Privatperson, die im Indie-Porno eins werden und den KonsumentInnen z. B. in Chats ›auf gleicher Augenhöhe‹ gegenüber stehen sollen. Wenn die Models erzählen, dass sie Spaß hatten, wirkt das durchaus sympathisch und glaubwürdig. Aber auch der Mainstream-Porno ist an der Aufhebung zwischen Profession und (im besten Fall) privatem Vergnügen interessiert, etwa wenn er seinen Darstellerinnen das persönliche Geständnis abringen will, dass sie »wirklich Spaß vor der Kamera« haben, wie beispielsweise Dolly Buster immer wieder in ihren Interviews versicherte. Als andere Variante beschreibt Mark Terkessidis das »Regime einer permanenten Überforderung«[13] in den aktuellen, immer härteren Gonzo-Pornos, die die Darstellerinnen bis an und über ihre persönlichen Grenzen dirigiert, und zieht einen Vergleich zu den neoliberalen Arbeitsmodellen, die ebenfalls nach der »Seele« der Akteurinnen greifen.

»In reality, indie porn is just like indie pop«, argumentieren Florian Cramer und Stewart Home im Netporn-Studies-Reader[14]. »It pretends to be different from the industry, but works with the same business model.« Mehr noch funktioniere Indie-Porno als Recherche- und Entwicklungsarm der Pornoindustrie und sei »von freien Kanälen abgeschottet, ja sogar strategisch gegen diese positioniert: Gerade weil Mainstreamware problemlos in Peer-to-Peer-Tauschbörsen zu haben ist, wird Pornografie, wie Popmusik, nur noch durch Differenz verkaufbar, einschließlich jener zu sich selbst.«[15]

Auch wenn seine Oberfläche subkulturelle Elemente widerspiegelt, steht der Alternative/Indie/Punk-Porn also keineswegs in Opposition zum oder außerhalb des Marktes, sondern besitzt selbst Vorbildcharakter für das kommerzielle Porno-Business. Insofern verwundert es wenig, dass im Indie-Porno kaum Begehrensformen artikuliert werden bzw. sich Identitätsentwürfe finden lassen, die die heterosexuelle Matrix durchbrechen (außer es geht um lesbischen Sex, der aber ohnehin klassischer Bestandteil gängiger Hetero-Pornos ist). Die ›Independent‹-Pornos sind D.I.Y. – but so what? Die (durchweg vorhandenen) feministischen Gesten der Selbstermächtigung verenden in einer Art Glamourisierung von Selfploitation[16], die vor allem die ökonomischen Hierarchien durch persönliches ›Fulfillment‹ verschleiert und die Formulierung politischer Kritik erschwert.

Aber gibt es überhaupt ein solches ›Außerhalb‹ der Industrie und wie könnte eine solche Position aussehen? Möglichweise sind die neuen queeren und feministischen Pornos wie »One Night Stand« sowohl »diff'rent strokes for diff'rent folks« (schließlich wollen sie auch als Pornos funktionieren) als auch derart positioniert, dass sie – über ein bloßes Diversity Management im Porno hinaus – die herrschenden Regeln des Genres grundlegend herauszufordern vermögen. Dazu bräuchte es aber wiederum größere ökonomische Ressourcen, um solche parallelen ›Gegenbilder‹ verbreiten und die Nischen, in denen sie produziert werden, verlassen zu können.

ANMERKUNGEN

1 *www.verzaubertfilmfest.com/filme2006/one.html* [letzter Zugriff: 14.08.2007]

2 *www.onenightstand-lefilm.com/presse.html*, Übersetzung von der Autorin [letzter Zugriff: 14.08.2007]

3 Williams, Linda: Hard Core. Macht, Lust und die Traditionen des pornographischen Films. Basel/Frankfurt am Main: Stroemfeld 1995

4 Zitiert nach Thera: Suicide Girls, Burning Angels and the commodification of Punk aesthetics. *http://slingshot.tao.ca/89/porn.php* [letzter Zugriff: 14.08.2007]

5 *www.ishotmyself.com/public/general.php?p=about* [letzter Zugriff: 14.08.2007]

6 *www.ishotmyself.com/public/general.php?p=faq* [letzter Zugriff: 14.08.2007]

7 *http://suicidegirls.com/about* [letzter Zugriff: 14.08.2007]

8 *www.ishotmyself.com/public/general.php?p=about* [letzter Zugriff: 14.08.2007]

9 *http://suicidegirls.com/girlsfaq* [letzter Zugriff: 14.08.2007]

10 *http://suicidegirls.com/model* [letzter Zugriff: 14.08.2007]

11 Terkessidis, Mark: Wie weit kannst du gehen? In *taz*, 18.08.2006, *www.taz.de/index.php?id=archiv&dig=2006/08/18/a0167&type=98* [letzter Zugriff: 14.08.2007]

12 Tomlin, Annie: Sex, Dreads, and Rock'N'Roll. In *Bitch Magazine*, December 2002, *www.bitchmagazine.org/archives/12_02sg/sg.shtml* [letzter Zugriff: 14.08.2007]

13 Terkessidis, Mark, ibd.

14 Cramer, Florian und Home, Stewart: Pornographic Coding. In: Jacobs, Katrien, Janssen, Marije und Pasquinelli, Matteo (Hg.): C'Lick Me. A Netporn Studies Reader. *www.networkcultures.org/clickme/pdf/clickmeReader_9MB.pdf* [letzter Zugriff: 14.08.2007]

15 Cramer, Florian: Sodom Blogging. In *Texte zur Kunst* Nr. 64, Dezember 2006.

16 »This is Selfploitation. It can make you look, make you think, make you jelly-kneed, and if you want, it can even make you famous«, auf *www.ishotmyself.com/public/general.php?p=about* [letzter Zugriff: 14.08.2007]

Kapitel 2

KÖRPER

Li Gerhalter

WIE ANGORA

Körperbehaarung ist out – und krause Politik

1. Bild. Eine Frau geht zur Ärztin

Aus Anlass meines 30. Geburtstags gab ich dem Drängen meiner gerne besorgten Mutter nach und absolvierte eine sogenannte Vorsorgeuntersuchung. Auf der Tour durch die Wartezimmer verschiedener Ärztinnen und Ärzte ließ ich mir neben dem obligatorischen ›Mangel an Eisen im Blut‹ auch ein angeblich außergewöhnlich gutes Sehvermögen attestieren – und war sowohl mit dem mir fremdbestätigten Zustand meines eigenen Körpers als auch mit meinem eigenen, ach so vernünftig-erwachsenen Tun sehr zufrieden.

Diese ungeteilte Freude trübte sich erst in der Praxis einer Allgemeinmedizinerin, als diese mich mit einem eher informell ausgestellten Befund konfrontierte: Ich saß fast gänzlich unbekleidet auf der Untersuchungspritsche und bemühte mich, alle Fragen der mich Vermessenden (»Gibt es in Ihrer Familie Fälle von Brustkrebs?«) korrekt zu beantworten – eine Situation mit nicht gerade egalitärer Rollenverteilung, aber im Sinne der rationalen Freiwilligkeit schon okay. Da hielt die Ärztin plötzlich inne und begann, die untere Hälfte meines Körpers zu mustern: »Haben Sie dieses Haarproblem schon immer? Was Sie haben, heißt Hypertrichose. Mit Laser- oder Hormonbehandlung könnten Sie hier was machen, die Hormone würde ich aber nicht unbedingt empfehlen.«

Ich war noch ganz verheddert in der Rolle der Sich-Erklärenden (»… ja, schon Brustkrebs, aber … ähm. Wie bitte?«) und fing auch sogleich an, meine unübersehbare Beinbehaarung, um die es sich offensichtlich drehte, als »nicht außergewöhnlich bei den Frauen in meiner Verwandtschaft« zu rechtfertigen. Die Ärztin setzte derweil ihre ethnografischen Betrachtungen beflissen fort: »Aber auf der Brust haben Sie nix ...« Ich hatte mich inzwischen wieder etwas gesammelt und konnte entgegnen, dass ich »das« – also: mich – auf genau diese Weise gut fände. Ihr Versuch einzulenken, geriet jetzt erst richtig zum verbalen Rundumschlag: »Na, wenn man sich liebt, liebt man sich auch so.«

Völlig zu Bewusstsein kam mit der Ärger über diese verachtende Situation erst später und ich beschloss, der Ärztin beim nächsten Besuch mein Unverständnis über ihr aus meiner Sicht unprofessionelles Verhalten auszudrücken. Aus ihrer Reaktion war zuerst die Verwunderung über meine Selbstermächtigung abzulesen, anschließend gelang es ihr dann, sich noch weiter selbst zu disqualifizieren: Als Erklärung brachte sie vor, »auch nur ein Mensch« zu sein, aber sie würde mich für meine »Courage« bewundern, denn »so etwas« habe sie erst selten gesehen. Was sie nun damit meinte, war wohl nicht der Umstand, dass mir (wie den meisten Menschen) Haare auf den Beinen wachsen, sondern dass ich mir diese gerade nicht entfernt hatte, was jedoch aktuell zu den anscheinend universell gültigen Schönheitsnormen (zumindest für Frauen) zählt.

Ausgehend von den USA haben sich in den letzten Jahrzehnten auch in Europa kanonisierte Ästhetik-Standards durchgesetzt, die von den größten Teilen der Bevölkerung akzeptiert und reproduziert werden. Beeinflusst werden diese ›Standards‹ in gegenseitiger Wechselwirkung von einer immens gewachsenen Kosmetikindustrie, die sich wiederum vor allem auf die Argumente vermeintlicher Hygiene stützt. Ich behaupte, dass es innerhalb der sogenannten westlichen Gesellschaft und einer gewissen Altersgruppe (die zu bestimmen ich mir jedoch nicht anmaße) kaum eine Frau gibt, die sich noch niemals Gedanken über ihre eigene Körperbehaarung und den für sie passenden Umgang damit gemacht hat. Frauenhaare, die nicht am Kopf wachsen, sondern z. B. in Achselhöhlen, auf Armen, Beinen, im Schambereich oder auch im Gesicht, werden als ›Problem‹ definiert. Wer das nicht so sieht, muss sich rechtfertigen.

Gleich mehrere Freundinnen haben erzählt, dass sie es als Mädchen als eine Art Initiationsritual wahrgenommen haben, sich erstmals die Beine oder Achseln zu rasieren. Die dafür erforderlichen Artefakte waren jedenfalls leicht zu besorgen – und wenn nicht das ganze Taschengeld in Nassrasierer investiert werden sollte, wurden diese aus dem Badezimmerschrank der großen Schwester, der Mutter oder auch vom Papa entwendet. Es geht aber auch ohne leibhaftige Vorbilder: Die vermeintliche Selbstverständlichkeit und Notwendigkeit dieses kosmetischen Tuns – und gleichzeitig auch das Wissen über die relevanten Handgriffe – werden ohnedies medial vermittelt. Es scheint, dass nicht der Umstand, Haare an verschiedenen Körperstellen zu haben, ein Mädchen ›zur Frau‹ macht, sondern vielmehr der Akt, sich dieser wieder zu entledigen.

2. Bild. Eine Frau kann sich nicht erinnern

Historisch gesehen ist das nicht neu: Unterschiedliche Praxen der Körperhaarentfernung (vor allem, aber nicht nur bei Frauen) reichen bis in die Antike zurück. Diese galten jedoch nur innerhalb bestimmter sozialer Gruppen. Auch in verschiedenen Glaubensgemeinschaften wie etwa im Islam spielt Ganzkörperenthaarung eine wichtige Rolle.

Medizinische Zugriffe auf das Körperhaar finden immerhin seit über 130 Jahren statt: Angeblich wurde bereits im Jahr 1875 erstmals einer garstigen Haarwurzel mittels einer direkt in sie gestoßenen elektrischen Nadel der Garaus gemacht. Den ersten Rasierer speziell für Frauen brachte die Firma Gillette im Jahr 1915 auf den Markt. Damals wurde in den USA die Kleidung legerer und es kam in Mode, sich die Achseln zu rasieren. Seit den 1940er-Jahren waren dann auch die Beine dran. In Europa setzte sich dieser Trend erst einige Jahrzehnte später durch. Inzwischen zählt Haarentfernung aber auch hier zu den lukrativsten Zweigen der rapide wachsenden Schönheitsindustrie und ist gerade dabei, den weiblichen Schambereich zu vereinnahmen. Gemäß der glatten Reklame-Sprache wurde dafür mit der sogenannten Bikinizone auch gleich eine neue Region in der Körperlandschaft erfunden.

Dementsprechend bringen die Massenmedien jedes Jahr pünktlich zum Sommerbeginn als ›Berichte‹ getarnte Werbeeinschaltungen. Die kosmetischen Praxen der Frauen aus der Bevölkerung werden dabei meist als statistisches Material für zweifelhafte Ländervergleiche herangezogen. Bevorzugt nachgezeichnet wird das vermeintliche Fortschrittsszenario (früher: behaart = pfui, jetzt: rasiert = hui) am Beispiel einzelner prominenter Frauen. So geisterte etwa im Jahr 2006 wiederholt ein Fotopaar der NDW-Ikone Nena durch die Gazetten, deren Reinkarnation inzwischen Kennmelodien für

Seifenopern und Schuhe liefert. Anders als in den 1980er-Jahren präsentiert Nena nun gleich ihrer Musik auch ihre Achselhöhlen aalglatt.

Das gegenwärtige Angebot an Haarentfernungs-Behelfsmitteln ist aussagekräftig unübersehbar. Der Sonntagsbeilage einer großen österreichischen Tageszeitung konnte ich entnehmen, dass Rasierer und Co. mittlerweile ohnedies obsolet seien: Der einzige Weg zu dauerhafter Haarfreiheit führe über das Abtöten sämtlicher Haarwurzeln, wozu neuerdings blitzähnliche Bestrahlungen herangezogen werden.

Diese Methoden sind teilweise schmerzhaft, manchmal begleitet von Nebenwirkungen und nicht zuletzt auch kostspielig: Ein Laserblitz reicht laut Angaben für fünf Quadratzentimeter haarbefallene Haut und kostet etwa 130 Euro. Zwischen fünf und neun Behandlungsgänge sind notwendig, bis auch wirklich jede einzelne Borste persönlich kapituliert hat. Hier handelt es sich dann freilich nicht mehr um kosmetische Übungen am Badewannenrand, sondern um medizinische Eingriffe. Die ›weibliche Schönheit‹ wird zum Krankheitsfall.

Als ich gerade darüber nachdachte, was ich mir alles für 130 Euro kaufen könnte, fiel mir ein, dass ich mich nicht daran erinnern kann, wann und aus welchem Anlass ich mir das erste Mal die Beine oder Achseln rasiert habe. Irgendwann habe ich eben damit begonnen, wahrscheinlich hat es sich dabei um eine schwesterlich-kollektive Aktion mit A.B. im elterlichen Badezimmer gehandelt.

Diese weißen Flecken in der Landkarte meiner Erinnerung bestätigen einerseits die Behauptung, dass das Thema Körperrasur vielfach als selbstverständlich wahrgenommen wird. Andererseits meine ich aber, dass es für mich und meine jugendliche Umgebung Anfang der 1990er-Jahre ganz einfach noch nicht wichtig genug war, um für einen Eintrag im Kalender zu reichen. Außerdem bedeutet das ja nun tatsächlich nicht, dass ich als Teenagerin von jeglichen körperlichen Selbstzweifeln verschont geblieben wäre. Vermutlich war ich damals einfach zu sehr auf mein aktuelles ›Problem‹ – meinen vermeintlich zu mickrig geratenen Busen – fixiert und konnte daher (vorerst) noch gar nicht wahrnehmen, was der so reichhaltig gefüllte Ideenpool an (praktischerweise medial bereits vorformulierten) körperlichen ›Mängeln‹ noch alles für mich bereit hielt. Nun, dies alles konnte ja inzwischen nachgeholt werden … an meinen Brüsten hatte übrigens nicht einmal jene Ärztin etwas auszusetzen.

3. Bild. Eine Frau im Pyjama

Vor kurzem hatte meine Freundin C.D. Besuch von ihrer Schwester und deren gerade vierjährigem Sohn. Als der Kleine die Gastgeberin zufällig in ihrer kurzen Pyjamahose sah, kam er sogleich zu seiner Mutter gerannt, um ihr seine neueste Entdeckung kundzutun: »Die Tante ist ein Mann!« Als Indizien dafür reichten dem kleinen Macho der Anblick behaarter Beine; weitere Hinweise hatte es auch gar nicht zu sehen gegeben.

Die idealtypischen Zuschreibungen, was denn nun ›weiblich‹ und was ›männlich‹ sei, erweisen sich (grob betrachtet) als so zählebig wie das bipolare Modell selbst. Diese Feststellung ist ja nun eher langweilig; spannend finde ich aber, dass selbst kleine Kinder ihren ›Blick‹ offenbar schon so weit entsprechend eingeübt haben, dass sie hinter einem behaarten auch sogleich einen männlichen Körper orten. Dass der besagte Kleine innerhalb einer feministisch orientierten Umgebung aufwächst, scheint dem auch nur bedingt entgegenzuwirken.

Warum Körperhaare auf Frauen gemeinhin so sehr irritieren, liegt wohl nicht zuletzt in ihrer Konnotation als ›männlich‹/›viril‹, was wiederum mit ›ungezähmt‹, ›wild‹, ›eigensinnig‹, ›sexuell aktiv‹ etc. in Verbindung gebracht wird. Mittels Rasiermesser werden diese Eigenschaften nun haarscharf diszipliniert. Die Ganzkörperrasur drängt Frauenkörpern zudem eine kindhafte Erscheinung auf.

Mehrfach haben Freundinnen davon berichtet, wegen ihrer Bein-, Achsel- oder Gesichtsbehaarung blöd und oft auch grob verletzend angesprochen worden zu sein. Das Gegenüber waren dabei immer Männer, als Legitimation für ihre Unverschämtheiten schützten diese jeweils ihr ›ästhetisches Befinden‹ vor. Sie maßen sich damit an, Definitionsmacht über ›Schönheit‹ zu besitzen und nehmen sich zudem heraus, diese in verbalen Übergriffen einzufordern. Womöglich orten sie in unerwarteter Behaarung aber auch eine Bedrohung ihrer begünstigten Geschlechterrolle. (Die Ärztin hatte ihrerseits vom Medizinerinnen-Podest aus gesprochen.)

Im Sport ist es auch unter Männer zunehmend verbreitet, mit rasierter Brust und Achseln aufzutreten. Dasselbe gilt für Schauspieler: Dass die Brustpartie von Tom Selleck nicht im neuesten Modetrend liegt, hängt wohl nur vordergründig mit den meistens darum herum drapierten Hawaiihemden zusammen. Es bleibt abzuwarten, wie weit sich die Idee vom ›metrosexuellen Mann‹ allgemein etablieren wird. Die Kosmetikindustrie hat den Männerkörper jedenfalls bereits als große, rasierbare Fläche entdeckt und möchte nun auch damit richtig viel Geld machen. Scheinbar setzt sich hier der Zugriff auf die verschiedenen Körperteile aber mit unterschiedlicher Geschwindigkeit durch: vor allem die Beine des gemeinen Mannes bleiben offensichtlich (vorerst noch) verschont. Thomas Gottschalk und Hugh Grant führten das in deutlicher Lächerlichkeit vor, als sie sich bei einer Samstagabendshow vor laufender Kamera eine kleine Stelle ihrer Waden enthaarten. Sie stellten sich dabei an, als würden sie kastriert. Das geschlechterverdrehte Tun wurde als physisch kaum zu ertragen vorgeführt, das Publikum applaudierte.

Ein weiterer Stolperstein für den Siegeszug der männlichen (Ganz-)Körperrasur könnte die damit verknüpfte Zuschreibung von Homosexualität sein, die im Allgemeinen als Diffamierung verwendet wird – und wogegen sich Hetero-Männer immer besonders schnell abzugrenzen trachten.

Das spiegelverkehrte Bild von Frauen kann am Beispiel der fiktiven Zeichentrickfiguren Patty und Selma Bouvier, den Schwestern einer der Hauptfiguren der US-Fernsehserie »Die Simpsons«, skizziert werden. Die nikotinabhängigen Zwillinge leben unverheiratet in einer ›Boston Marriage‹ zusammen, in der 16. Staffel (in den USA 2005 ausgestrahlt) hat Patty Bouvier ihr Coming-Out als Lesbe. Obwohl (oder gerade weil?) diese Charaktere selbständige Frauen darstellen, sind ihre Positionen in der Serie durch Lächerlichkeit gekennzeichnet. Durch einen zwar unkommentierten, aber doch zentralen Kamera-Schwenk auf ihre unrasierten Beine bei jedem ihrer Auftritte soll das ›Unpassende‹ ihrer Rollen wohl noch unterstrichen werden.

Weniger am Mainstream orientierte Menschen haben schließlich durchaus ihr Vergnügen daran, durch die Inszenierung oder Hervorhebung gewisser optischer Attribute die festgefahrenen Geschlechteridentitäten in Frage zu stellen. Zur Dekoration eignet sich hier neben Kleidung und Frisur für Frauen insbesondere Gesichtsbehaarung. JD Samson von Le Tigre beispielsweise spielt gerne damit und findet es nach eigenen Angaben amüsant, sowohl auf der Straße als auch bei ihren Shows regelmäßig als ›Kerl‹ identifiziert zu werden.

Meine Freundin E.F. und die vielen anderen, von denen die meisten landläufig wohl als ›Butch‹ zu bezeichnen wären (wenn sie nicht gerade

Lust, Zeit und den Raum haben, als Drag King auszugehen), berichten regelmäßig davon, von Mitbenutzerinnen aus öffentlichen Frauenklos verwiesen worden zu sein. Das jedes Mal aufs Neue lustig zu finden, setzt jedenfalls eine größere Portion guter Tagesverfassung voraus. Ist diese aber einmal vorhanden, so kann es durchaus Spaß machen, (nicht nur) in den Toiletten gehörige Irritation zu streuen. Für Transgender-Personen stellt sich die Frage nach der (fehlenden/störenden) Körperbehaarung auf jeweils nochmals besondere Weise.

4. Bild. Eine Frau will ins Schwimmbad

An einem der heißen Sommertage im vergangenen Jahr ließ sich meine Freundin G.H. von einer Bekannten dazu motivieren, ins Schwimmbad zu gehen. Kaum dort angekommen und einen Platz auf der Liegewiese bezogen, hatte die eine der beiden auch schon die Aufmerksamkeit der neben ihnen sitzenden Gruppe Vorstadtjugendlicher auf sich gezogen: »Schau dir die Alte an, die ist ja voll behaart; und nicht einmal ein Jugoweib.«

Ihre Vorbehalte gegenüber öffentlichen Badeanstalten schienen bestätigt (»Was glaubt der pickelige Dreikäsehoch eigentlich, mich anmachen zu können?«), wirklich bemerkenswert war jedoch die rassistische Komponente dieses sexistischen Angriffs. Es ist ein gängiges Muster, Personengruppen, die als inferior betrachtet werden, durch Attribute wie Unhygiene, Schmutz etc. zu diskreditieren, was im Weiteren häufig mit Faulheit konnotiert wird. Weibliche Körperbehaarung wurde von diesen Kids offenbar auf diese abfällige Weise interpretiert. Die (an sich bereits problematische) Bezeichnung ›rassig‹ wird bisweilen Frauen angeheftet, die als sexuell potent, aktiv und attraktiv auftreten. Häufig ist es eine Zuschreibung für ›Südländerinnen‹. Einen Zusammenhang der Geschichte dieses Begriffes mit dem in Mitteleuropa herrschenden Italien- (und Mittelmeer)-Boom der 1960er-Jahre kann ich nur vermuten. Türkische Frauen erzählen wiederum von unverschämten, sexistischen Anmachsprüchen nicht-türkischer Männer, die sie wegen der (vermeintlich) von ihnen praktizierten Ganzkörperrasur belästigen.

5. Bild. Eine Frau steht vor dem Spiegel

I.J. stellte neulich fest, dass ihre zuvor noch brandneue Liebe inzwischen wohl wieder im Abkühlen begriffen sei. Es schien ihr nämlich verdächtig, dass sie selbst sich nicht mehr vor jedem Date die Beine frisch rasierte ... Die besagte Affäre ist inzwischen tatsächlich beendet worden, ob das an der Frequenz der Beinrasuren liegt, sei allerdings dahingestellt. (Weniger Kajal bedeutet ja nicht gleich auch weniger Liebe, und dass bei der Abendgarderobe die Stretchjeans von der alten Jogginghose abgelöst wurde, heißt ebensowenig, dass gleich der Textilfasern auch die Zuneigung schon an Spannkraft verloren hätte). Sich füreinander aufzubrezeln (und sich glatt zu scheren ist für viele offenbar Teil dieses Brauchs) kann als Ausdruck gegenseitiger Wertschätzung gesehen werden. Letztlich geht es dabei aber vor allem darum, sich selbst gut, schön, begehrenswert etc. zu fühlen. Und das ist wohl jeder und jedem zu wünschen – genauso wie der möglicherweise vorhandene Spaß am Herrichten selbst.

Es kann durchaus sein, dass sich viele Frauen im Zuge einer Intimrasur einen veränderten Umgang mit dem eigenen Körper aneignen und damit einen selbstbewussteren Umgang mit sich selbst gewinnen. Diese Medaille hat jedoch noch eine zweite Seite: Mit dem nun freigelegten Blick auf bislang eher verborgene Körperregionen wurden flugs auch diese zum Gegenstand ästhetischer Standardisierungen: Die Schlagworte dazu lauten ›kosmetische Schamlippen-Operation‹ und ›Vaginal-Straffung‹. Gängige Schönheitsideale scheinen so weit verinnerlicht, dass das Wohlbefinden vieler davon bestimmt wird, diese zu erfüllen. Es sind (angeblich) stetig mehr Menschen dazu bereit, neben hohen Rechnungen auch große Schmerzen dafür in Kauf zu nehmen.

6. Bild. Eine Frau geht auf ein Konzert

Die Gestaltung von Frisuren galt und gilt als Zeichen von Macht und Ohnmacht, Demut und Demütigung. In den nationalsozialistischen KZs erreichte der rabiate Zugriff einen grausigen Höhepunkt. Haartracht kann aber auch Ausdruck von Widerstand und/oder einem neuen Lebensgefühl sein. Beispiele aus dem 20. Jahrhundert sind etwa die Bubikopf-Mode, die Frisuren der Hippie-, der afroamerikanischen Bürgerrechts- oder die der

Punk-Bewegung. Von den Aktivistinnen der sogenannten Zweiten Frauenbewegung in den 1970er-Jahren wurde erstmals auch Körperbehaarung als politisches Moment verwendet. Diese nicht zu rasieren stand u.a. synonym für befreite Sexualität. Noch immer birgt der Umgang mit Körperbehaarung politisches Potenzial in sich, was viele mit dem Feminismus assoziierte Frauen auch nutzen: Es werden echte Haare zur Schau getragen oder Parodien wie Achselhaartoupets oder Bartprothesen vorgeführt. Damit erregen Musikerinnen wie Amanda Palmer von den Dresden Dolls oder die Performerin Peaches sowie Aktionskünstlerinnen wie Jasmina Llobet oder Katrina Daschner (um nur einige wenige zu nennen) noch immer Aufmerksamkeit.

Mit besonders empörten (und verunsicherten) Schlagzeilen reagiert die Regenbogenpresse jedoch, wenn sich Frauen mit fernsehformat-tauglich ausgewiesener ›Schönheit‹, wie etwa das Fotomodel Elizabeth Jagger oder die Schauspielerinnen Julia Roberts und Toni Collette, mit Achselbehaarung (weiter wird hier ohnedies nicht gegangen) zeigen. Inwieweit diese Auftritte der einzelnen dieser Frauen feministische Hintergründe haben, sei dahingestellt. Jedenfalls ist solchen Aktionen Breitenwirksamkeit gewiss.

Gleichzeitig wird innerhalb bestimmter sozialer Zusammenhänge ein offensiver Umgang mit Körperbehaarung förmlich vorausgesetzt: Im vergangenen Winter war ich mit K.L. auf dem Konzert einer von uns beiden sehr geschätzten Elektronik-Musikerin. Die Musik war wie erwartet toll, mit fortgeschrittener Bühnenshow aber verstand meine Begleiterin plötzlich die Welt nicht mehr: »Sie ist doch Feministin; warum hat sie sich dann die Achseln rasiert?« Wir haben uns scherzhaft darauf einigen können, das läge wohl an der Jahreszeit und die Bühnenfrau hätte schlichtweg nicht mit der Scheinwerferhitze gerechnet – weswegen sie ungeplant viel ausziehen musste und wir jetzt alle sehen konnten, dass sie sich darunter ›heimlich‹ rasiert ... Anhand dieser Beispiele der an das Körperhaar geknüpften politischen Botschaften lässt sich das Prekäre dieses Themas zugespitzt formulieren: In all diesen Fällen sind die Austragungsorte politischer Inhalte die Körper der einzelnen Frauen – und diese sind angreifbar. Auch wenn ihr Statement gesamtgesellschaftlich angelegt ist, so richten sich die verbalen Angriffe doch gegen die einzelne Person und werden individualisiert. – Das Politische ist dann eben doch privat.

7. Bild. Noch offen

Ich selbst verfolge in Sachen privater Körperrasur keine einheitliche Politik. Eine Zeit lang habe ich versucht, Muster in meine Beinbehaarung zu schneiden. Nachdem mir die Ärztin fehlende Brustbehaarung attestiert hatte, habe ich damit begonnen, beim Haareschneiden (für das mein Badezimmer der perfekte Ort und M.N. die perfekte Person ist) Selbstporträts von meinem mit Haarschnipselattrappen bedeckten Dekolleté zu machen und diese als Serie anzulegen. Gerade ist mir beides langweilig geworden.

Kopfbehaarung, Körperbehaarung oder Prothesen in verschiedenen Formen sind jedenfalls tolle Requisiten für die Performativität des eigenen Ichs. Meines empfindet es als höchst lustvoll, den Körper nach individuellen Gestaltungsmöglichkeiten zuzurichten – oder aber auch nicht. Wie sich die Laune eben gerade dreht. Was als nächste Haar-Aktion kommt? Ich werde es sehen.

ANREGUNGEN, BESTÄTIGUNGEN ODER WIDERWILLEN HABE ICH AUS FOLGENDEN TEXTEN GEZOGEN (AUSWAHL):

Blöcker, Bianka: Pilca contra Activogland. Bart ist nicht gleich Bart. In: Kuhnen, Stephanie (Hg.): Butch/Femme. Eine erotische Kultur. Berlin: Querverlag 1997, S. 152–158.
Flocke, Petra u. a. (Hg.): Haare. Tübingen: Konkursbuch 1999.
Holzinger, Daniela: Haare. Symbol des Widerstands. Salzburg: (unveröffentl. Dipl.) 2005.
Mayr, Daniela und Mayr, Klaus: Von der Kunst, Locken auf Glatzen zu drehen. Eine illustrierte Kulturgeschichte der menschlichen Haarpracht. Frankfurt am Main: Eichborn 2003.
Reid Maxcy Myhre, Jennifer: One Bad Hair Day Too Many, or The Hairstory of an Androgynous Young Feminist. In: Findlen, Barbara (Hg.): Listen Up. Voices From the Next Feminist Generation. New York: Seal Press, 2001 [1995], S. 84–88.
Rottenberg, Thomas: Wurzelziehen auf dermatologisch. In: *Rondo* 01.09.2006, S. 27.

Sarah Diehl

PRO-ANA-WEBSITES

Selbstbestimmung in der Selbstaufgabe

»Starving is an example of excellent willpower.«
www.fading-obsession.com

»Dabei würdest du viel besser aussehen, wenn du ein paar Kilo mehr drauf hättest«, heißt es oft, um eine magersüchtige Frau von dem Unsinn ihres Essverhaltens zu überzeugen. Aussagen wie diese bekräftigen zum einen nur ein Problem, das Magersucht hervorruft, nämlich den eigenen Wert nur über die eigene Schönheit wahrzunehmen, und reduzieren es gleichzeitig nur auf dieses.

52% aller Mädchen fangen Diäten an, bevor sie ihr 14. Lebensjahr erreichen und 60% aller Frauen sagen, dass sie sich deprimiert fühlen, wenn sie sich Bilder von Fashionmodels ansehen. Die National Eating Disorders Association (NETA) geht davon aus, dass etwa zehn Millionen Frauen und etwa eine Million Männer unter Magersucht leiden. Magersucht ist damit eine der häufigsten psychiatrisch diagnostizierten Krankheiten. In der westlichen Welt scheint der körperliche Normierungszwang, der durch die Medien kolportiert wird, sich zur effizienten, da attraktiv verpackten Waffe gegen den Feminismus entwickelt zu haben. Denn er manipuliert und zerstört das Selbstwertgefühl von Mädchen und Frauen von Anfang an.

Morbide Girlpower

»You will be able to see your beautiful, beautiful bones. Bones are clean and pure. Fat is dirty and hangs on your bones like a parasite.« Da Magersucht von den betroffenen Mädchen und Frauen eng mit Selbstbestimmung verknüpft wird, ist es nur konsequent, dass sich nun im Internet als geschützter Raum eine Pro-Ana-Community gegründet hat, die sich gegenseitig mental unterstützt, ihre Ideologie verbreitet und sich Ratschläge erteilt, z. B. wie sie Zwangsernährung entgehen und ihre Eltern bezüglich ihres Essverhaltens hinters Licht führen kann. Pro-Ana-Websites (kurz für Pro-Anorexia, ebenso gibt es Pro-Mia für Bulimie) gibt seit Mitte der 1990er-Jahre. Seit Beginn dieses Jahrhundert sind sie auf vermehrtes Medieninteresse gestoßen, worauf verängstigte Eltern große Server mit Anfragen überfluteten, diese Seiten abzuschalten, was auch geschah. Nichtsdestotrotz war die Webcommunity damals bereits so groß, dass einfach auf alternative Server ausgewichen wurde. In den Staaten liegt die Beteiligung an Foren und Blogs dieser Seiten unter erkannten Magersüchtigen bei etwa 40 %. Mittlerweile gibt es Hunderte solcher Seiten und sogar auf Networksites wie *MySpace* gibt es Pro-Ana-Gruppen.

Die beteiligten Frauen schreiben, dass Pro-Ana-Sites ihnen mehr helfen als von MedizinerInnen und PsychologInnen typisch pädagogisch aufgebaute Recovery-Sites, da es auf ersteren keine Zensur gibt. Das heißt also, den Beteiligten steht es frei, sämtliche Facetten der Anorexie darzustellen, ohne dass ihnen die ›Gesundheitspolizei‹ reinquasselt. »It's a support group in the best sense of the phrase: You're not okay, and that's okay.« Viele Sites halten nicht hinterm Berg damit, welche Krankheiten die Magersucht mit sich bringt. Gleichzeitig geben sie aber Tipps zur Selbstkontrolle, Schmerzüberwindung, zur Ablenkung wenn man Hunger hat, warnen vor falschen Tipps wie Papier oder Baumwolle essen und stellen Rechner für Kalorien bereit. Die Kombination aus realistischer Einschätzung der Krankheit und Unterstützung, um diesen Wahn richtig kontrollieren und verwalten zu können, gibt einen guten Einblick, was für ein Horror zwischen zwanghafter Disziplinierung und Selbsterkenntnis sich hinter Anorexie tatsächlich verbirgt. Somit orientiert sich die Herangehensweise der Pro-Ana-Sites nicht an typischen Selbsthilfe-Gruppen und das Internet bietet einen Ort, wo sie die Hassliebe zu ihrer Krankheit kultivieren können. Die Seiten sind oft sehr schön gestaltet und manche weisen eine bittersüße Poesiealben-Ästhetik auf. Auf fast allen Seiten liegen Schönheit und Schrecken ebenso wie Selbstermächtigung und Selbstaufgabe oder Selbsthass nahe beieinander. So steht ein Zitat von Sigmund Freud »Out of your vulnerabilities will come your strength« neben der Auflistung »57 Gründe magersüchtig zu sein«: »I'm tired of looking in the mirror and hating myself. I don't want to be nervous in a bathing suit anymore. I want to fit in.«

Schönheitswahn als (Sub-)Kultur

Sämtliche Subkulturen entpuppen sich nach einer Weile als Schein und Ausverkauf; egal was jungen Mädchen als Werkzeug der Revolte angeboten wird. Ob Punk, New Romantic oder Wendy, irgendwann kommen sie darauf, dass das alles stereotyp und eingrenzend ist, normiert für den kommerziellen Ausverkauf. Mit Magersucht aber scheint es, als könnten sich diese Mädchen eine ganz eigene, individuell gestaltbare Identität geben. Von brachial bis feingliedrig, gewalttätig bis schön; die mit Anmut und Ästhetik verkleideten, aber tatsächlich von Grausamkeit und Zwang geprägten Widersprüche, die in den Erwartungshaltungen an junge Frauen liegen, sind darin enthalten und gespiegelt. Die betroffenen Mädchen und Frauen unterwerfen sich dem Schönheitszwang der Schlankheit, die der Weiblichkeit vorgeschrieben wird, anderseits entziehen sie sich kontrolliert ihrer Geschlechterrolle, da Unfruchtbarkeit eines der erklärten, oder aber zumindest tolerierten Resultate der Magersucht ist. Um auf ihre Selbstbestimmung zu pochen, betonen viele, dass ihre Magersucht nichts damit zu tun habe, Männern gefallen zu wollen. Magersucht sei vielmehr ein Versuch, die ›Sickness‹ der Gesellschaft körperlich nachzuvollziehen und als Märtyrertum zu leben. Aufgeklärtere Webhosts von Pro-Ana-Seiten wehren sich aber gegen eine Heroisierung der Magersucht. Mit Bildern von an Magersucht gestorbenen Frauen oder Frauen, die mit 35 Kilo kurz vor dem Kollaps stehen, wollen sie der Krankheit alles Glamouröse nehmen. Ana sei kein Lifestyle, sondern ein Style of Dying, heißt es auf *www.ceruleanbutterfly.com*. »Pro-Ana is not a cause. We are a symptom.«

So widersprüchlich es auch klinge, schreibt eine Webmistress, Magersucht töte, aber sie halte sie gleichermaßen am Leben. Sie sei ein Weg, mit ernsthaften emotionalen Problemen fertig zu werden. »Food seemed to be the only thing in my life I could control.«

In einem Leben, in dem man scheinbar nichts kontrollieren kann, entwickelt man eine Obsession, den eigenen Körper zu kontrollieren, als das einzige Refugium, auf das man scheinbar noch Zugriff hat. Und Frauen machen das normalerweise mit sich alleine aus. Da sie in ihrer Umwelt entweder auf Unverständnis oder auf den Zwang zu essen stoßen, ziehen sich viele Betroffene in die Isolation zurück. Und um nicht allein ihren GegnerInnen und BekehrerInnen ausgesetzt zu sein, haben sie ihre eigene Webcommunity aufgebaut.

Seit magersüchtige Frauen selbst reden, weist vieles darauf hin, dass die Gründe der Krankheit vom medizinischen und gesellschaftlichen Diskurs nicht richtig eingeschätzt wurden und eine falsche Pathologisierung der Frauen stattgefunden hat. Viele Symptome, wie Libidoverlust, unregelmäßiger oder ausbleibender Zyklus, Nervosität, Kopfschmerzen, Herzprobleme, niedriger Blutdruck, Suizidgefährdung, Depression, Persönlichkeitsspaltung, zwanghaftes Verhalten oder Panikattacken, die als Ursache der Magersucht angesehen wurden, haben sich nicht als Auslöser, sondern als Folge der Magersucht entpuppt: Ein weiterer Hinweis darauf, dass Magersucht vielmehr ein gesellschaftlich herangezüchtetes Problem ist und nicht auf hormonelle Schwankungen oder andere rein körperliche Prädispositionen zu schieben sei.

Selbsthilfe oder Wettbewerb

Seit die Medien auf solche Websites aufmerksam geworden sind, ist der übliche Vorwurf an sie, dass sie Mädchen anspornen, magersüchtig zu werden, oder dass Mädchen einen Wettbewerb starten, noch schneller noch dünner zu werden. Dies ist eine typische Abwehrreaktionen, die auf eine Zensur der Stimmen der betroffenen Mädchen und Frauen abzielt – denn wie sehr betroffene Frauen eine typische Zivilisationskrankheit als Teil ihrer Kultur angenommen haben und was das über den Zustand unserer Gesellschaft aussagt, ist für viele schwer zu ertragen. Dieser Vorwurf wird vor allem dann lachhaft, wenn man bedenkt, wie Frauen und Mädchen diesen ›Ansporn‹, schneller und noch mehr abzunehmen, jeden Tag in der Werbung und anderen medialen Repräsentationen vorgehalten bekommen. Man kann diesem ›Ansporn‹ nicht entkommen, wenn man nicht mit geschlossenen Augen durch die Straßen gehen möchte. Aber anstatt dies konsequent zu adressieren, machte im Jahr 2005 sogar eine Studie Furore, die belegen wollte, dass Frauen eher zu Magersucht als Männer neigen, da sie Begriffe bezüglich des körperlichen Aussehens im Gehirn emotional verarbeiten, statt rational wie

Männer. Das Problem wird also vollkommen blind für Sozialisierungsmechanismen auf eines des weiblichen Gehirns geschoben, statt anzuerkennen, wie Frauen zu dieser Angst konditioniert werden.

Manche Pro-Ana-Seiten versuchen zu betonen, dass Magersucht nicht halb so glamourös sei, wie es den Mädchen in den Medien vorgelebt wird. Aber die Pro-Ana-Welt ist groß und natürlich gibt es auch hier Seiten, die in beängstigend unreflektierter Weise Frauen unter Druck setzten und dem Schönheitswahn komplett affirmativ gegenüberstehen. Dementsprechend werden diese von anderen Userinnen kritisch als »anorexic elite club« bezeichnet. Auf Seiten mit Namen wie *Thinspiration* werden als Quelle der Inspiration haufenweise dünne und noch dünnere Fashionmodels gezeigt. »You are what you eat, and you are fat. Obese. Wretched. Disguisting. A blob of disease rotting your pathetic life away, taking too much space on a planet only fit for thin.« Eine Seite lehrt mit den »The Thin Commandments« die Regeln der Anorexie. »Ich bin Perfektionistin«, heißt es an einer anderen Stelle, um sich als selbstbestimmte disziplinierte Künstlerin darzustellen.

Eine andere Webhostess geht sogar ihrer Neuerweckung als Christin in den Kontext ihrer Magersucht nach und stellt das Thema Obsession damit in einen interessanten Zusammenhang. »Fasting in the bible was done for spiritual reasons ... so, it doesn't hurt to get closer to god.«

Elementarer Service dieser Seiten sind natürlich Foren und Weblogs, wo Betroffene sich gegenseitig unterstützen und Tipps geben, wenn man mal Hunger hatte.

Man kann sich darüber streiten, welchen Effekt diese Art von Solidarisierung auf die Frauen und Mädchen hat. Man kann sich aber auch die Frage stellen, wie es den Betroffenen ohne diese Unterstützung gehen würde, in Anbetracht dessen, dass Anorexia mit sozialer Verelendung einhergeht. Hier scheint das Internet tatsächlich ein Weg aus der Isolation und Selbstobsession zu sein und eine Gruppenidentität zu ermöglichen.

Es ist aber nichtsdestotrotz beunruhigend, wie selten auf diesen Seiten eine tatsächliche Kritik an den Medien und den Vorgaben von und an Models oder Schauspielerinnen laut wird. Von einer fundierten feministischen Medienanalyse ganz zu schweigen. Die Frauen geben ihren Körpern selbst eine Form und da sie aus dieser Handlung einen ganzen Kult machen, können sie sich einbilden, dies habe etwas mit Selbstermächtigung zu tun. Aber auch wenn Magersüchtige diesen Mechanismus durchschauen, heißt das noch lange nicht, dass sie deshalb psychisch bereit sind, ihr Verhalten zu ändern. Denn ihre Magersucht ist oft das einzige, was sie noch haben. Alle anderen Aktivitäten, Interessen und Freunde wurden vernachlässigt. »Anorexia is my best friend.«

Das Phänomen der Pro-Ana-Websites ist ein Kind unserer Zeit, in der die Individualität durch eine totalitäre Typologie der Bilder ersetzt wird. Die ästhetisierte Selbstdarstellung, die zum Dreh- und Angelpunkt des eigenen Selbstwertgefühls und der Selbstwahrnehmung geworden ist, ist zum Imperativ sozialen Handelns geworden. Der Spiegel ist die Instanz, an dem wir unseren Willen zur Normierung aushandeln. Die eigene Identität verschwindet dahinter, sie wird nur noch in der visuellen Selbstdarstellung als Teil der Medienkultur gesucht. Der Medienwissenschaftler Dieter Mersch nannte diesen Willen zur Normierung »ästhetische Eugenik«. Wenn Frauen es mittlerweile geschafft haben, sich auf politischer und gesellschaftlicher Ebene reale Freiräume zu erkämpfen, eröffnet dieser Fascho-Schönheitswahn eine subtile Möglichkeit ihrer psychologischen Zurichtung, um sie wieder auf ihre Plätze zu verweisen: denn er bedeutet ihnen, dass sie, wenn sie dieses Ideal nicht erreichen, als Menschen nicht existieren. Die neoliberalen Konzepte des ›Alles ist möglich; und wenn du es nicht schaffst, bist du selbst dran schuld‹ greifen auch hier: Unsere Gesellschaft züchtet Frauen heran, die ihre kontrollierte Selbstaufgabe als Empowerment darstellen.

LITERATUR

Mersch, Dieter: Körper/Spiegel/Bilder. Imagines des öffentlichen Selbst. In: Iablis. Jahrbuch für europäische Prozesse (Öffentlichkeit als Bühne. Kontaminationen, hg. v. Schödlbauer, Ulrich, Edel, Geert und Solbach, Renate), 2. Jg., Hagen 2003, S. 58–70. *www.iablis.de/iablis_t/2003/merschk.htm* [letzter Zugriff: 17.08.2007]

http://ana-art.chapso.de/thinspiration-s99667.html [letzter Zugriff: 17.08.2007]

www.angelfire.com/amiga/anorexiasupport/egroup05.html [letzter Zugriff: 17.08.2007]

www.bluedragonfly.org [letzter Zugriff: 17.08.2007]

www.ceruleanbutterfly.com/frames.html [letzter Zugriff: 17.08.2007]

www.fading-obsession.com/thinspo/57-reasons.php [letzter Zugriff: 17.08.2007]

www.freewebs.com/what_a_girl_eats/reasonswhy.htm [letzter Zugriff: 17.08.2007]

http://thinspiration.blogster.de [letzter Zugriff: 17.08.2007]

www.xanga.com/pro_ana_nation/490288494/real-anorexic.html [letzter Zugriff: 17.08.2007]

Ina Freudenschuss

MEIN KÖRPER, DER NEOLIBERALE KITT

Essstörungen als gesellschaftliches Symptom

Vor mir im Zug kämpft sich eine dünne junge Frau durch die Abteile. Sie zieht einen kleinen Trolley hinter sich her, mit dem sie nur schwer zurechtkommt. Bei jeder Bodenerhöhung muss sie anhalten und ihn mit vollem Körpereinsatz hinüberstemmen. Schließlich bleibt sie ganz stehen und lässt die Schlange, die sich hinter ihr gebildet hat, vorbei. Während ich mich an ihr vorbeizwänge, frage ich mich, woher diese Frau ihre Höflichkeit nimmt – schließlich gesteht sie ihrem eigenen Körper nicht einmal zu, den Anforderungen des modernen Reisens gewachsen zu sein.

Was haben wir nur für Körper?

Ich persönlich hatte bis vor kurzem ja gar keinen, d. h. er existierte natürlich, aber mir fehlte eine Idee davon. Wenn andere davon redeten, sie wollten Sport machen oder sich spüren oder eine Diät halten, dann zuckte ich nur mit den Schultern. Mir genügte es, nicht krank zu sein oder auffallend abseits der Norm zu stehen. Ich machte mir wenig Gedanken. Rückblickend finde ich es eigenartig, so lange Zeit meines Erwachsenen-Lebens ohne dieses Wissen verbracht zu haben.

Dann kam der Moment, als mir mein damaliger Freund erklärte, dass er sich in eine andere Frau verliebt habe. Dieses »Ich muss dir etwas sagen« war nicht nur ein einschneidender Moment in meinem Beziehungsleben, sondern – wie sich herausstellen sollte – auch für meinen Körper. Er reagierte nämlich so, wie ich es bisher nicht von ihm kannte: mit Nahrungsverweigerung. Immer wenn ich versuchte, mir etwas in den Mund zu stecken, fühlte ich einen Brechreiz im Hals – der Schmerz saß ganz oben in der Kehle und bewachte mein Inneres: Da kommt nichts rein, das packst du nicht.

Die Tage und Wochen vergingen und mein Äußeres veränderte sich: Der Körper, also ich, wurde nicht nur dünner, es traten auch Muskeln hervor. Ich war auf einmal zu einer konsistenten ›Sache‹ geworden. Wenn ich mich selbst umarmte, spürte ich Härte und ich dachte mir: Endlich eine Grenze, die auch wirklich da ist, endlich Gesetze, die auch wirklich gelten. Hier herrsche ich!

Nach dieser ersten Zeit des Nicht-Essen-Könnens kam der Appetit zwar wieder, aber auf eine andere Weise. Statt der unbefangenen Freude am Essen stellte sich eine subtile Lust am Verzicht ein. Wenn ich schon aß, dann wollte ich mich jetzt ›richtig‹ ernähren. Dementsprechend gelang es mir, meinen Körper dauerhaft einzudampfen, reduziert auf einen ›selbstdefinierten‹ Umfang.

Ich freute mich, dass mein Versuch, Kontrolle zu erlangen, Wirkung zeigte – zumindest über meinen Körper. Mein Umfeld war aber anderer Meinung. Niemand ließ das Unübersehbare unkommentiert – und ich gebe zu, ich hätte bis zu jener Zeit vermutlich auch nicht anders reagiert. Von ArbeitskollegInnen, Bekannten und Familie kamen Verdächtigungen, Mitleid und Bespitzelung: Was machst du so lange auf dem Klo? Was hast du denn heute schon gegessen? Trägst du jetzt Kleidergröße 34? Die Sprüche waren ›gut gemeint‹ und gleichzeitig indiskrete Zumutungen. Mir wurde bewusst, dass eine Frau, besonders wenn sie sich selbst als Feministin definiert, wissen muss, warum sie Gewicht verliert – es herrscht Informationspflicht.

Andererseits war mir aber auch positives Feedback nicht geheuer. Es war mir peinlich, für Gewichtsverlust bewundert zu werden, so wie ich es durch Blicke und Äußerungen vermittelt bekam. Einige Leute teilten mir auch mit, dass ich jetzt besser aussehen würde als vorher. Ach so.

Eine von vielen

Bis zu jenem Zeitpunkt war mir überhaupt nicht bewusst, dass es dieses Wissen über Essstörungen gibt. Plötzlich redeten Frauen mit mir über ihren Körper, wie sie es vorher nicht getan hatten. Ich hörte diese Geschichten über das Essen oder Nicht-essen-Können, über begonnene Radikal-Diäten, über den Hass auf Fett am eigenen Körper, über das Leben mit Kalorienzählen. Mein plötzlicher Gewichtsverlust war wie das Erkennungsmerkmal, wie der Eintritt in eine bis dahin ungekannte Welt, bestehend aus Menschen, deren

Bewusstsein um das Ordnungsprinzip Körper und Essen kreist. Angesichts dieser Schilderungen schwankte ich immer mehr zwischen der Auffassung, dass mein Körper unbedingt meine Privatsache zu bleiben hatte, und der Einsicht, dass ich mich doch auch wiederfand in den Geschichten der Frauen. Als ich eines Tages die Überschrift »Essstörungen: Weiblich, um die 30, ledig« in einer Tageszeitung las, traf es mich schließlich wie der Blitz: Konnte es sein, dass ich auch ›so eine‹ war?

Bis heute habe ich diese Frage nicht eindeutig für mich beantwortet. Ich will es auch gar nicht, weil ich nicht glaube, dass es mich weiter bringt. Zumindest weiß ich, dass das dauernde Nachdenken über Essen das Bewusstsein zu einer Spirale macht, die nach oben hin immer enger wird. Dagegen habe ich mich bewusst entschieden.

Andererseits habe ich aber auch am eigenen Leib erfahren, dass Frauenkörper eine Tendenz zur Krankmachung durchlaufen, der ich mich nicht beugen will. Für jede Auffälligkeit oder Veränderung drängen sich Krankheitsbilder auf, deren Symptome wir mit den eigenen Befindlichkeiten abgleichen sollen. Dieser permanente Scan, der über uns hinwegfegt, ist kräfteraubend. Und es macht mich wütend, dass diese Gewalt umso spürbarer ist, je schlechter es einer geht.

Die Welt ist für mich gemacht

Und dann, wie kommt es, dass ich mich in einem Geschäft willkommen, ja geradezu ›frei‹ fühle, wenn mir das Warenangebot passt? Warum freut sich die Verkäuferin, mir anbieten zu können, dass sie die Hose auch in einer Nummer kleiner hat? Es sind diese kurzen Momente der Übereinstimmung mit komplett Fremden, die dem strikten Vorgehen mit dem eigenen Körper Recht geben. Das Erfüllen der Norm schafft Geborgenheit und Bestätigung. Es erweckt Begehren in den Augen der anderen und eröffnet Handlungsräume in Sachen Mode und Sexyness. Was für ein Kick, zwischen fünf verschiedenen Jeansschnitten wählen zu können! Und dann gibt es sie auch noch in drei verschiedenen Farben lagernd!! In meiner Größe!!! Die Welt ist für mich gemacht.

Auch das ist mir bewusst geworden in der ersten Zeit meines Gewichtsverlustes: Die Norm zu erfüllen schafft Halt. Gerade wenn vermeintliche Selbstverständlichkeiten abfallen, wie das Gefühl der Selbstbestätigung am

Arbeitsplatz oder Liebesbeziehungen, die sich als brüchige Regeln auf Zeit entpuppen. Im Vergleich dazu steht der eigene Körper dann geradezu als stabiles und egalitäres Anerkennungssystem bereit.

Um diese Norm zu erreichen, ist Abnehmen nur das Mindeste, was es braucht. Es ist auch Kontrolle nötig über die eigenen Bedürfnisse und den eigenen Körper. So wird aus dem Essverhalten ein Akt der Selbstkontrolle, der die Kilos auf den Rippen jongliert. Und die Bestätigung wird immer größer, je schwerer das Ziel zu erreichen ist.

My Body, the Hand Grenade

Dass der Körper Sinn stiftet, wissen wir schon lange. Der Feminismus hat ihn aber als ›falschen Sinn‹ entlarvt, als von Männern gemachtes System, das einem Knebelvertrag für das gesamte weibliche Geschlecht gleichkommt. Stimmt schon. Der Körper ist wirklich nur ein kleines Stück vom Kuchen. Sozusagen der Steigbügel für den Erfolg der Frau. Courtney Love hat einmal darüber Auskunft gegeben, warum sie sich als (Post-)Feministin nicht der Schönheitschirurgie verwehrt. In einem Interview mit der *Bust*-Herausgeberin Debbie Stoller meinte die ehemalige Hole-Frontfrau: »Ich möchte, dass mein Zorn etwas wert ist. Und das ist er nur, wenn ich attraktiv bin«.[1]

Da wollte eine Frau das System mit seinen eigenen Waffen schlagen und die Männer gleich dazu. »Mit den Waffen einer Frau« oder »My Body, the Hand Grenade«, wie Hole 1997 ihre Rare-Track-Compilation benannten, heißt also auch immer, das Handicap, mit dem Frauen in patriarchal-kapitalistischen Gesellschaften geboren werden, anzunehmen. Courtney Love ist so konsequent – und das rechne ich ihr wirklich hoch an –, die Paradoxie ihrer eigenen Strategie am eigenen Körper aufzuzeigen. Denn die an ihr so rigide angewendete Schönheitschirurgie kann eben nichts daran ändern, dass ihr Äußeres nicht mehr den Ansprüchen der westlichen Schönheitsnorm entspricht, im Gegenteil: Sie ritzt geradezu den Marker zwischen jung und alt ins Fleisch.

Marktwert

Wenn Courtney Love »etwas wert« sein will, dann spricht sie einerseits von ihrem Wert als Frau. Darin bezieht sie die historisch gewachsene und spezifisch weibliche Erfahrung mit ein, den eigenen Körper als Ware zu betrachten, als Objekt, das zirkuliert, und im Laufe seiner Existenz an Wert verliert. Gleichzeitig repräsentiert sie damit aber auch das neoliberale Subjekt (in diesem Fall eines Popstars), in dem Selbst- und Marktwert zu einer nicht mehr trennbaren Einheit verbunden sind: Der normgerechte Körper befriedigt einerseits persönlich und schafft zugleich einen Wettbewerbsvorteil in Bezug auf das berufliche Fortkommen. Der im Arbeitsleben erkämpfte Erfolg bestimmt schließlich wieder den Selbstwert. In einem solchen Körper ist aber keine »Handgranate« versteckt. Er ist vielmehr der Kitt, der alles zusammenhält.

Für Männer gilt das wohl auch in zunehmenden Maß. Sie müssen immer mehr berücksichtigen, dass Attraktivität und Erfolg zusammengehören. Der Arbeitsmarkt, die Schönheitsindustrie und die PartnerInnen legen ihnen nahe, sich diversen Schönheitsnormen zu unterwerfen. Wenn Männer nun lernen, nicht mehr ›abgespannt‹ auszusehen und sich die Achselhaare zu rasieren, wird das die unterschiedlichsten Auswirkungen auf die Geschlechterverhältnisse haben. Mit Sicherheit haben sie das Potenzial, Sinnfragen in Bezug auf die heteronormative Geschlechterperformance zu stellen, gerade wenn vermeintliche Kennzeichen der Differenz, wie etwa rasierte Beine, plötzlich neue Bedeutungen finden müssen.

Symptombekämpfung

Über die Fragen, was gegen die Zunahme von Essstörungen getan werden kann, herrscht Uneinigkeit. Einige Politikerinnen werden ja gerade auf gesellschaftlicher Ebene aktiv: Sie fordern von Mode- und Schönheitsindustrie das Entwerfen weniger realitätsferner Schönheitsideale, was vor allem junge Mädchen davor feien soll, in devoter Nachahmung die hageren Körperbilder aus der Werbung zu reproduzieren. Nun gut. Für die Älteren unter uns, die sich weniger um die Catwalks der Welt als um ihr täglich Brot sorgen, wird dies nicht alles zur Linderung beitragen.

Von einem therapeutischen Standpunkt wird oft eingeworfen, Essgestörte würden dem von Werbung und Medien suggerierten Irrglauben erliegen, dass Schlanksein glücklich macht. Genau in diesem Erklärungsreflex liegt aber ein wesentliches Problem in der Auseinandersetzung mit dem Thema: Es wird nicht berücksichtigt, dass die Umwelt ja tatsächlich für einen schlanken, attraktiven Körper belohnt. Die Verbindung von ›schlank‹ und ›glücklich‹ ist also keine Erfindung von Werbung und Medien, sondern wird ganz real tagtäglich zwischen uns hergestellt.

Essstörungen sind ein gesellschaftliches Symptom, davon bin ich heute und auch nach meinen eigenen (bescheidenen) Erfahrungen auf diesem Gebiet überzeugt. Es gibt immer mehr Frauen (und Männer), die sich aus den unterschiedlichsten Gründen fundamental auf sich selbst zurückgeworfen fühlen. Die daraus wachsende Isolierung nimmt den Körper in die Pflicht – zu kompensieren, aber auch zu kommunizieren: Um doch noch an der Welt teilzunehmen, nützen wir den Konsum, wobei für Frauen noch einmal verschärfte Bedingungen gelten: Im Lebensmittelladen gilt es zu verzichten, damit das Warenangebot bei Mango oder American Apparel passt und sinnnstiftend nutzbar wird.

Trotz allem persönlichen Frust und Leid haben Essstörungen auch einen – wenn schon nicht positiven – so doch politisch nutzbaren Effekt: Sie konterkarieren empirisch die weitverbreitete Ansicht, dass ein schöner Körper, Karriere und Glück sich in harmonischer Eintracht durch das jeweils andere erfüllen. Und sie sind eine Entlastung für jene, die ihren psychischen Brechreiz bisher wieder nur als irgendeine persönliche Befindlichkeit abtun mussten.

ANMERKUNG

1 s. Baldauf, Anette und Weingartner, Katharina (Hg.): Lips, Tits, Hits, Power? Wien/Bozen: Folio 1998, S. 175.

Birgit Binder

LANG LEBEN DIE KÖNIGE!

Vom Ereignis des ›Kingen‹

»Essen ist etwas für Schwächlinge«, sagt P. Der King von Ehrenfeld ist pleito-mio. Was ›Kingen‹ ihm bedeute, hat er sich gefragt, allein im Beisein anderer. Seine Therapeutin hatte auf ›Integration‹ gepocht, er hätte ihr vor's Behandlungszimmer kotzen mögen, hatte sich abgehalten von derlei unköniglichem Verhalten, indem er Spinoza aufsaugte im Wartezimmer. Als er ihr Sprechzimmer betrat, war er randvoll von Baruchs Text. Im Gespräch mit der Therapeutin hatte er herausgefunden, dass er besser argumentierte, auf dem neueren Forschungsstand war und viel zu genau wusste, was er wollte und was nicht, und dass dazwischen eine Menge lag, die es erst zu erkunden galt, noch bevor sie im medizinischen Diskurs überschwemmt wurde von Ur- und Fall-, Fehl- und Teilurteilen, da er weder ein Verbrechen gegen Leib und Leben anderer, noch sonstiges Verbrechen begangen hatte. Denn nichts, was er tat, war etwas anderes als ›eine Methode der Erfindung‹.

> »Warum hat die liberale Republik Konkurs gemacht? Woher kommt das Scheitern der Demokratie? Ist es möglich, aus der Menge eine Gemeinschaft freier Menschen anstelle einer Ansammlung aus Knechten zu machen?« (Gilles Deleuze, »Spinoza«: 20)

Der Fragerei, der er sich aussetzte, mangelte es an diesen Fragen, deshalb hatte er sich zuvor in den Text gesogen, am Text entlang gesogen wie eine phatte Hummel in erster Freiheit des neuen Jahres.

> »Warum ist das Volk so abgrundtief irrational? warum bildet es sich auf seine eigene Knechtschaft etwas ein? warum schlagen sich die Menschen

›für‹ ihre Knechtschaft, als ob es ihre Freiheit sei? warum ist es so schwierig, die Freiheit nicht nur zu erobern, sondern sie auch zu ertragen? warum regt eine Religion, die sich auf Liebe und Lust beruft, zu Krieg, Intoleranz, Böswilligkeit, Hass, Unlust und zu Gewissensbissen an?« (Gilles Deleuze, »Spinoza«: 18)

Beim HIV-Test nachfragen, weshalb es da nur drei Kategorien gibt: Die erste ›Männlich‹, dann ›Weiblich‹ und – ›Transsexuell‹? Hello? Moshi-moshî? Erde an Hirn, sende im grau-grünlichen Amtszimmer. Es gibt mich nicht! Und der King verfällt in Panik. ›MSM‹ gibt es. Kennt er nicht, der King. Male Sexual Masochism? Und fragt nach. ›Males having Sex with Males‹, nicht gleichbedeutend mit ›schwul‹.

Davon hatte der King nicht nur gehört, sondern sich kundig gemacht. Wider Willen aufgrund des Lebens seines Vaters, aus Interesse an der Wissenschaft und an sich selbst. ›Schwul‹ bedeutet dem King nicht nur, bestimmten Sexualpraktiken den Vorzug zu geben, ›male sex mit males‹, schwul heißt für ihn, die eigene Geschichte dieser ›kategorischen Spezies‹ zu erforschen, an deren Kultur beteiligt zu sein, und damit an ihrer Veränderung und Diversifizierung. In seinem Pass steht ›Weiblich‹. Jay Sennets Frage: »If ›male‹ and ›female‹ are the answers, what are the questions?« – noch immer unbeantwortet.

»Wenn Du Veränderungen als angemessen ansiehst, dann wiederhole nicht alte Strategien, um den Sieg zu erlangen.« (Li Quan: »SunTsu, The Art of War«: 145)

Immer die langhaarige ›Hetenschlampe‹ auf den Pink Triangle Parties gewesen. Die Hosen tiefer hängen, Junge. Wenn der King einkauft, schlägt ihm die Fremdwahrnehmung in die Fresse, er will (nicht) wahrgenommen werden wie jede andere ›manliness‹.

In seinem Schrank hängt eine ›inflatable personality‹ aus Hamburg, von der Bahn, dort, wo Männer keine Frauen herein lassen, nur solche, die professionell vergewaltigt werden. Wenn er ihn so anschaut, verschrumpelte Gummihülle, könnte er Miss Butler neben ihn legen oder ihn verkaufen. Die Lektion hat er wohl nie komplett gefressen, dafür Softeis in der Sauna am Dienstagmorgen.

Dann gibt es wieder Tage, an denen wird ihm der Wunsch, sich die Haare zu rupfen, so groß, dass er sich die Nägel, alle, lackieren muss. Ja, das ist Zwang zum Zwang. Warum sollte es keinen Tuckenking geben? *D*A*M*N*. Schwuchtelkönig, Dame, Süßer?

Christine Angot, Catherine Breillat und der »Brown Bunny«. Leslie Feinberg und »Stone Butch Blues« und die zehntausenden sexuellen Übergriffe auf Kinder. Kinder, das sind Menschen unter 14 Jahren. Und die, die unter 14 Jahre alt waren, als sie das erste Mal Sex gegen ihren Willen hatten. Für ihn hat auch das mit ›Kingen‹ zu tun, da es ihm eingeschrieben wurde. Und selbst wenn sich dem King die Haut erneuert, ein Umstand, der ihn beim ersten Hörensagen hat schaudern lassen, so ändert das nichts an den jährlichen Zahlenreihen. Und er wird im ›Kingen‹ wütend heute noch, wenn er an den Angot/Schwarzer-Battle in der Kölner Oper denkt, sich nicht daran erinnern will. Als Angot sich der Anklage Schwarzers verweigerte, ihren Vater nicht angezeigt zu haben, ›damals‹. *Damals*. Und als Angot sich das Recht heraus sprach, nicht als Opfer, das schreibende, in der Oper zu lesen, sondern als Autorin und aus Lust am Text. Nicht zwingen muss sich der King zur Erinnerung an Schwarzers Büchertisch. Sie selbst grinsend dahinter, hatte zuvor mit mäßigem Erfolg aus ihrer Romy-Schneider-Biografie gelesen. Frau Schwarzers Bücheranstehschlange wird länger, in der Mitte des Erfrischungsraumes der blank gewienerte Krankenhausflur des Kölner Opernhauses und drei, vier Menschen am Tisch des Tropen Verlags. Er drückt sich herum und beißt sich auf die flaumige Oberlippe. Bis Angot heraus kommt, hat sich die Situation an den Kommerzialen nicht geändert. Ihm schwappt Wasser ins Hirn, und er will ein Scheißautogramm. Nicht von Frau Schwarzer, sie lebe hoch, sondern von Christine Angot. Als sie ihren Namen auf die Innenseite von »Inzest« geschrieben hat, »In Freundschaft«, denkt er noch, mehr hätte auch ich nicht geschrieben, nur in die Halle hinaus gekommen wäre ich wohl nicht, in eine Halle. Draußen pfeift der Wind gegen den Dom und die 4711-Reiterchen. Er zählt weinende Menschen auf dem Platz. Der Saal war voll. Dass sie nicht haben absperren müssen, das Gelände. In der Pizzeria heult der King auf den Teller, auf dem Fahrrad aufs Heulen.

Breillat. Bingo! Getroffen das erste Mal in einem Londoner Kino. Er sieht eine Sequenz des Films »Romance«, die er aus eigener Vorstellung beim Sex kennt, ein paar Jahre schon. So, als sähst du den Traum deiner letzten Mittagskissenromanze mit dir selbst im Vorabendprogramm, den Chips zugeschaltet, *fingerlickin' good yo*.

Steckt euch eure niveaulosen Gespräche wohin, selbstverliebte B-Gutachtende. Steckt eure Gier nach Wissenschaft in einen anderen Rachen als den meinen. Nein, ich leide nicht jede Minute meines Lebens daran, zu sein. Nö. Fällt mir so gar nicht dazu ein. Selbst wenn die meiste Zeit zum Kotzen ist. Aber: Nö, fällt mir immer noch nicht dazu ein, ich habe jetzt keine Lust mehr. Ich bin stolzer, als Ihr Großvater auf Sie, dass ich bin und, wie ich eine_r bin.

Wie viele Dates benötigt man-Mann ›in spe‹ für ein finales Date mit dem Psychiater, auf die Diagnose? Der King hat den größten ›Respect‹ für die Schwestern und Brüder, die sich den Mut nicht nehmen lassen, immer häufiger nicht ›Passendes‹ einzufordern, auf dass es sie gibt. Und diese Aussprache, die beim Namen beginnt, der der deine wird wie du zu ihm wirst und sich in der Kette der Namen einfügt und – so ist mein Name im Unabhängigen Königreich von Köln. Dann beginnen sich Identitätsachsen zu schneiden. Was ist stärker, dein Glaube an eine höhere Macht oder dein Glaube an (d)eine produktive Macht? Was ist stärker, nicht wer.

Im Kingdom of Cologne ist letzterer der stärkere. Aus Israel im Krieg und ein paar Tage nach Ende der Waffenruhe wieder nach Köln zurückgekehrt, glaubt der King an keine stärkere Achse mehr als diese. Von der ›Achse irgendwessen‹ zu sprechen, erklärt ohne weitere Verortung nichts und fragt nichts mehr, ist also totgeborener Satz. Dennoch existieren Achsen, die uns justieren auf Bodenhaftung oder eben nicht, oder nur in Teilen, temporär. Die unveränderbare Achse der Hautfarbe. Nicht jeder hat die finanziellen Handlungsspielräume eines Mr. Jackson. Dann, der Achsenknotenpunkt ›Geburtsort‹. Woher kommst du, wirst du gefragt, am Überallort. Deine Familien? Religion eingetragen? Oder deren viele? Welches Geschlecht, nicht, welche Geschlechter, liebst du? Wenn du älter wirst, auch schon mal ein Wie.

»Trotzdem ging sie zu ihm und schmiegte sich an seine Schläfen, und aus solcher Nähe gesehen, zeigte sich die vertikale Ausrichtung des Haaransatzes mit grotesker Schärfe, aber ihre Lippen mochten die Nähe, als wäre es möglich, ein Abziehbild Pierre-Evaristes darüber zu legen, oder wenigstens Teile von ihm, seinen roten und schwellenden Schwanz, der

> sich wahrscheinlich fast in derselben Art in der Hose ihres Vaters regte, aber weniger offensichtlich, denn er trug weite Flanellhosen, und da er ihr Vater war, begehrte er sie nicht: er hatte sie ja. Das ist der ganze Unterschied.« (Catherine Breillat, »Ein Mädchen«: 110)

Dann wieder ist das ›Kingen‹ eine ganz eigene Art, Science Fiction zu schaffen, in TextBildTonKörperMischung. Du wirst als jemand wahrgenommen, der sich einer verblödenden Zweierzwangsteilung widersetzt. In Worten und Taten, ›Kingen‹.

»Na? Mr. Bond!« Der König von Ehrenfeld träumt. Er liest Le Guins »The Lathe of Heaven« am Strand von Tel Aviv. Er träumt, während zwei schwarze Hubschrauber über den Wellensaum schrabben. Wer träumt, träumt er. Der am Strand vor der High-End-Hotelkette unter einem der niedrigen Sonnenschirme zwei Stühle gebunkert hatte, die Tasche voll Duschzeug und Zeitungen und Papier – *roll and roar with 120 New Israelian Shekel? Kiddin', boi ...*

Weshalb wird ihm in jeder bisher besuchten Stadt der Jungxstrich gezeigt? Er fragte nie danach. Auch nicht sich selbst. Dann wieder Rechys »City of Night«, erstes Kapitel, ein Absatz, in dem der Protagonist eine Szene aus seiner Kindheit beschreibt. Der Vater lädt Freunde zum Kartenspielen ein. Mit ihren Blättern sitzen sie um den Tisch. Der Junge wandert von einem Schoß der Männer zum nächsten, sein Vater erhält jedes Mal beim Wechsel eine Summe Geld. Aus Lesenden werden Lebende, nicht ›Über‹lebende. ›Kingen‹ heißt auch: Erinnern von sexueller und sexualisierter Gewalt, das bestmögliche deiner Leben lernen.

Jeder Mensch mit Gewalterfahrung und Dissoziationswissen kennt den ›Drive‹. Wenn du auf der Tanzfläche zu brennen anfängst. Der King mag schreien »DachauDachauDachau«. Denkt er an dieses Land der Nacht, so ist er um den Schlaf gebracht. »ISRAEL ISRAEL ISRAEL«, schreit Max Müller, er schreit, leise gegen den Boden und ins Mikrofon. Mutter gehört zu haben.

›Kingen‹ ist eine lebensverändernde Maßnahme. Oder, Du kannst sie zu einer machen. *This is eye VIruss. Thisz iz ah Viru§§.*

Irgendwo in Zagreb, 2005. Ein Kumpel ist auf der Party der letzten Konferenznacht mit einer glühenden Zigarette am Oberarm verbrannt worden. Zuvor lernte der King die stilloseste gehypte Gender-Professorin kennen, die ihm je untergekommen war. Sie lügt ihm ins Gesicht, als ob es sich um ein Schachspiel handelte. Leider spielt der King – nicht. Nicht mit. Er lernt schnurrkätzige Ladies kennen, die Science Fiction blitzgescheit zu diskutieren wissen, die aus ihrer EigenArt zu atmen verstehen, die sich die Fremdsteuerung irgendwann entfernt und entsorgt und vergessen haben. Erinnern wir uns: Fernsteuerung RAUS. Auch das: ›Kingen‹.

Und nicht auf Menschen zu hören, die sich mit dir treffen, weil sie »mal schauen wollten, wie so eine Inzestüberlebende ausschaut«, die »solche Drehbücher schreibt«. Davon, viel zu viele. Eine schon, ZU VIELE. Er ballt seine Tatzen. Die kratzen ordentlich und clean. *Fuck###off###* in der 23. Runde. *Tilt.*

Der hotte süße Arsch seines Liebsten. Mit ›was‹ für Menschen er schon geschlafen habe, geschlechterkategorisch, wird in einer Stunde gefragt. Als ob der King einen Menschen anschaute und seine erste Frage lautete, was, nicht wer, da wohl unter dem Stoff sei. Mit wie vielen Zentimetern wir in eine der beiden offiziell anerkannten Geschlechteroptionen hinein gelegt werden, ist zu einem bestimmten Zeitpunkt – suchen Sie! – festgelegt worden. Seither liegt dieses Maß herum, und wird angelegt an Neugeborenes. Hat der King jetzt Glück gehabt? Er weiß es, und wird es trotzdem nicht verraten. Oder vielmehr: *dafür* nicht verraten.

Gibt es einen King, der nicht zumindest temporär in der Lesbenszene zu Hause gewesen wäre? Weil es ein politisches Statement für ein anderes Mehr ist, als an Charakterzuschreibungen der mündigen Wahl zweier Liebender zugewiesen werden kann.

> »Seit dem Ende des Zweiten Weltkrieges versuchen sich die Strategen des Kapitalismus an einer ideologischen Operation großen Stiles. Die Zukunft, oder vielmehr das gegenwärtige Bewußtsein von ihr soll vom System her okkupiert und gegen radikale Veränderungen abgesichert werden. Es handelt sich um ein Kommandounternehmen im Überbau. Da die Expansion des Kapitalismus im Innern und im Äußeren auf unüberwindliche Schranken stößt, versucht er sich an einer Kolonialisierung der Zukunft. Sie soll gewissermaßen pazifiziert werden.« (H.M. Enzensberger: »Dossier Drei: Konkrete Utopie. Zweiundsiebenzig Gedanken für die Zukunft.« *Kursbuch 14:* 1968)

QUELLEN

Angot, Christine: Inzest. Aus dem Französischen von Christian Ruzicska und Colette Demoncy. Köln: Tropen Verlag 2001 [1999].

Breillat, Catherine: Ein Mädchen. Aus dem Französischen von Sabine Müller und Holger Fock. Berlin: Kowalke 2001 [2000]. –. Romance. Frankreich 1998.

Deleuze, Gilles: Spinoza. Praktische Philosophie. Aus dem Französischen von Hedwig Linden. Berlin: Merve 1988 [1981].

Kingdom of Cologne, *www.kingdom-of-cologne.de*

Enzensberger, Hans Magnus: Dossier Drei: Konkrete Utopie. Zweiundsiebenzig Gedanken für die Zukunft. In: Kursbuch 14, 1968.

Feinberg, Leslie: Stone Butch Blues. New York: Alyson Books 2004 [1993].

Le Guin, Ursula Kroeber: The Lathe of Heaven. New York: HarperCollins 2003 [1971].

Li Quan in Leere und Fülle. In: Sunzi, Wahrhaft siegt, wer nicht kämpft. Die Kunst der richtigen Strategie. Der chinesische Klassiker. Sun Tsu. Bearbeitet von Thomas Cleary. Übersetzt von Ingrid Fischer-Schreiber. Freiburg im Breisgau: Hermann Bauer 1993 [1988].

Mutter, Isreal, Komm, 1991, *www.muttermusik.de*

Rechy, John: City of Night. New York: Grove Press 1984 [1963].

Schwarzer, Alice: Romy Schneider. Mythos und Leben. Köln: Kiepenheuer und Witsch 1998.

Sennet, Jay, *www.selforganizingmen.com*

Kapitel 3

MEDIEN

Verena Kuni

CYBERPOPFEMINISMUS?

Nutzen und Nachteil des Popfaktors von/für Cyberfeminismus

Ist Cyberfeminismus Pop? Oder war er es mal und ist es jetzt nicht mehr? Oder verhält es sich sogar genau umgekehrt? Um diese Fragen beantworten zu können, müsste man sich vorweg natürlich erst einmal über die Begriffe verständigen. Genau das aber wirft zwangsläufig gleich eine Reihe weiterer Fragen auf:

Was ist Cyberfeminismus eigentlich? Wurde das je mit allgemeinem Geltungsanspruch geklärt? Oder verhält es sich nicht eher so, dass Definitionen – die bekanntlich nicht nur Ein- sondern auch Ausschlüsse produzieren – von jenen, die sich als Cyberfeministinnen bezeichnen, aus guten Gründen von Anfang an vermieden wurden?

Ebenso Pop: Meint man damit ›populär‹, also im ganz klassischen Sinne beim überwiegenden Teil der Bevölkerung (welchem eigentlich?) beliebt? Oder – schon etwas spezifischer – dem zugehörig, was gemeinhin als ›Popkultur‹ bezeichnet wird?

Und natürlich: Was bitteschön soll jener ›Cyberpopfeminismus‹ sein, mit dem der Titel dieses Textes winkt? Ist ein Begriff wie ›Popfeminismus‹ nicht schon schwierig genug? Welchen Sinn soll es machen, noch ein ›Cyber‹ draufzusetzen? Wird hier etwa der Vorschlag unterbreitet, Cyberfeminismus als eine Spielart von Popfeminismus zu verstehen? Falls ja: Müsste man, um solche Optionen ernsthaft zu erwägen, nicht ebenfalls erst einmal wissen, welcher Cyber- und welcher Popfeminismus in diesem Fall gemeint sind? Oder will das Fragezeichen am Ende gleich von vornherein suggerieren, dass es mit einer solchen Verbindung nicht wirklich funktionieren kann?

Für mein eigenes Verständnis von Cyberfeminismus beispielsweise spielt die Option eine wichtige Rolle, den Appendix ›Cyber-‹ auf die Kybernetik zu beziehen. Was nicht nur etymologisch korrekt ist, sondern durchaus auch ein Ausgangspunkt für Überlegungen zur eingangs gestellten Frage sein kann: Abgesehen davon, dass die historische Kybernetik in den vergangenen Jahren in akademischen Kreisen wieder so etwas wie einen Popfaktor erlangt hat, lassen sich beispielsweise aus kulturgeschichtlicher Perspektive interessante Brücken zwischen Kybernetik, Pop- und Medienkultur schlagen. Noch viel näher liegt es vor diesem Hintergrund allerdings, Cyberfeminismus als eine Methode zu verstehen, die sich auf Grundgedanken der Kybernetik bezieht und sich der Frage nach dem Verhältnis von Cyberfeminismus und Pop auf diese Weise zu nähern. Und möglicherweise habe ich auch genau das im Sinn. Aber, Hand aufs Herz: Wenn ein Text, über dem »Cyberpopfeminismus?« steht, gleich als erstes eine Einführung in die Kybernetik serviert, wirkt das nicht vielleicht doch ein bisschen abschreckend, übertrieben, kompliziert? Eben.

Ohnehin habe ich mich hier für ein Format entschieden, das mindestens auf den ersten Blick weniger an einen wissenschaftlichen Essay als an die Beschreibung einer subjektiven Perspektive erinnern dürfte.[1] Wenngleich ich mich als Wissenschaftlerin mit Cyberfeminismus und Pop(kultur) beschäftige, lässt sich schwer verleugnen, dass ich mich auf beiden Feldern als Teilhabende bzw. Teilnehmende bewegt habe und noch immer bewege. Zwar ist ein solches Involviertsein im Bezug auf den Gegenstand einer wissenschaftlichen Auseinandersetzung – anders als das gern behauptet wird – weder ein Ausnahmefall noch muss es ein Problem darstellen –, aber es fordert natürlich, reflektiert und kenntlich gemacht zu werden. Meine Position als Schreibende ist in diesem Fall also ungefähr jene, die Sgt. Pinback in der Science-Fiction-Parodie »Dark Star« einnimmt, wenn er sein Video-Tagebuch führt – mit dem Unterschied, dass ich anders als der unglückliche Pinback weder unbeabsichtigt in diese Position geraten bin noch über ihr verzweifle. Und dass, sollte es eine Zensur geben, diese nicht von einem Bordcomputer, sondern wohl eher von mir selbst vorgenommen wird.[2]

Der Vergleich mag befremden, zum Thema meines Beitrags passt er jedoch durchaus. Wie jede gute Avantgarde zeichnet sich Cyberfeminismus nämlich dadurch aus, allem und allen – also auch der Zeit – voraus und der Zukunft zugewandt zu sein.[3] Während es zugleich, wie bei jeder guten Science Fiction, um die Gegenwart geht.

1997. Wenn ich diese Zahl anschaue, erinnert sie mich an 1979. Kann man sich vorstellen, dass ein Buch über Cyberfeminismus mit einer Jahreszahl als Titel zum Popliteratur-Bestseller wird wie weiland Christian Krachts Roman? Vermutlich nicht. Obwohl scheinbar off topic, bitte ich dies mit ins Protokoll aufnehmen.

1997 war ein konstitutives Jahr für das Verhältnis von Cyberfeminismus und Pop. Nicht nur im deutsprachigen Raum. Sadie Plant hatte den Begriff ab 1996 in verschiedenen Aufsätzen sowie in ihrem Buch »Zeros + Ones. Digital Women and the New Technoculture« verwendet und auf diese Weise zweifelsohne zu seiner Bekanntheit, um nicht zu sagen: Popularität beigetragen.[4] Und zwar eindeutig über feministische Kreise hinaus. Warum und wie das einem Buch gelingen konnte, das – auf der Basis der steilen, aber durchaus nachvollziehbaren These, Textilien seien buchstäblich das Unterfutter aller Software-Technologie – so etwas wie eine mythische Vor- und Frühgeschichte des Cyberfeminismus zu liefern versuchte, indem es ›Frauen‹ gleichsam als fleischgewordene Vehikel und soziale Verkörperungen von Technokultur beschrieb, also Haraways »women in the electronic circuit«[5] nachgerade essenzialistisch beim Wort nahm: Das scheint auf den ersten Blick nicht eben evident.

Tatsächlich dürften dabei verschiedene Faktoren eine Rolle gespielt haben. Erstens genoss zu dieser Zeit – es waren jene Jahre, in denen auch in Europa mittlerweile nicht nur überall Personalcomputer auf den Schreibtischen standen, sondern auch zunehmend am Netz hingen, das sich seinerseits ab Mitte der 1990er als benutzerInnenfreundliches World Wide Web präsentierte – fast alles, was mit dem Präfix ›Cyber-‹ begann, eine aus heutiger Perspektive schier unglaubliche Popularität. Zweitens verbreitete sich Literatur, die sich mit ›Technokultur‹ befasste, extrem schnell und effektiv – das heißt: Entsprechende Titel hatten gute Chancen, zeitnah von einer relativ breiten Gruppe Interessierter gelesen oder zumindest erworben zu werden, da der Informationshunger groß und der Markt keineswegs gesättigt war. Drittens war Plants Buch nicht eben verdächtig, für die Sache eines klassischen Feminismus zu streiten. Weder tauchte das F-Wort im Titel auf, noch war Plant selbst als feministische Theoretikerin bekannt; vielmehr assoziierte man sie mit den seinerzeit ebenfalls boomenden Cultural Studies britischer Herkunft. In der Summe schien das, was Plant in ihrem Buch als Cyberfeminismus bezeichnete, sowohl für jene Anknüpfungspunkte zu bieten, die Probleme mit klassischen Formulierungen von Feminismus hatten, weil er ihnen zu radikal war – als auch für jene, denen er nicht radikal genug war. Was einerseits zweifellos der Popularität eines Begriffs zugute kommen, andererseits aber schon auf ein kritisches Moment hinweisen kann, das nicht nur Plants Version von Cyberfeminismus inhärent ist.

Auch das an dieser Stelle lediglich erst einmal zu Protokoll. Denn 1997 ging es nicht nur um ein Buch. Zwar beanspruchte Plant in Interviews, den Begriff Cyberfeminismus erstmals gebraucht, also quasi erfunden zu haben. Zugleich bekundete sie aber auch, mit Freude zur Kenntnis zu nehmen, dass es auch noch andere gebe, die ihn offenbar schon länger benutzten.[6] Bei diesen ›anderen‹ handelte es sich allen voran um die australische Künstlerinnen-Gruppe VNS Matrix[7], die in der Tat auf ihrer Internetseite ein »Cyberfeminist Manifesto for the 21th Century« publiziert hatte und dort neben diesem eine ganze Reihe von entsprechenden Arbeiten in unterschiedlichen Medien vorstellte, die in die Jahre ab 1991 datierten.[8] Zwar schienen VNS Matrix auf ihre Weise ebenfalls einen gewissen Anspruch auf den Status cyberfeministischer Pionierarbeit zu erheben. Erfreulicherweise kam es damals jedoch nicht zu einem jener Konflikte, die sonst oft dafür sorgen, dass interessante politische und kulturelle Positionen nach kurzem Aufenthalt am Pranger größtmöglicher Peinlichkeit im Nirwana gnädigen Vergessens verschwinden, weil sich – um mit Monty Python zu sprechen – die ›Volksfront von Judäa‹ lieber mit der ›Judäischen Volksfront‹ prügelt, als sich mit den römischen Besatzern zu befassen.[9]

In der australischen Heimat von VNS Matrix jedenfalls war Cyberfeminismus 1997 schon so geläufig, dass eine ganze Konferenz unter diesem Dachbegriff veranstaltet werden konnte, deren Ziel es war, »die vielen verschiedenen Zugänge« zu versammeln, die zu dieser Zeit bereits existierten. Gleichwohl hat eine Konferenz, die feministische Wissenschaftlerinnen und IT-Fachfrauen in Australien veranstalten, sicher nicht denselben Popfaktor wie Plants Buch.[10] VNS Matrix dagegen hatten ihn eindeutig und propagierten ihn offensiv. Ihre Arbeiten zeichneten sich durch eine Ästhetik aus, die sich klar an Pop- und Clubkultur orientierte – digitale Collagen in leuchtenden Farben, jede Menge Sex-Appeal. Und sie operierten auch in den Medien der Popkultur bzw. der populären Technokultur – etwa, indem sie neben den Anfang der 1990er populären MOOs Medien wie Flyer und Plakate nutzten, in Webzines publizierten und sogar ein eigenes Computerspiel entwarfen. Dabei knüpften sie zudem an das an, was sich in diesen Jahren analog zur Riot-Grrrl-Szene in der Musik als ›Cybergrrrl-Kultur‹ herausbildete – und gegenüber letzterer einen entscheidenden Bonus hatte: Während die Grrrl-Bands und die begleitende Zine-Kultur mit einer Punk-Ästhetik und -Politik operierten, sahen Cybergrrrl-Websites und -Zines tendenziell nach Geek-Chic aus und konnten auch sonst am erwähnten Pop-Status der Techno-Kultur partizipieren.[11] Eben dies dürfte VNS Matrix – zusammen mit ihrer Vernetzung in der australischen Kunst- und Musikszene – durchaus zugute gekommen sein, als sie ihren ansonsten nicht weniger radikalen und zudem von feministischer Theorie gesättigten Cyberfeminismus ins Rennen schickten. Und ganz sicher trug das, was VNS Matrix praktizierten, entscheidend dazu bei, dass Cyberfeminismus 1997 nicht nur als Diskurspop durch Köpfe und Publikationen rauschte.

Wenn Cyberfeminismus nun in jenem Jahr tatsächlich so etwas wie eine Schwelle in Richtung Pop passierte, verdankte sich das trotzdem nicht allein einer Theoretikerin und einer australischen Künstlerinnengruppe. Selbst wenn eine Sache deshalb nicht gleich im eingangs angesprochenen Sinne beim überwiegenden Teil der Bevölkerung angekommen sein oder zumindest im Mainstream der Minderheiten mitschwimmen muss, braucht es für Pop eine breitere Basis – und zwar nicht allein auf Seiten der Rezeption, sondern auch derjenigen der Produktion.

Und genau die gab es 1997. Was natürlich nicht meint, dass sie über Nacht vom Himmel gefallen wäre. Sie war längst da: Künstlerinnen, Wissenschaftlerinnen und andere in der elektronischen Kultur aktive Frauen, die sich kritisch mit den Geschlechterverhältnissen im Allgemeinen, und insbesondere im Feld ihrer Profession auseinandersetzten. Und die sich miteinander vernetzt hatten. Schon Anfang 1996 hatten Kathy Rae Huffmann und Margarete Jahrmann im damals zumindest im deutschsprachigen Raum noch konkurrenzlosen Netzkulturmagazin *telepolis* mit ihren POP~tarts begonnen, einer Artikelserie, in der Porträts von und Interviews mit Künstlerinnen erschienen, die im elektronischen Raum mit feministischen Ansätzen arbeiteten und in der über entsprechende Projekte, Netzwerke, Konferenzen und Publikationen berichtet wurde.[12] In Schreibstil und Aufmachung wurden die POP~tarts ihrem Namen – eigentlich eine amerikanische Keksmarke – bestens gerecht. Sie signalisierten selbstbewusst: Wir sind Pop!

Im Herbst desselben Jahres starteten Kathy Rae Huffman und Eva Wohlgemuth in Wien ihr Projekt »Face Settings«, gemeinsame Abendessen, die in wechselnden Städten am Rande einschlägiger Konferenzen stattfanden und der Vernetzung dienten; und Anfang 1997 setzte Huffman dann zusammen Diana McCarthy die »FACES Mailinglist for Women in Digital Culture« auf.[13] Auf dieser Mailingliste wird es schon wenig später die ersten Debatten um Cyberfeminismus geben, in denen es um genau jene eingangs gestellten Fragen geht: Wie feministisch ist Cyberfeminismus? Braucht es das Cyber- vor dem F-Wort überhaupt – und wenn ja: Vielleicht doch nur, um es radikal chic zu machen? Oder geht es dezidiert um eine Abgrenzung von anderen, früheren Feminismen? Beschäftigt sich Cyberfeminismus ausschließlich mit Technokultur oder geht sein Anspruch darüber hinaus?

Anlass der Debatten wiederum war ein Ereignis, mit dem nebenbei auch das Verhältnis von Cyberfeminismus und Pop zu einem ersten Höhepunkt gelangen sollte: Cathérine David ließ im Rahmen der documenta X einen Hybrid Workspace einrichten, der während der 100 documenta-Tage jeweils für zwei Wochen verschiedenen Medieninitiativen als Raum für Produktionen und andere Aktivitäten zur Verfügung stehen sollte. Die letzten beiden September-Wochen waren dem Old Boys Network zugesprochen worden – für die Erste Cyberfeministische Internationale.[14] Und mit dieser wurde Cyberfeminismus in der Tat ziemlich Pop. In mehrfacher Hinsicht.

Nicht nur, weil die documenta bekanntlich ein ziemlicher Publikumsmagnet ist und die Arbeit im Hybrid Workspace – auf dem dX-Faltplan als Ausstellungsort verzeichnet, so dass ab zehn Uhr morgens Scharen neugieriger BesucherInnen vor der Tür standen – davon entsprechend affiziert war, sondern auch, weil sich unter den öffentlichen Veranstaltungen, die auf diese Situation offensiv reagierten, eine cyberfeministische Quiz-Show mit Publikumsbeteiligung befand. Ein echtes Pop-Format. Die Präsenz auf einer derart prominenten Bühne des Kunstbetriebs sorgte auch insgesamt für eine nachhaltige Prominenz. Für die Sache selbst, die cyberfeministische Vernetzung, waren die Zusammenkunft, der Austausch, die gemeinsame Arbeit zentral. Für den Pop-Faktor von Cyberfeminismus war jedoch viel entscheidender, dass und wie man sich hier präsentierte.

Nebenbei vielleicht noch zu Protokoll: Als ›Avantgarde‹ auf einer Kunstausstellung ließ man sich natürlich nicht lumpen, zum Ende der Ersten Cyberfeministischen Internationale noch ein echtes Manifest zu präsentieren. Mit den »100 Anti-Thesen«[15] wurde eine Prämisse umgesetzt, die auch das Old Boys Network stets befolgt hat: Zu verhindern, dass Cyberfeminismus auf eine einzige Formel festgelegt wird. Was – wenngleich erst an dieser Stelle nachgeliefert – wohl der wichtigste Grund ist, nicht mit einer fixen und fixierenden Definition von Cyberfeminismus aufzuwarten.

1998, 1999, y2k ff.

Die Jahre des Booms. Und der großen Blase, die dann mit einem ebenso großen »Plopp« platzen sollte. Wie in einem klassischen Comic-Strip – oder auf einem klassischen Pop-Art-Gemälde. Genau so. Das Desaster spielte sich natürlich vor allem in den Sphären der sogenannten dot.com economy ab. Aber eben nicht nur. In der zweiten Hälfte der 1990er waren Netzkultur und Netzkunst – genauer gesagt: webbasierte Kunst –, zum ›heißen Scheiß‹ avanciert – was man leider, mit Blick auf eine breitere Rezeption, beim Wort nehmen darf. Denn die Institutionen, die zu dieser Zeit selbst darauf aus waren, ihren Pop-Faktor zu erhöhen und deshalb ein auffälliges Interesse an Netzkunst entwickelten, sollten eben dieses Interesse schon wenig später zu guten Teilen wieder verlieren. Nicht nur mussten sie feststellen, dass die Institutionalisierung dieser Kunstform konzeptuell wie ökonomisch alles andere als einfach zu handhaben ist. Vor allem aber blieben – dank der geplatzten dot.com-Blase – auch die Sponsoren ebenso schnell wieder aus, wie man sie zuvor hatte gewinnen können.

Was das mit Cyberfeminismus zu tun bzw. was Cyberfeminismus mit dieser Blasenwelt zu tun hat? Zumindest, was seinen Pop-Faktor betrifft: Ziemlich viel. Zuvor hatte – selbst unter denen, die mit Feminismus sympathisierten – allenfalls die auf digitale Kultur eingeschworene Szene von Cyberfeminismus Notiz genommen. Das änderte sich nun, wenigstens für einige Zeit.

Ohnehin war auch insgesamt ›Gender und Medien‹ auf einmal Super-Pop geworden. Das hatte natürlich vorab mit dem allgemeinen Cyber-Hype zu tun, der neben hochglanzmagazingeeigneten Fantasieprodukten wie Cyber-Sex-Anzügen auch Gender-Switcher in MOOS und Games bis in populäre Zeitschriften und Fernsehformate spülte – und auf diesem Wege dann ebenfalls Kunst, die sich mit entsprechenden Themen beschäftigte, die Türen zu den Institutionen des Betriebssystems öffnete bzw. einschlägige Produktionen zusätzlich befeuerte. Gleiches galt für die Kulturwissenschaften. GenderMediaIdentitySex: Kein Ausstellungskalender, kein Vorlesungsverzeichnis, in dem nicht mindestens eine Veranstaltung zu diesem Komplex verzeichnet gewesen wäre. Nicht zu vergessen: Legionen von Cyborgs allenthalben – wobei man allerdings einschränkend bemerken muss, dass diese oft, aber nicht zwangsläufig mit Haraways »Manifesto« assoziiert wurden. Mischwesen aus Mensch und Maschine waren für sich genommen schon sexy genug.

Und nun kam also noch Cyberfeminsmus dazu. Aus cyberfeministischer Perspektive durchaus nicht unerfreulich. Schließlich bedeutete das: Einladungen zu Ausstellungen, Anfragen für Vorträge, Lehraufträge und Publikationen – eine Entwicklung, die Cyberfeminismus eine Plattform mit Öffentlichkeitswirksamkeit zu bieten und ergo der eigenen Sache dienlich zu sein versprach. Und: Je mehr dieser Einladungen aus den unterschiedlichsten Institutionen an unterschiedlichste Künstlerinnen, Wissenschaftlerinnen, Netzwerkerinnen und so weiter gingen, desto vielfältiger die Möglichkeiten, ebenso unterschiedliche cyberfeministische Positionen, Theorien und Praktiken ins Spiel zu bringen. Im Prinzip jedenfalls.

Leider bringt Popularität nachgerade zwangsläufig eines mit sich: Erwartungshaltungen, die tendenziell eher einem Stereotyp entsprechen als komplexeren Realitäten. Das notorische Künstlerpech an den Siebenmeilenstiefeln des Erfolgs sozusagen. Klebrige Schlieren ziehend, weitgehend abriebrestistent – und auch ziemlich hinderlich, wenn man sich weiterbewegen will. Wie dick die Klumpen sind und ob sie stören, mag individuell sicher unterschiedlich sein. Für das Old Boys Network jedenfalls fingen sie spätestens ab dem Sommer 1999 an, richtig lästig zu werden. Das Problem waren weniger die Einladungen an sich oder die Kollision des institutionellen Rahmens mit einem Arbeitsformat, das per se eigentlich weniger für die Repräsentation auf einer Bühne des Kunstbetriebs geeignet war. Das Problem war vielmehr, dass der Versuch, letztere offensiv produktiv zu machen, auf besagte Erwartungshaltungen traf. Während das Old Boys Network für die jeweiligen Auftritte spezifische Formate entwickelte, die den Anlass selbst zum Ausgangspunkt einer cyberfeministischen Analyse und Kritik nahmen, schien das Publikum vor allem eins sehen zu wollen: Einen munteren Trupp von Cyber-Riot-Grrrls, die vor allem anderen Spaß an der Freude ausstrahlen und von Techno-Pepp nur so strotzende Zukunftsvisionen vorstellen. Stattdessen bekam es: Eher unglamouröse Meta-Performances, Praxis als Theorie und Theorie als Praxis. Und nicht selten wurden auch noch eben jene Vorstellungen kritisch zerlegt, mit denen man sich doch gerade erst angefreundet hatte: Sadie Plants »Einsen und Nullen«, die wunderbare Welt des Gender-Bending in MOOs, Online-Games und Chatforen, und eben der Pop-Chic der Geek Grrrls und Pop Chicks.

Um keine Missverständnisse aufkommen zu lassen: Aus Old-Boys-Network-Perspektive ging es da nicht um ›richtigen‹ und ›falschen‹ Cyberfeminismus. Und auch nicht um irgendeine prinzipielle Anti-Pop-Attitüde. Wobei, nebenbei bemerkt, es erst recht zu kurz gegriffen hätte, geraden jene Künstlerinnen im Umfeld von Cyberfeminismus, die selbst dezidiert mit Pop-Formaten arbeiteten – VNS Matrix und insbesondere Francesca da Rimini a.k.a. GashGirl mit ihrem dollspace[16]; Margarethe Jahrmann mit bzw. als SuperFem[17], Motherboard mit ihren Lara-Croft-Performances[18] oder auch SubRosas muntere Performance-Shows beispielsweise[19] – als Trupp fröhlicher Geek Grrrls aufzufassen. Allenfalls boten ihre Arbeiten die Möglichkeit, sie auf der Rezeptionsebene mit den entsprechenden Stereotypen zu überblenden.

Den vorläufigen Tiefpunkt erreichte diese Entwicklung just in jenen Jahren, die eigentlich – von außen betrachtet – so etwas wie einen zweiten Höhepunkt in der Pop-Karriere von Cyberfeminismus hätten abgeben können. 2001 war der Cyber-Hype definitiv vorbei, und auch der GenderMediaIdentitySex-Boom auf den Bühnen des Betriebssystems Kunst begann sich langsam wieder zu legen. Was einerseits schon deshalb begrüßenswert war, weil man nun hoffen durfte, nicht mehr so häufig in begleitenden Presse- oder Katalogtexten zu lesen, wie erfrischend es doch sei, eine ›neue, postfeministische‹ Generation von Künstlerinnen erleben zu dürfen.[20] Andererseits aber auch den Beginn jenes mittlerweile allenthalben aufblühenden, dezidiert anti-feministischen Backlash markierte, zu dem eben jener so fröhlich begrüßte Postfeminismus im Grunde nur die Vorhut dargestellt hatte.

Zunächst jedoch schien die Situation schlechterdings ideal, um endlich wieder zum Arbeiten zu kommen. Zudem war es dem Old Boys Network gelungen, den Jackpot der EU-Kulturförderung zu knacken und damit über Mittel zu verfügen, gleich mehrere Veranstaltungen zu organisieren, die einen internationalen Austausch über den Stand der Dinge und die Zukunftsperspektiven von Cyberfeminismus ermöglichen sollten.[21]

Dass ausgerechnet die das Aktionsjahr abschließende, größte dieser Veranstaltungen – die Very Cyberfeminist International, also die Dritte Cyberfeministische Internationale[22] – am Ende ins Desaströse lappte, muss im hier zur Debatte stehenden Zusammenhang übrigens nicht weiter interessieren. Es sei denn, man möchte die traurige Tatsache, dass es nun eben doch zu Prügeleien zwischen der ›Volksfront von Judäa‹ und der ›Judäischen Volksfront‹ kam, als Beleg für eine popkulturelle Konsolidierung beziehungsweise deren notorische Begleit- und Folgeerscheinungen werten.

Im Unterschied zu vergleichbaren Fights zwischen Protagonisten irgendeiner Musikszene oder spektakulären Bandauflösungen schafften es diese Auseinandersetzungen nicht in die Schlagzeilen der Presse – ebenso wenig wie sonst irgendein Bericht über die Konferenz, die immerhin ein mehrtägiges Treffen internationaler Kulturproduzentinnen gewesen war, bei dem man sich auf den aktuellen Stand in Sachen Cyberfeminismus hatte bringen können. Kurzum: Die öffentliche Wahrnehmung, und sei es nur in die mit Kultur und Kunst befassten Medien hinein, ging gegen Null. Von Pop-Faktor konnte also keine Rede sein – und das war eben doch ein bisschen deprimierend.

Nebenbei noch zu Protokoll gegeben: Mein persönliches Desaster in dieser Hinsicht sollte ich erst gut ein Jahr später erleben. Ausgerechnet auf einem Fachtreffen meiner eigenen Zunft, einer Kunsthistorikerinnen-Konferenz, deren Schwerpunkt-Thema obendrein Medien waren. Vor diesem Hintergrund und der daraus gefolgerten optimistischen Annahme, in diesem Rahmen pointiert die Erfahrungen mit der Rezeption von Cyberfeminismus, genauer gesagt: der Rezeption von im Netz arbeitenden Künstlerinnen aus diesem Umfeld reflektieren zu können, stellte ich damals die an einen entsprechend betitelten und als Inkunabel der feministischen Kunstgeschichte geltenden Aufsatz von Linda Nochlin anknüpfende Frage: »Why have there been no great cyberfeminist net.artists?«[23] Wie meine ›Vorgängerin‹ ging ich dieser Frage systemorientiert, also methodisch nach. Die erste Frage, die dann im Anschluss auf meinen Vortrag folgte, war: Warum ich denn dann keine cyberfeministischen Netzkünstlerinnen vorgestellt hätte. Das wäre doch erst einmal interessant gewesen. So viel zum Pop-Faktor von Cyberfeminismus im Jahr 2002.

Mittlerweile sind genau zehn Jahre seit der First Cyberfeminist International vergangen. Manchmal hätte ich gute Lust, mit ein paar Kolleginnen loszuziehen und wie damals in Kassel in der Filiale einer bekannten Drogeriemarkt-Kette die KundInnen zu befragen, wie ihnen der Duft der unendlichen Weiten des Cyberspace gefällt. Und ob sie da nicht eine gewisse cyberfeministische Note vermissen. Ein Parfum namens Cyber gab es damals übrigens wirklich – wir brauchten nicht einmal Attrappen zu basteln für diese Aktion.

Der Duft jenes Parfums ist mittlerweile verflogen, beziehungsweise wird anders verpackt verkauft; aktuell mit dem Label ›SecondLife‹. Von einem ›SecondLifeFeminismus‹ habe ich bislang noch nichts vernommen. Aber das kann ja noch kommen.

Was Cyberfeminimus betrifft? Im Frühjahr des Jahres fand in Wien ein Jubiläumstreffen der FACES-Mailingliste statt, die noch immer aktiv ist und auf der sogar nach wie vor hin und wieder kleinere Debatten stattfinden, in denen Cyberfeminismus explizit eine Rolle spielt. Dass von diesen Debatten nicht eben viel an eine größere Öffentlichkeit dringt, ist kein Wunder – die Mailingliste ist ein großer, aber doch geschlossener Kreis. Allerdings gab es für die Wiener Zusammenkunft einen öffentlichen Rahmen: Eine Ausstellung mit dem Titel »cyber feminism past forward«. Wenn das nichts ist? Ausgerichtet wurde sie allerdings weder vom MUMOK noch von der Kunsthalle und auch nicht von der Secession oder irgendeiner anderen größeren Institution vor Ort, sondern von der Interessensgemeinschaft Bildender KünstlerInnen Österreichs. In einem Jahr, in dem andernorts eine ganze Reihe von Ausstellungen in ziemlich namhaften Schaufenstern des Betriebssystems so etwas wie ein Revival feministischer Kunst zu feiern schienen – »It's Time for Action (There's No Option)« im Migros-Museum Zürich, »Global Feminism« im Brooklyn Museum New York, »WACK! Art and the Feminist Revolution« im MOCA Los Angeles, »Kiss Kiss Bang Bang. 45 Years of Feminist Art« im Museo de Bellas Artes Bilbao – und in dem sogar auf einer Großausstellung wie der documenta gut 50 Prozent Künstlerinnen und zahlreiche feministische Positionen vertreten sind, kann man natürlich fragen, ob es nicht doch eine etwas prominentere Plattform hätte sein dürfen.[24]

Allerdings lässt sich wohl nicht nur aus der Position einer Sgt.-Pinback-Impersonatorin fragen: Cui bono eigentlich? Was genau hatte denn in den 1990er-Jahren die Bejubelung der ›Bad Grrrls‹ durch den Kunstbetrieb – genau genommen eine Übernahme des entsprechenden Etiketts und dessen Transfer von der Musikszene auf eine Generation zeitgenössischer Künstlerinnen, die selber nicht unbedingt darauf erpicht gewesen waren, als ›Böse Mädchen‹ bezeichnet zu werden – gebracht? Und eben: War der Hype um Cyberfeminismus der Sache am Ende wirklich dienlich? Den Künstlerinnen, die wenig später feststellen mussten, dass man sie tatsächlich weniger um ihrer Arbeit willen als aufgrund des allgemeinen CyberHypes und GenderMediaIdentitySex-Booms ins Haus geholt hatte, wohl nicht unbedingt. Genau das ist nämlich eines der klassischen Probleme von Pop: Hipness hat eine äußerst beschränkte Haltbarkeit – und nicht anders als in der Mode muss die Deko regelmäßig ausgewechselt werden. Nirgendwo zeigt sich heute die problematische Seite einer Ästhetisierung des Politischen so deutlich wie hier.

Einerseits. Andererseits – und deshalb ist es wirklich eine viel versprechende Perspektive, auf den Trümmern der »Dark Star« in Richtung Phönix-Asteroiden zu surfen (in diesem Moment lasse ich Sgt. Pinback in seiner Videotagebuch-Zelle sitzen bzw. in der Explosion des Raumschiffs verglühen, um die Position seines Kollegen Lt. Doolittle einzunehmen, der eine gute Welle zu schätzen weiß)[25]: Ob Cyberfeminismus nun Pop ist oder nicht, es gibt nach wie vor genug Aktive auf diesem Feld – und darunter auch viele Künstlerinnen, deren Arbeit zweifellos einen satten Pop-Faktor hat. Wie beispielsweise die Variationen auf die Warhol-»Flowers«, die Cornelia Sollfrank von ihren net.art generator herstellen lässt[26]; ihr zum Stelldichein diverser Pop-Größen beim Protestsingen gegen den G8-Gipfel lanciertes Download-Angebot mit Hits, die von den Betreffenden selbst nicht etwa gemeinfrei ins Netz gestellt, sondern über Major-Labels teuer vermarktet werden[27]; Christina Goestls leckere »clitoris designs«[28]; Margarete Jahrmanns Nybble-Engines für GamerInnen oder ihre »ludic wheel badges«, die aus Junggesellenmaschinen schicken Schmuck zum Anstecken machen, der nebenbei auch noch als mobiles Game-Board funktioniert.[29]

Anders gesagt: Da geht so einiges – und perspektivisch zweifellos immer noch sehr viel mehr.[30] Ob es dafür ein Label wie Cyberfeminismus, Popfeminismus oder Cyberpopfeminismus braucht, ist wohl eher nebensächlich.

Eines jedoch gilt, ganz ähnlich wie im Pop, ganz sicher auch hier: Für Lust- und Erkenntnisgewinn übers reine Mitwippen hinaus muss man schon ein bisschen Interesse und Eigeninitiative mitbringen. Wer sich diese Chance entgehen lässt: Selbst schuld. Wäre aber doch schade, oder?

ANMERKUNGEN

1 Von den Fußnoten einmal abgesehen, die ich nie vermeiden kann.

2 s. »Dark Star« (USA 1974, Regie: John Carpenter). Falls es verwundert, in einem Text zu Cyberfeminismus einem SF-Film als Referenzfolie zu begegnen, in dem nicht eine einzige Protagonistin auftaucht: Vielleicht handelt es sich nicht um feministische Science Fiction der Art, wie sie Haraway in ihrem »Manifesto for Cyborgs« nennt (s. Haraway 1985/1995), aber doch zumindest um eine gelungene Parodie auf die Stereotype des Genres, die Dekonstruktion heroischer Männlichkeit, technologischer Machbarkeit und des C3I-Komplexes inklusive.

3 Natürlich ist ein Begriff wie ›Avantgarde‹ alles andere als unproblematisch. Eben deshalb wurde er allerdings bewusst beispielsweise auch von den sogenannten ›net.art‹ – KünstlerInnen, die um Mitte der 1990er-Jahre im und mit dem World Wide Web arbeiteten – appropriiert.

4 vgl. Plant 1996.

5 vgl. Haraway 1985/1995.

6 1996 in einem Interview für das australische Cyberfem-Zine *Geekgirl*. *Geekgirl* ist mittlerweile eine Blogseite, ein Archiv des Zines existiert nicht, s. *www.geekgirl.com.au/blog* [letzter Zugriff 06/2007].

7 Die ursprünglichen Seiten von VNS Matrix existieren nicht mehr, an neuer Adresse gibt es jedoch eine modifizierte Dokumentation, s. *lx.sysx.org/vnsmatrix.html* [letzter Zugriff 06/2007].

8 vgl. *www.sysx.org/gashgirl/VNS/TEXT/PINKMANI.HTM* [letzter Zugriff 06/2007]. Ob das »Manifesto« bereits 1991 als cyberfeministisches Manifest publiziert wurde, steht allerdings auf einem anderen Blatt.

9 s. »Monty Python's Life Of Brian« (GB 1979, Regie: Terry Jones).

10 vgl. *www.spinifexpress.com.au/cf/cybercon.htm* [letzter Zugriff 06/2007] sowie Hawthorne/Klein 2003.

11 vgl. weiterführend zu diesem Komplex Kuni 1998.

12 Teilweise noch immer zugänglich über das Online-Archiv von *telepolis*, s. *www.heise.de/tp* [letzter Zugriff 06/2007].

13 vgl. für »Face Settings« die nach wie vor erhaltenen Websites *nr00226.vhost2.sil.at/amazon/FACE/index.htm*; die Mailingliste verfügt mittlerweile über eine eigene Web-Plattform, s. *faces-l.net* [letzter Zugriff jeweils 06/2007].

14 vgl. OBN 1998 sowie die Dokumentation im Bereich »Projects« unter *www.obn.org* [letzter Zugriff 06/2007].

15 vgl. OBN 1998 sowie *www.obn.org/cfundef/100antitheses.html*.

16 vgl. *www.sysx.org/gashgirl/ und dollyoko.thing.net/* [letzter Zugriff jeweils 06/2007].

17 vgl. in OBN 1998, S. 52/53 (ehemals auch auf Jahrmanns eigenen Websites unter konsum.net/fem/ ; heute nurmehr über die Wayback-Machine von *archive.org* zugänglich: *web.archive.org/web/20000914083740/konsum.net/fem/* [letzter Zugriff jeweils 06/2007].

18 vgl. *www.notam02.no/motherboard/lara/index.html* [letzter Zugriff 06/2007].

19 Das Performance-Kollektiv SubRosas wurde 1999 von Faith Wilding – einer Pionierin der feministischen Kunst – gegründet, die sich zuvor ebenfalls beim Old Boys Network engagiert hatte. Vgl. *www.cyberfeminism.net* [letzter Zugriff 06/2007].

20 2002 sollte allerdings die mit Arbeiten aus der Slg. Goetz bestückte Schau »Die Wohltat der Kunst – Post/Feministische Positionen der 90er Jahre« noch einmal kräftig eben dieses Horn stoßen (s.a. den Ausst.-Kat., Hrsg. Rainald Schumacher u. Matthias Winzen, Köln: König, 2002).

21 vgl. für die Dokumentation OBN 2002, Altstatt/Oldenburg 2002 u. Reiche/Sick 2002 sowie zur Very Cyberfeminist International auch *www.obn.org*.

22 Die Zweite bzw. Next Cyberfeminist International fand 1999 in Rotterdam statt, vgl. OBN 1999.

23 Vgl. Kuni 2004.

24 Immerhin: Im Rahmen von »Kiss Kiss Bang Bang« zeigten VNS Matrix eine restaurierte Fassung ihrer legendären Game-Installation »All New Gen« (1994); in WACK! war Wilding vertreten – allerdings mit Wiederaufnahmen von Arbeiten aus den 1970er-Jahren.

25 Nebenbei bemerkt ist natürlich auch die Figur des ›Surfers‹ eine klassische Männerphantasie, die im Zuge des CyberHypes einen markanten Transfer in die Netzkultur erfahren hat, vgl. Kuni 1996. In »Dark Star« erscheint sie tragikomisch – Doolittle surft zwar munter in Richtung der von ihm ›angehimmelten‹ Phönix-Asteroiden, aber auch in den Tod.

26 vgl. Sollfrank 2004 u. *net.art-generator.com/* [letzter Zugriff 06/2007].

27 über Sollfranks Internetseite, vgl. *www.artwarez.org/?p=192* [letzter Zugriff 06/2007].

28 über Goestls Internetseite, *vgl. /www.clitoressa.net/* [letzter Zugriff 06/2007].

29 über Jahrmanns Internetseite, *vgl. konsum.net/fem/time.html* [letzter Zugriff 06 / 2007].

30 In diesem Sinne lautet auch der Titel der des vorläufig jüngsten Buches, das aus den Aktivitäten des Old Boys Network hervorgegangen ist: »Cyberfeminism. Next Protocols«. Vgl. Kuni/Reiche 2004.

LITERATUR

Altstatt, Rosanne und Oldenburg, Helene von (Hg.): Cyberfem Spirit – Spirit of Data. Ausst.-Kat. Edith-Russ-Haus Oldenburg. Berlin: Trigger 2002.

Haraway, Donna: A Manifesto for Cyborgs. Science, Technology, and Socialist Feminism in the 1980s. In: Socialist Review 80 (1985), S. 65–108; dtsch. Übs. d. erweiterten Fassung: Ein Manifest für Cyborgs. Feminismus im Streit mit den Technowissenschaften. In: Donna Haraway. Die Neuerfindung der Natur. Primaten, Cyborgs und Frauen. Hg. Hammer, Carmen und Stieß, Immanuel. Frankfurt/New York: Campus 1995, S. 33–72.

Hawthorne, Susan and Klein, Renate (Hg.): Cyber-Feminism. Connectivity, Critique and Creativity. Melbourne: Spinifex Press 2003.

Kuni, Verena: Auf den Planken des Bateau Ivre durch die Phönix-Asteroiden. Der Surfer. Versuch über ein Mythologem. In: Balkenhol, Berhard und Kube-Ventura, Holger (Hg.): Surfing Systems. Die Gunst der Neunziger. Positionen der zeitgenössischen Art. Basel/Frankfurt am Main: Stroemfeld 1996, S. 209–216.

Kuni, Verena: The Future is Femail. Some Thoughts on the Aesthetics and Politics of Cyberfeminism. In: OBN 1998, S. 13–18.

Kuni, Verena: »Why have there been no great cyberfeminist net.artists?« Nutzen und Nachteil der Legende von der Cyberfeministischen Netzkünstlerin. In: Falkenhausen, Susanne von, Uppenkamp, Bettina u. a. (Hg.): Medien der Kunst. Geschlecht – Metapher – Code. Marburg: Jonas-Verlag 2004, S. 41–51.

Kuni, Verena und Reiche, Claudia (Hg.): Cyberfeminism. Next Protocols. New York: autonomedia 2004.

OBN / Sollfrank, Cornelia: First Cyberfeminist International. A Reader. Hamburg: OBN 1998.

OBN / Cornelia Sollfrank (Hg.): Next Cyberfeminist International. A Reader. Hamburg / Berlin: OBN 1999.

OBN / Oldenburg, Helene von und Reiche, Claudia: Very Cyberfeminist International. A Reader. Hamburg / Berlin: OBN 2002.

Plant, Sadie: Zeros + Ones. Digital Women and the New Technoculture. New York/London: Routlege 1996; dtsch. Übs: nullen + einsen. Digitale Frauen und die Kultur der neuen Technologien, Berlin: Berlin-Verlag 1998 und München: Goldmann 2000.

Sick, Andrea und Reiche, Claudia: Technics of Cyber ‹ › Feminism. ‹mode=message›. Bremen: thealit 2002.

Sollfrank, Cornelia: net.art generator. Programmierte Verführung. Nürnberg: Verlag für Moderne Kunst 2004.

Eine umfangreiche Sammlung von Texten zu Cyberfeminismus ist im »Reading Room« auf den Netzseiten des Old Boys Network (*www.obn.org*) online zugänglich.

Übrigens lohnt es, einmal probehalber das Stichwort ›cyberfeminism‹ in die Suche bei *amazon.com* (nicht .de) einzugeben. Das Ergebnis sieht beinahe wie ein guter Hack aus: 228 Bücher (in 06/2007) – darunter zahlreiche zu Feminismus und Popkultur. Allerdings auch Titel wie »Reading Economic Geography«, die selbst wahrscheinlich nicht wissen, dass ihr Gegenstand als cyberfeministischer verhandelt werden kann. Insofern steht wohl eher zu vermuten, dass die Amazon-Suchmaschine Cyberfeministin ist.

Chris Köver

COUCH-POLITIK

Wo bei TV-Serien in puncto Feminismus was zu holen ist

»Popular culture is the politics of the 21st Century«
(Gale Weathers, Scream 3)

Ich bin Feministin. Und ich liebe amerikanische Fernsehserien und Actionfilme. Ja, bin ich denn bei Trost? Habe ich denn nicht meine feministische Filmkritik gelesen? Weiß ich denn nicht, dass mir da unter dem Deckmäntelchen des Entertainments die Film gewordene Frauenfeindlichkeit verkauft wird? Dass meine Geschlechtsgenossinen – zumindest im Actionfilm – so gut wie gar nicht vorkommen, und wenn, dann nur dazu da sind, vergewaltigt, gerettet oder ermordet zu werden? Oder dass sie, wenn sie zur Abwechslung mal nicht dumme und hilflose Randnotizen sind, mir nur meine feministischen Ideale in einer harmlosen und massenverträglichen Variante wieder zurückverkaufen sollen?

Doch, habe ich alles gelesen, kenne ich alles. Trotzdem ziehe ich mir im Schnitt mindestens eine halbe Staffel »Gilmore Girls«, »Buffy the Vampire Slayer«, »Veronica Mars« oder auch, verdammt noch mal, »Grey's Anatomy« in der Woche rein. Schaue ich mir zur Entspannung nach der Tagesschau gerne mal die fünfzehnte Wiederholung von »The Rock« an.

Ich könnte jetzt behaupten, ich würde das nur aus Pflichtbewusstsein tun. Weil es zu meinen Aufgaben als feministische Kulturkritikerin gehört. Das wäre ganz leicht: Wenn ich mir schließlich nicht ansehen würde, wie Meredith Grey in »Grey's Anatomy« über 2 1/2 Staffeln den Chefchirurgen anschmachtet, wie junge Lesben in »The L-Word« miteinander rummachen oder Charlize Theron als »Aeon Flux« in zehn Zentimeter hohen Absätzen eine halbe Armee aus dem Weg räumt, wie könnte ich es dann analysieren? Wie sollte ich je feststellen können, dass eine erfolgreiche Ärztin oder Anwältin anscheinend nur dann eine akzeptable Serien-Hauptdarstellerin sein kann, wenn sie sich gleichzeitig wie ein kleines schmollendes Mädchen aufführt, oder dass Sex zwischen Frauen auch im Abendprogramm kein Problem mehr ist, solange sie nur heiß genug aussehen? Ich könnte einfach so tun, als sei das alles Recherche. Notwendig, aber qualvoll.

Das wäre allerdings gelogen. Die Wahrheit ist, dass ich diese Sendungen liebe. Ich sauge sie auf wie ein trockener Schwamm. Früher hat mich das beschämt. Besonders die Action-Schinken der unteren Kategorie erlaubte ich mir nur in Ausnahmefällen, und schaute dann wieder aus schlechtem Gewissen Weltspiegel oder das Migrations-Themenspecial auf Arte. Inzwischen weiß ich, dass ich meine feministischen Überzeugungen nicht verrate, wenn ich mich meiner Fernsehleidenschaft hingebe. Weil so manche Vorabendserie feministischer ist als man glaubt – wenn man nur ein wenig guten Willen mitbringt. Und selbst die anderen können einer Feministin Spaß machen.

Feminismus, wo ihn niemand erwartet

Gut, Film und Fernsehen waren selten nett zu Frauen. Wer aber heutzutage noch allen Ernstes behauptet, US-amerikanische Filme und Serien zeigten nur das schlimme alte Frauenbild, hat seit mindestens zehn Jahren nicht ferngesehen. Ich käme in Not, müsste ich fünf Romane der Weltliteratur aufzählen, die coole weibliche Hauptrollen zeigen. Cool heißt dabei nur, dass ich mir beim Lesen nicht die Haare raufen muss. Heldinnen, die so leben, wie es ihnen gefällt, Dinge tun, die sie nicht dürften, und trotzdem am Ende nicht zur Strafe narrativ um die Ecke gebracht werden. Oder wahnsinnig werden. Oder heiraten. Dagegen fallen mir spontan mehrere Serien ein, bei denen das der Fall ist.

Die »Gilmore Girls« beispielsweise, eine Serie über die allein erziehende Mutter Lorelai Gilmore, die mit ihrer nur 16 Jahre jüngeren Tochter in einer US-Kleinstadt lebt. Lorelai und Rory sind witzig, benehmen sich daneben und nehmen kein Blatt vor den Mund. Sie ernähren sich von Burgern, Süßigkeiten und Kaffee, hassen Sport und verweigern sich auch in jeder anderen Hinsicht dem Schlankheitswahn. Das ist unrealistisch, kann man einwenden, weil die beiden trotzdem gertenschlank sind und spitzenmäßig aussehen. Es ist trotzdem erfrischend, zwei Frauen dabei zuzusehen, wie sie sich völlig schuldfrei mit Fett und Zucker voll stopfen.

Lorelai und Rory haben auch für andere bekannte Vorgaben von Frausein nur eine hochgezogene Augenbraue übrig. Als Rorys Freund versucht, ihr das Hausfrauendasein schmackhaft zu machen, lacht sie sich halb tot. Rory hat andere Pläne, sie ist klug, ehrgeizig und macht keinen Hehl daraus. In ihrer Freizeit liest sie Virginia Woolf und Sylvia Plath, ihr Vorbild ist die CNN-Auslandskorrespondentin Christiane Amanpour und sie träumt davon, in Harvard zu studieren. Ob die anderen das cool finden, ist ihr egal.

Natürlich dreht sich auch bei diesem Gespann vieles um das andere Geschlecht, aber Lorelai und Rory werden auch im Angesicht ihrer Prinzen nicht zur dämlichen Prinzessin. Jedes machistische Verhalten wird knallhart abgestraft, lieber bleiben sie alleine, als Kompromisse einzugehen.

Auch »Veronica Mars« lässt das Herz einer jeden Girlie-Feministin höher schlagen. Für alle, die sich früher maßlos darüber geärgert haben, dass Gaby bei »TKKG« immer zu Hause warten musste, wenn es gefährlich wurde, ist diese Teenage-Detektivin das ultimative Payback: Auf den ersten Blick ein liebreizender blonder Engel, entpuppt sich hinter der Fassade eine in jeder Hinsicht abgebrühte Hündin, die, ausgerüstet mit Elektro-Schocker, Pitbull und ein paar tödlichen Einzeilern, durch Südkalifornien zieht, Diebstähle, Betrugsfälle, Morde und – oha – ihre eigene Vergewaltigung aufdeckt. Nach den ersten Folgen hat sich Veronica bereits erfolgreich mit den Bad Boys der lokalen Motorradgang verkumpelt, mehrere Schlösser, Autos und Safes geknackt, fachkundig Computerfestplatten ausgebaut, Wanzen angebracht und Dokumente digital manipuliert. Dazu hat sie fast jede Information zu Stadt, Land oder Fluss auf mehr (Google) oder minder (Einbruch in die Polizeistation) legale Weise eingeholt. Veronica ist eine Do-It-Yourself-Feministin. Vergiss Tarzan, er ist tot. Gaby muss sich selber retten.

Wo es wenig zu holen gibt

Die »Gilmore Girls« und »Veronica Mars« sind leider Ausnahmeerscheinungen. Die meisten der heute für Frauen produzierten Serien spielen zwar mit feministischen Ideen, liefern jedoch eine viel seichtere Variante. In diese Kategorie gehören beispielsweise »Ally McBeal«, »Grey's Anatomy« und

»Sex and the City«. Die Frauen in diesen Serien leben etwa so: Sie stehen nicht mehr am Herd, sondern sind erfolgreiche Anwältin oder Ärztin, sie haben Macht und ein eigenes Einkommen. Damit das aber nicht allzu sehr irritiert, verwandeln sie sich in Krisensituationen (vor allem wenn Männer mitspielen) wieder in ein kleines Mädchen oder eine totale Deppin. Bekommen den Mund nicht auf, klimpern mit den Augen, wollen gerettet oder doch zumindest geheiratet werden. Was, auf dem Tisch vor mir verblutet gerade ein Patient? Oh, da hinten kommt Dr. Traumtyp, hoffentlich sieht er nicht die Ringe unter meinen Augen.

Die stets unterschwellig mitschwingende Botschaft dieser Serien: Eine Frau mit Karriere und ohne Mann ist eine unglückliche Frau. Eva Herman würde sich bei dieser Propaganda für ihre Thesen vermutlich die Hände reiben und hinzufügen: Tja, das hat euch der Feminismus eingebrockt. Wieso habt ihr euch auch einreden lassen, ihr müsstet euch in der männlich dominierten Arbeitswelt behaupten, statt zu Hause Apfelkuchen zu backen und eure Kinder zu bemuttern?

Wie geht man als Feministin mit diesen Serien um? Man genießt die dramatischen Szenen im OP, leidet und freut sich mit den Charakteren, beißt ab und an vor Entsetzen ins Sofakissen und hält sich ansonsten an den kleinen feministischen Sternstunden am Rande der Ereignisse fest. Meistens gehen die in »Grey's Anatomy« auf das Konto der Chirurgin Miranda Bayle – schwarz, übergewichtig, laut, bestimmt und damit so etwas wie die Antithese zu Protagonistin Meredith.

Wie steht es mit »Sex and the City«? Die Serie über die New Yorker Sexkolumnistin Carrie Bradshaw und ihre 30-Something-Freundinnen hat unter Feministinnen für einigen Aufruhr gesorgt. Einige nannten sie »postfeministisch«, für andere war es »quite possibly the most viciously misogynistic television show of all time«[1]. Ich meine: In einer Serie, deren übergreifende Handlung sich darum dreht, dass ihre Protagonistin den Mann fürs Leben sucht, findet sich nicht viel Feminismus – ganz gleich, ob nun post- oder klassisch. Trotzdem lässt sich, mit etwas gutem Willen, auch bei Carrie und ihren Freundinnen ein gewisses Potenzial ausmachen. Ihre Viererclique ist gelebte Frauensolidarität: Weiß eine mal nicht, ob sie Prada oder Gucci tragen soll, wird notfalls auch nachts um drei noch eine Telefonkonferenz einberufen. Sie begleiten sich gegenseitig loyal durch die Dating-Hölle, sagen sich aber auch ordentlich die Meinung. Außerdem reden sie miteinander über Sex. Über guten und schlechten, öffentlichen und privaten, moralisch verwerflichen und nicht vorhandenen Sex. Wo sonst sieht man im Fernsehen Frauen, die sich derart ungeniert beim Lunch über die Vor- und Nachteile von Analverkehr oder die besten Masturbationstechniken austauschen? Darüber hinaus gibt es in dieser Serie die weibliche Sexmaschine Samantha. Promiskuität ist sicher nicht die oberste feministische Tugend, doch es ist eine erfreuliche Abwechslung, eine Frau im Fernsehen zu sehen, die sich mit demselben Enthusiasmus durch die Gegend schläft, der sonst nur Männern gestattet ist. Samantha hat auch mit annähernd 40 Jahren noch keinerlei Absicht, sich zu binden und steigt am liebsten mit wesentlich jüngeren Männern (ab und an auch Frauen) ins Bett. Sie liebt ihren Körper, schert sich einen Dreck um ihren ›Ruf‹ und wehrt sich dagegen, dass ihr Sexualleben anders als das eines Mannes bewertet wird.

Auch bei »Sex and the City« gilt also: Hat man eine Reihe heterosexistischer Klischees beiseite geschaufelt, findet man darunter durchaus Ablagerungen von Feminismus. Und ich schaufele gerne.

Wo es nichts zu holen gibt

Nun gibt es Fälle, in denen auch mit dem allergrößten Wohlwollen nichts mehr zu retten ist. In denen die Männer heroisch, die Explosionen zahlreich und groß und die Frauen, äh, abwesend sind. Oder dekoratives Beiwerk. Oder strohdumm. Oder beides. Die Filmwissenschaft hat dafür den schönen Begriff ›plot enabler‹ (›Handlungs-Ermöglicher‹) geprägt. Handlung ermöglichen diese Frauen deswegen, weil sie entführt/vergewaltigt/ermordet werden, und folglich vom männlichen Helden gerettet/gerächt werden müssen. Eine andere Funktion haben sie nicht.

Spätestens hier stellt sich die Frage: Wieso schaut man sich als Mensch mit einem feministischen Bewusstsein so etwas an? Jeder Action-Fan, unabhängig von seinem Geschlecht, kennt das: Es macht glücklich, wenn Autos in die Luft gesprengt werden und schwitzende, gestählte Männerkörper in Zeitlupe mit großen Schusswaffen um sich ballern.[2] Das geht direkt ins Stammhirn. Ich sitze dann unwillkürlich breitbeiniger auf dem Sofa, lache dreckig und lasse dieses Spektakel wie eine Welle über mich hinwegspülen.

Ich wage sogar zu behaupten: Als feministisch geschulte Zuschauerin habe ich in diesen Fällen den doppelten Kick. Denn was macht noch mehr

Spaß, als »Stirb Langsam« zu sehen? Sich darüber zu freuen, wie Bruce Willis aka John McClane sich mit vollem Körpereinsatz in den Kampf um seine angeschlagene Männlichkeit wirft, um seine abtrünnige Ehefrau zurückzugewinnen? Was ihm dann natürlich auch gelingt, allerdings erst, nachdem er durch Lüftungsschächte und über Glasscherben gerobbt ist, mit seinen bloßen Händen und einer mickrigen Beretta eine ganze Brigade von Terroristen aus dem Weg geräumt, gelitten und noch mehr gelitten und dabei eine Menge zynischer Sprüche gerissen hat. Selbst Sexismus kann Spaß machen – wenn er auf dem Silbertablett präsentiert wird und darauf wartet, von uns verlacht zu werden.

Auch »Alien« wird noch viel besser, wenn man weiß, dass die großmäuligen Mackerkollegen von Ripley in spätestens 20 Minuten von dem Alien platt gemacht werden. Während Ripley zuletzt lacht, weil die Rollenverteilung zwischen den Geschlechtern im Horror-Genre das so vorsieht. Gender-Theorie und feministische Filmkritik gelesen zu haben, muss einem den Trip auf dem Highway Hollywood also keinesfalls vermiesen. Es kann den Kick noch verdoppeln, weil nicht nur das limbische System, sondern auch der Intellekt stimuliert wird.

Also ...

Ich schaue mir »Grey's Anatomy« und »Face Off« an und mache mir Gedanken dazu. Bin ich deswegen unpolitisch?[3] Oder ist das, was ich tue, vielleicht auch Politik?

Nur um das klarzustellen: Ich habe großen Respekt vor den Frauen, die sich vor meiner Zeit die Beine in den Bauch gestanden und die Seele aus dem Leib geschrieen haben. Die gegen sexuelle Gewalt und Lohndiskriminierung demonstrierten. Die für selbst bestimmten Sex, das Recht auf Abtreibung und schlicht Anerkennung gekämpft haben, damit ich das heute nicht mehr tun muss. Nur deswegen kann ich mich in Seelenruhe anderen Dingen zuwenden – wie zum Beispiel Fernsehen. Nicht, dass es heute keinen Grund zum Schreien mehr gäbe. Aber Politik spielt sich eben nicht nur im Bundestag oder bei der UNO ab. Für mich und viele andere junge Frauen – die man gerne unter dem Sammelbegriff ›Third Wave‹ zusammenfasst – ist es auch politisch, Fanzines zu produzieren, in Bands zu spielen, Festivals zu organisieren oder eben in die Glotze zu schauen.

Wissenschaftlerinnen haben das als »turn to culture« bezeichnet[4]: Kultur und die Frage, wie Frauen in ihr dargestellt werden, sind jetzt ebenfalls feministisches Terrain. Das bedeutet nicht, dass der Feminismus weniger politisch geworden ist, sondern dass feministische Politik eben auch in Fernsehserien, Comics oder Musikvideos stattfindet. Was Frauen sind und sein dürfen, wird jeden Tag von neuem auf den Bildschirmen und den Seiten der Hochglanzmagazine ausgehandelt. Wo lohnt es sich zu kämpfen, zu mäkeln, mit dem Finger zu zeigen, wenn nicht hier? Der Kampf ist derselbe. Das Schlachtfeld wurde nur ausgeweitet. Jede packt einfach dort an, wo sie sich berufen fühlt. Und ich fühle mich berufen, fernzusehen.

ANMERKUNGEN

1 s. Hull: »›Sex and the City‹ is quite possibly the most viciously misogynistic television show of all time. Now that's saying a lot, given that the exploitation of women is a fundamental trait of pop culture, but I don't think I'm going too far here.«

2 s. z.B. Tasker, S. 6: »Features such as the breathtaking nature of visual spectacle, or the feelings of exhilaration at the expansive landscapes in which the hero operates, are fundamental to the action cinema.«

3 s. z.B. Segal, S. 228: »In Britain, in the late 1990s, a widespread publicity accompanied the appearance of a book declaring the dawn of a ›New Feminism‹: this time as a mainstream majority movement in which women – from the Spice Girls to Cherie Blair [...] – can celebrate their own sudden power and achievements [...]. Its author, the journalist Natasha Walter, [...] offers a form of power feminism [...]. She reports on the penetration of feminist beliefs throughout society, reflected in the mainstream culture [...]. However, her sketch of women's lives is one emptied of political theory or any specific strategies for combating the many obstacles she describes still confronting the majority of women. [...] Walters' analysis promotes no particular collective political formations or affiliations.«
s. auch Lenzhofer, S. 28: »Viele Feministinnen der ersten Stunden attestieren den Tod des Feminismus, da für sie Strömungen wie 3rd Wave und Postfeminismus kein wahrer Feminismus mehr sind.«

4 s. Lenzhofer, S. 21: »Im Postfeminismus hat sich ein ›turn to culture‹ vollzogen, in dem sich das feministische Augenmerk auf die Kultur und die Repräsentation von Frauen in ihr verlagert hat. Dies bedeutet jedoch nicht, dass Feminismus vollkommen unpolitisch geworden ist, sondern vielmehr, dass feministische Politik nun in der Populärkultur zu finden ist [...].«

LITERATUR

Arthurs, Jane: Sex and the City and Consumer Culture. Remediating Postfeminist Drama. In: Feminist Media Studies 3.1 (2003), S. 83–98.
Hill, Katherine: Sex and the fairy-tale ending on TV. In: The Yale Herald, 27.2.2004, *www.yaleherald.com/article.php?Article=3035* [letzter Zugriff: 23.07.2007].
Hull, Shelton: Modern Woman as Love Machine. The Post-Feminist Landscape, as Projected by ›Sex and the City‹. *www.lewrockwell.com/orig4/hull1.html* [letzter Zugriff: 23.07.2007].
Lenzhofer, Karin: Chicks Rule! Die schönen neuen Heldinnen in US-amerikanischen Fernsehserien. Bielefeld: Transcript 2006.
Tasker, Yvonne: Spectacular Bodies. Gender, Genre and the Action Cinema. New York: Routledge 1993.
Segal, Lynne: Why Feminism? Gender, Psychology, Politics. Cambridge: Polity Press 1999.

Christiane Rösinger

WANN? IST EGAL, ICH HABE IMMER ZEIT!

Das Leben der Lo-Fi-Bohème

Es ist doch seltsam, dass im Fernsehen und Radio immer noch »ein schöner Feierabend« gewünscht wird, dass die Nachrichtensprecher nach einem Wochenende den kollektiven Beginn der Arbeitswoche ankündigen, obwohl kaum noch jemand regelmäßig arbeitet. Aber je weniger gearbeitet wird, desto mehr muss Arbeit simuliert werden, muss man wenigstens so tun, als ob man schwer beschäftigt wäre. Da kann man Menschen ganz schön verunsichern, wenn man bei Terminabsprachen freimütig versichert: »Wann? Ist egal, ich habe immer Zeit!«

Seit es in weiten Bevölkerungskreisen schick geworden ist, stets gehetzt zu wirken und Vollbeschäftigung vorzutäuschen, hat der Müßiggang ein Imageproblem. Dabei gibt es doch immer mehr Unbeschäftigte, Unterbeschäftigte, Nicht-Arbeitsuchende, Leute, die einfach viel Zeit haben. Das sind wir. Wir gehören nicht zu den glücklichen Arbeitslosen, denn wir sind ja nicht arbeitslos im eigentlichen Sinne. Wir haben keine Erwerbsbiografie, waren fast nie irgendwo angemeldet, haben keinen Anspruch auf Arbeitslosengeld, Arbeitslosenhilfe, Umschulungen, Weiterbildungsmaßnahmen, ABM, Kombilohn – wir kommen in keiner Statistik vor. Auf wundersame Weise schlagen wir uns seit vielen Jahren als Freelance-ProletarierInnen irgendwie durchs Leben und gehören nun einer niedrigschwelligen, leicht verarmten Großstadtbohème an. Die Old und New Economy, die Erlebnis- und Dienstleistungsgesellschaft ging irgendwie an uns vorüber, Ich-AG und Prekarisierungsdebatte sind für uns ein alter Hut.

Die beständige Unsicherheit unserer Lebensverhältnisse war lange Zeit kein Thema: Niemand sprach gerne über die zeitweilig desolate Lage; das führte bisweilen zu dem einsamen Gefühl, die Einzige zu sein, die es nicht richtig hinkriegt. Erst durch den Modebegriff der ›Prekarisierung‹ wurde öffentlich diskutiert, wie viele sich so durchwursteln. Inzwischen ist es aber in gewissen Kreisen fast schick geworden, prekarisiert zu sein. Alle wollen dazugehören und prekär leben, downsizen ihr Einkommen, klagen über die bittere Erfahrung, von den Eltern unterstützt zu werden oder malen den Teufel an die Wand und unken, dass bald das Wochenendhaus in Österreich verkauft werden muss, wenn es so weitergeht. Arme Millionäre, wohin man schaut.

Dabei taugt der Prekarisierungsbegriff gar nicht für die Beschreibung unterschiedlicher Lebensentwürfe und ökonomischer Bedingungen. Lieber sollte man mal wieder über Klassenfragen diskutieren, aber das würde einigen Prekarisierten dann doch zu weit gehen. Denn letztendlich werden die meisten der zurzeit unterbeschäftigten JungakademikerInnen und Medienschaffenden ja doch noch ihren Platz in der Gesellschaft finden, auch wenn sie nicht ganz den Lebensstandard ihrer Eltern – hohes Einkommen, Immobilienbesitz und finanzielle Rücklagen – erreichen können. Die Lo-Fi-Bohème gab es schon vor dem Prekariat und es wird sie auch hinterher wieder geben. Unsere bewährte Devise heißt ›prima leben und sparen‹, sich durchschlagen, ohne sich allzusehr anzustrengen und verstellen zu müssen. Wir sind nicht Lo-Fi, weil wir den Anschluss verloren haben oder wegen der Entwicklung auf dem Arbeitsmarkt, wir sind BohèmistInnen geworden, um nicht arbeiten gehen zu müssen! Und so ist das Leben der Bohème oft ein wenig langweilig, die Tage ziehen sich. Lange schlafen, ewig Zeitung lesen, immer wieder Kaffee trinken, am Schreibtisch sitzen, in der Wohnung umhergehen, aus dem Fenster sehen, die Nachbarn beobachten, gewissenhaft alle Fernsehserien analysieren, zwanghaftes Flanieren und endloses In-den-immergleichen-Cafés-Sitzen. Die Nächte ein ewiges Ins-Kino-Gehen, Was-Trinken-Gehen, Auf-Konzerte-Gehen, In-Clubs-Gehen, Auf-Partys-Gehen, Nach-Hause-Gehen.

Der Menschenschlag, dem wir angehören, ist nun mal für ein eher kontemplatives Dasein geschaffen. Das kann langweilig, zugleich aber auch sehr anstrengend sein, denn alles, was wir tun, ist gleichzeitig hochspezialisierte Arbeit: Sich informieren, schreiben, Projekte machen, Kultur schaffen, vernetzen, Band haben, Kinder großziehen, ausgehen. Bezahlt wird das natürlich nicht. Wir müssen Erlebnisse haben, um sie verwerten zu können, Demütigungen erleben, um daran zu wachsen, zwischenmenschliche

Schwierigkeiten überwinden, um soziale Kompetenz anzuhäufen. Diese Anstrengungen werden von unserer leistungsorientierten Gesellschaft natürlich null honoriert. Währt aber eine Phase der Unterbeschäftigung zu lange und wird nicht durch innere oder äußere Aktivitätsschübe unterbrochen, kann es auch in der Bohème leicht zum gefürchteten Unterforderungs-Burnout kommen. Das Unterforderungs-Burnout zeigt die gleichen schrecklichen Symptome wie das bekanntere Überforderungs-Burnout, nur umgekehrt. »Ist das noch Bohème oder schon Unterschicht?«, fragt man sich dann, wenn die eigenen TV-Gewohnheiten plötzlich denen der verkommenen Nachbarschaft gleichen, wenn man mit ähnlich trübem Blick bei Aldi in der Schlange steht oder dem ungläubigen Krankenkassenangestellllten, um an eine Zuzahlungsbefreiung zu kommen, umständlich erklären muss, wie man mit einem so unregelmäßigen Einkommen überhaupt leben kann.

Kennen Sie den? – Kommt eine Musikerin zum Arzt. Sagt der Arzt: »Ich habe eine schlechte Nachricht für Sie. Sie haben nur noch zwei Wochen zu leben.« Ruft die Musikerin erbost: »Und wovon bitte?!«

»Ein Leben ohne Musik ist ein Irrtum«, dieses Bonmot geht auf Friedrich Nietzsche zurück. »Kann sein, aber die Annahme, von Musik leben zu können, ist auch ein Irrtum«, antworten da die MusikerInnen. Aber was solls! Solange man sich den nachmittäglichen Latte Macchiato und abends den Sekt auf Eis noch leisten kann, darf man nicht jammern. Dafür führen wir doch ein herrliches Leben! Früh aufstehen müssen ist Geschichte, wir können unter der Woche lange ausgehen, und am Wochenende, wenn die Idioten unterwegs sind, zu Hause bleiben. Wir haben viel Zeit zum Nachdenken, Lesen, Liegen, Flanieren und Telefonieren. Wir sind frei und ungebunden. Und überflüssige Dinge wie Urlaub in Fernost, exotische Städtereisen, Rücklagen fürs Alter, Zentralheizung, Berufsunfähigkeitsversicherungen, Fitnessabos, Hobbys und Markenkleidung brauchen letztendlich doch nur die Spießer! Um aber unabhängig von Transferleistungen zu bleiben und den Unterforderungsburnout in Grenzen zu halten, empfiehlt es sich für die freiberufliche Bohèmistin, einen ausgewogenen Jobcocktail zu mixen.

Dieser Jobcocktail sollte sich zusammensetzen aus 50% künstlerischer, also unbezahlter Arbeit, wie etwa die eigene Band, die Trilogie, Ahnenforschung, Lesegruppe, oder eine sonstwie unrentable Firma, aus 35 % freiberuflicher, kaum vergüteter Tätigkeit bei einer kulturellen Institution, und, um den Anschluss ans wahre Leben nicht zu verlieren, aus 15% tatsächlich bezahlter Arbeit – den sogenannten Brotjobs. Idealerweise im bohèmistisch-alternativen-popkulturellen Umfeld: Tippen, Kinokarten verkaufen, Gästelisten überwachen, Türstehen, Getränke verkaufen, Ladenhilfe. Während vor zwei Jahrzehnten noch das Gespenst der entfremdeten Arbeit herumgeisterte – wie schlimm, den ganzen Tag im Büro sitzen! –, träumt der Lo-Fi-Bohèmien heute hin und wieder von einer relativ stumpfen, vielleicht leicht ordnenden oder überwachenden Tätigkeit, als Erholung von der ständigen Zwangskreativität. In sehr dunklen Momenten kann es sogar dazu kommen, dass plötzlich eine von außen aufgezwungene Struktur, ein Grund, morgens aufzustehen, als wohltuend empfunden und herbeigesehnt wird ... Aber es gibt Schlimmeres und auch das geht schnell vorbei.

Die Bohème ist kein klassenfreier Raum, auch in unseren müßiggängerischen Zirkeln gibt es die feinen Unterschiede. Manchmal lohnt es sich, einmal ganz genau nachzufragen, wovon die Leute wirklich leben. Denn auch die Business-Class-BohèmistInnen können nicht hexen, hinter ihrer Sorglosigkeit steckt dann doch oft die Immobilie, der Börsengewinn, das Erbe, die Eltern. Doch wünschen wir uns nicht alle hin und wieder, irgendeine liebe Institution würde uns eine bescheidene, aber ausreichende monatliche Apanage überweisen, eine kleine Anerkennung für unsere Kulturleistungen, unsere Werke, unser Dasein? Aber weil wir die Grundsicherung und das Bürgergeld wohl nicht mehr erleben werden, bleibt uns als Gegenwart und Zukunft der Arbeit eben der Jobcocktail – glückliche Teilzeit. Sommerhaus, später, Callcenter, jetzt.

Katja Röckel

TAKE A SEAT AND LISTEN!

Mrs. Pepsteins Welt im freien Radio

Für mich ist es eine Berufung, andere nennen es womöglich Profilneurose. Eine ›richtige‹ Journalistin, wie man sie sich in den Mainstream-Medien vorstellt, bin ich nicht. Ich bin nämlich selten objektiv und trage auch keine Hosenanzüge. Nichtsdestotrotz mache ich meine Radiosendung mit Sorgfalt und Liebe.

Radio ist ein ganz besonderes Phänomen. Man wächst damit auf. Für mich hieß das in den 1970ern: Schlager und Discohits auf dem Weg zum Urlaub und zurück. In den 1980ern begann mein Faible für Hitparaden. Und eigentlich ging es da weder um die Listen noch um die Moderation, sondern vorrangig um die Musik: sie zu hören und aufzunehmen.

Nach meiner Hitparadenphase begann die Zeit des Nebenbei-Konsums von Radio, denn viel wichtiger wurden für meine Musiksozialisation Musikfernsehen und Freunde (eher nicht Freundinnen). Ich bin nicht schön, zumindest nicht in dem Maße, das ausgereicht hätte, um Jungen zu imponieren. Vielleicht beschäftigte ich mich deshalb mit Musik, die die Jungs mochten. Zumindest dachte ich das eine Weile. Heute weiß ich mit Sicherheit, dass ich etwas anderes wollte, etwas anderes suchte.

[Mrs. P.: Was ist Musik für dich?
Luka Skywalker: Wow. Musik war schon immer ziemlich wichtig. Das hat schon relativ früh angefangen bei mir und hat eigentlich nie wirklich aufgehört. Ich habe allerdings erst sehr spät damit angefangen, mir Platten zu kaufen, das hatte was damit zu tun, dass ich ein Mädchen war, dass ich nicht viel Geld hatte und dass ich mich nicht in Plattenläden reingetraut habe, also dieser ›Klassiker‹. Und ich habe mir dann immer

von Jungs Tapes aufnehmen lassen, ich habe noch kistenweise Tapes zu Hause … Die haben mir dann was vorgespielt und ich habe dann gesagt: »Oh toll, das musst du mir unbedingt überspielen!« (2002)]

Nach und nach offenbarte sich mir die Tatsache, dass ich das Medium Radio gerne irgendwie nutzen wollte. Auch wenn ich das damals nicht so bezeichnet hätte. Aber mir gefiel die Idee, über das Radio auch selbst ›senden‹ zu können. Mangels anderer Alternativen nutzte ich die sogenannten Mitmachaktionen – das Mitmachen beschränkte sich ja darauf, bei der Radiostation anzurufen und etwas on air sagen zu dürfen – meines (damaligen) Lieblingssenders. Ich nahm an einer Radiokuppelshow teil und so wurde ich in einer Morgen-Sendung eine Woche lang zu meinem ›Leben‹ interviewt. Eine Frage aus diesem Interview (das natürlich nicht gerade tiefschürfend war) wurde für mich jedoch zu einer Schlüsselsituation. Zu dieser Zeit arbeitete ich in einem Kinderkrankenhaus, und der Moderator fragte mich, ob ich denn für immer im medizinischen Bereich bleiben wolle oder was mein »Traum« sei. Ich antwortete ihm: »Nein. Mein Traum ist es, irgendetwas mit Medien zu machen.« Und letztendlich wurde diese Aussage zu einer Art Selbstverpflichtung, hatte ich doch in aller Öffentlichkeit von meinen Träumen geredet.

Doch mit meinem ›realen‹ Leben hatte das nicht viel zu tun: Radio wurde von mir ›nur‹ gehört und mein Umgang mit Musik beschränkte sich im Wesentlichen auf Discobesuche am Wochenende. Der Traum vom Medienmachen hörte jedoch nie auf. So beschloss ich nach dem Ende meiner Ausbildung, noch mal von vorne anzufangen. Ich ging zum Studium nach Leipzig. Ich wusste: Dort gibt es ein studentisches Radio. Juhu. Aber so toll war das leider nicht, denn ich hatte vielleicht Ahnung von Musik, aber sprechen durfte ich nicht. Also hieß es: Texte vorbereiten, die andere einsprechen. Was damit endete, dass die Moderatorin der Sendung meinen Text umschrieb und die Pointe wegließ, ohne mit mir darüber zu reden. Das wollte ich nicht.

Also erstmal wieder Radiopause. Doch per Zufall erfuhr ich von Radio Blau, einem freien Sender in Leipzig. Ich hatte Glück und bekam sofort einen regelmäßigen Sendeplatz, weil gerade jemand seinen abgegeben hatte. Besonders glamourös war das aber nun nicht. Radio Blau hatte damals vier Stunden Sendezeit pro Woche. Die lagen auch noch Sonntag nachmittags

– sprich: eigentlich kannte den Sender kein Mensch. Außer mir gab es dort damals: einen Indie-Nerd, einen Schlager-Opa, einen Politinfo-Heinz, eine Handvoll Jugendliche, einen Italiener, die obligatorische Frauenredaktion und eine Filmsendungsmacherin. Eigentlich also eine schön bunte Mischung an Leuten, aber letztendlich war es mehr oder weniger eine bunte Männermischung. Auch das nahm ich als gegeben hin und fing einfach an mit dem Radiomachen: mir wurde gezeigt, wie man die Regler bedient, wie man an der Bandmaschine schneidet und damit hatte es sich. Ich hatte zwar kaum einen Plan, war aber ab jetzt Chefin meiner eigenen Sendung. Ein Name war auch schnell gefunden: »Mrs. Pepsteins Welt«. Der Name resultiert zum einen aus meiner Vornamens-Vetterin Katja Ebstein, deren 1970er-Jahre-Veröffentlichungen in meiner damaligen WG Hochkonjunktur in unserem Küchenkassettenrekorder hatten, und zum Zweiten aus der Tatsache, dass ich von Anfang an eine subjektive Sendung machen wollte: aus meiner Sicht der Dinge. Deshalb auch der Begriff »Welt« im Sendetitel. Nichts lag mir ferner als ›neutraler‹ Journalismus. In meiner Sendung sollte alles aus meiner Perspektive betrachtet werden, und zwar bewusst. Das ist übrigens bei (fast) allen freien Sendungsmachern (hier ist explizit die männliche Spezies dieser Art gemeint) genauso, aber deren Ich-Bezogenheit wird in ihren Sendungen wie selbstverständlich nicht thematisiert oder hinterfragt.

> [Mrs. P.: Meinst du wirklich, die Leute denken, dass du verrückt bist, wenn sie dich auf der Bühne sehen?
> Angie Reed: Ist mir scheißegal, eigentlich. In gewissem Maße auch nicht, ich meine, man will ja auch ernst genommen werden, in dem Sinne, dass man ernst zu nehmen ist, dass man eine Position hat und auch seine Erfahrungen gemacht hat. Insofern, dass ich versuche, offen zu sein anderen Leuten gegenüber. Ich denke, das hat einfach viel mit Respekt zu tun. (2006)]

An mein erstes Interview erinnere ich mich bestens: Françoise Cactus von Stereo Total sollte meine Gesprächspartnerin sein. Das war klasse, denn das Interview fand in ihrer Küche in Berlin statt. Das allein erschien mir schon unglaublich, da ich immer gedacht hatte, man treffe sich nur in Backstageräumen oder allenfalls mal in einem Tourbus oder an verrauchten Kneipentischen. Zur Begrüßung drückte sie mir einen französischen Milchkaffee in die Hand – ihren kippte sie sich vor dem Interview aus Versehen über die weißen Stilettos. Das Interview an sich war von mir kaum vorbereit, ich ließ Frau Cactus frei zu einigen Stereo-Total-Songs fabulieren. In der Sendung hörte man später nur Françoise mit ihrer Geschichte zum jeweiligen Song. Heute fände ich so etwas langweilig. Aber weiter war ich damals noch nicht. Als inhaltliche und technische Autodidaktin lernte ich mit jedem Mal dazu. Mit Mrs. Pepsteins Welt ging es dann so weiter: Jeden Monat musste eine Sendung her, also lud ich Leute ein und interviewte mehr oder weniger prominente MusikerInnen. Ich wollte Gäste einladen, deren Musik ich mochte oder die irgendetwas Interessantes machen.

> [Mrs. P.: Wie ist es denn, auf Tour zu sein, hast du bei dir Parallelen entdeckt zu früheren Gästen deiner Sendung?
> Charlotte Roche: Natürlich, ich muss die ganze Zeit lachen, weil ich früher immer gedacht habe: »Ach, die bekloppten Musiker, die sollen sich nicht so anstellen, die sollen sich schön freuen über ihr Publikum und auftreten. Das ist doch das, was sie immer wollen.« Aber ich muss sagen, ich finde das sehr schwer, von zu Hause weg zu sein. Ich habe ja ein Kind und es ist immer ein großer Aufwand, durch Deutschland zu reisen. Und die Reisen und so, das ist eher blöd. Wenn man an dem Abend auf die Bühne geht, ist es gut, aber wenn man auf 'nem Gleis steht, weil man gerade seinen Zug verpasst hat, dann schreit man schon mal in sich rein! (2005)]

Nach meinen ersten Sendungen kristallisierte sich ein erstes (und später bewährtes) Konzept heraus: Die Gäste sollten ihre Lieblingsmusik mitbringen. Das funktionierte in der Regel sehr gut. Der positive Nebeneffekt war, dass ich zum einen immer mit neuer Musik versorgt wurde und so die Sendung musikalisch nicht einzuordnen war. Zum anderen war es schön, dass man durch das Gespräch über Musik viel mehr über die Gäste erfahren konnte, als wenn man lediglich über den Touralltag, die Zusammenstellung der Band oder sonstige meist belanglose Themen spräche, über die man sowieso alles im Internet nachlesen kann. Einen großen Nachteil gibt es allerdings für die HörerInnen: Die spannendsten Dinge erfuhr ich meist dann, wenn die Musik lief und das Mikro abgedreht war.

Natürlich klappte das Spielen von Lieblingsmusik aus organisatorischen

Gründen nicht immer: Bands können nicht immer in ein Radiostudio kommen, diverse Gespräche wurden nicht in Leipzig, sondern in Zürich, Köln, Hamburg oder Berlin aufgezeichnet. In solchen Fällen fanden dann ›normale‹ Interviews statt. Oft flatterten jedoch im Anschluss CDs mit Lieblingsmusiken in meinen Briefkasten.

[Mrs.P.: Warum ist Feminismus heute noch nötig?
Thomas Meinecke: Wenn man heute aus der Tür rausgeht und oft auch leider bevor man aus der Tür rausgeht, muss man einfach feststellen, dass das Verhältnis der Geschlechter sich noch nicht ausgelevelt hat. Ich trete ja nicht dafür ein, dass sie ununterscheidbar werden, es geht einfach nur um eine Emanzipation, um eine Gleichstellung. Ich stelle fest, dass das nicht nur über Gewerkschaften und ähnliche Mechanismen erreicht werden kann, sondern dass das eben ganz tief in uns und unserer Sprache liegt. Es ist immer noch so, wenn ich sage: »Alle Menschen werden Brüder«, dann denken alle: »Ja, klar logisch«, aber wenn man sagt: »Alle Menschen werden Schwestern«, dann errötet die Hälfte derer, die im Raum sind und denkt: »Da stimmt doch jetzt etwas nicht.« Und dann kriegen Frauen verdammt noch mal immer noch zu wenig Geld für dieselbe Arbeit. Und ich sehe da echt noch keinen Grund zur Entwarnung. (2005)]

Mit der Zeit fiel mir Folgendes auf: es gab viel mehr Bands mit Jungs, viel mehr Männer im freien Radio und auch in den Clubs der Stadt waren Frauen die Ausnahme. Die Feststellung kam natürlich nicht so plötzlich, aber irgendwie dachte ich zuvor wohl, dass sich vielleicht nicht so viele Frauen dafür interessieren, auf einer Bühne zu stehen oder Radio zu machen. Aber in meinen Interviews mit Frauen, die Musik machten, hörte sich das anders an: Die mussten sich immer rechtfertigen, warum sie als *Frauen* so etwas machten. Das fand ich komplett absurd: Ich war in der Annahme aufgewachsen, dass man, wenn man ›groß‹ ist, tun und lassen kann, was man will, und dass es dabei überhaupt keine Rolle spielt, welchem Geschlecht man angehört. Irgendwann wurde mir klar, dass auch ich eher eine Ausnahme war, wenn ich als Frau im Radio über Musik redete – und das, obwohl ich mittlerweile einen Haufen Freundinnen hatte, die sich mindestens genauso gut, wenn nicht noch besser mit Musik auskannten als ihre Freunde.

Diese Erkenntnis wirkte sich zwangsläufig auf Mrs. Pepsteins Welt aus: Ich führte nur noch Interviews mit Frauen, und Feminismus spielte eine immer größere Rolle in meinen Sendungen und in meinem Leben.

In dieser Zeit machte ich fast ausschließlich Sendungen mit und über Frauen. Über diese Frauen lernte ich wiederum andere kennen, die auch Musik machten oder in irgendeiner Form damit zu tun hatten. Ich hatte das Gefühl, bisher ein halbes Universum verpasst zu haben. Ich interviewte sie (fast) alle: Charlotte Roche, Parole Trixi, Britta, Chicks on Speed, Barbara Morgenstern, Angie Reed, Luka Skywalker und und und. Gleichzeitig wurde ich expliziter in meinen Sendungen. Expliziter und manchmal zorniger: Mich machte es so wütend, dass es Bands gibt, die mindestens genauso viel Ruhm und auch Geld verdient hätten wie ihre männlichen Kollegen, es aufgrund ihres Geschlechts aber definitiv schwerer haben. Doch eines war mir klar: Immer ›nur‹ die weiblichen Protagonistinnen vor bzw. neben sich sitzen zu haben und zu dieser gesamtgesellschaftlichen Problematik zu befragen, war auch keine Lösung. Deswegen fragte ich zum Beispiel Hans Nieswandt, wo gerade seine Kinder seien, wenn er in einem Club stehe und Platten auflege. Ich selbst werde beim Auflegen mitten in der Nacht des Öfteren gefragt, wo denn mein Kind sei – oder noch besser, ich werde gar nicht mehr gefragt, ob ich auflegen möchte, weil man(n) annimmt, ich müsse mich nun ausschließlich um mein Kind kümmern.

> [Mrs. P.: Ihr habt euer aktuelles Album eurer Mutter gewidmet.
> CocoRosie: Sie ist eine Künstlerin und hat uns schon sehr früh ermutigt, uns künstlerisch zu betätigen. Sie ist eine sehr starke und unabhängige Frau und hat auch viele Risiken auf sich genommen, um Künstlerin zu werden. Sie ist ein sehr starkes Beispiel dafür, dass es darum geht, man selbst zu sein. (2006)]

Ein bisschen was hat sich mit der Zeit schon verändert: Bei Radio Blau gibt es zum Beispiel mittlerweile ein paar mehr Frauen, die Radiosendungen machen; einige davon sind meine Freundinnen. Ein Grund zur Entwarnung ist das jedoch noch lange nicht: Bei vielen freien Radios sind zwar mehr Frauen als SendungsmacherInnen aktiv als noch vor fünf Jahren, aber sie sind in der Regel auch die Einzigen, die sich mit Genderthemen befassen, Künstlerinnen vorstellen oder sich für mehr Mädchen und Frauen im

Radio stark machen. Es wäre schön, wenn sich auch mehr Männer dazu berufen fühlten. Oder sich zumindest selbst ernsthaft hinterfragten – ich tue das schließlich auch.

Das Gleiche gilt letztendlich auch für andere Bereiche: Es ist noch ein weiter Weg bis hin zu einem ausgeglichenen Geschlechterverhältnis auf Bühnen, an Schlagzeugen und hinter Plattentellern.

> [Mrs. P.: »Heimi Heimato« gefällt mir ja mit am besten. Mir gehts oft schon so, dass ich erst gar nicht mehr weggehe, aber in dem Lied geht es ja um die Stimmung, wenn man lange auf 'ner Party war und dann der Punkt kommt, wo man einfach nur noch schnell weg möchte und nach Hause, auch wenn's ein schöner Abend war.
> Christiane Rösinger: Ja, genau. Manche haben das falsch verstanden und gedacht, es gehe um einen Rückzug aus dem Nachtleben: »Jaja, jetzt sind die auch in so einem Alter, wo ihnen das alles nichts mehr gibt«, und dann denken die »Bettingen und Kissingen« … was so ein Ausdruck aus unserer Gegend ist, den man sagt, wenn die Kinder noch nicht schlafen wollen und fragen: »Was machen wir jetzt noch?«, »Nix mehr, es geht nach Bettingen und Kissingen«, und das heißt dann einfach – ins Bett. Und manche Leute dachten eben, das seien Orte in Baden-Württemberg und unterstellten mir, ich hätte jetzt genug von der Großstadt und wollte zurück aufs Land. (2006)]

Am beeindruckendsten fand und finde ich die Gäste meiner Sendung, die einfach sie selbst waren. Das beste Beispiel hier war Tine Plesch, die leider genau zu der Zeit gestorben ist, als ich dabei war, sie richtig gut kennen zu lernen. Sie war eine großartige Radiomacherin, sehr detailliert und gründlich, sie war die beste Netzwerkerin, die ich kenne, und sie bleibt für mich eine der besten Fragestellerinnen. Gleichzeitig hat sie sich nie für irgendwas verbogen, denn sie hatte einen Brotjob als Apothekerin, um quasi ›ungestört‹ ihrer Herzenssache ›Schreiben und Radiomachen‹ nachgehen zu können.

> [Mrs. P.: »Nie mehr vor Mittag« thematisiert ja ein Stück weit Arbeitslosigkeit, dagegen bist du ja nicht arbeitslos, beziehungsweise bist nicht in solchen gesellschaftlichen Strukturen drin, aber könntest du es dir vorstellen, als Arbeitslose zu leben?

Bernadette La Hengst: Ich glaube, dass niemand arbeitslos sein muss oder ist. Es geht ja darum, wie man mit der Zeit, die einem zur Verfügung steht, umgeht, und ob man da in Depressionen verfällt oder ob man halt was draus macht. Aber in dem Lied geht es nicht nur um die ›Depression der Arbeitslosen‹, es geht auch um die Vereinzelung durch Arbeitslosigkeit, dadurch, dass man das Gefühl hat, man kann nicht mehr so leicht zum Erfolg kommen, auch bei Künstlern oder Musikern, Selbständigen, Journalisten oder sonst was, dass es so eine Art Frustration gibt, man kann nicht mehr so viel Geld verdienen wie vor 10 oder 20 Jahren. Und das führt zur Vereinigung der vereinigten Einzelnen, so beschreibe ich das immer, und zu dieser Flexibilität und Kompromissbereitschaft, die ja auch der Staat von einem verlangt. Und wir Künstler richten uns auch schon danach. Und in dieser verdammten Flexibilität werden wir dann auch zu Selbstausbeutern. (2005)]

Seit fast acht Jahren mache ich nun Mrs. Pepsteins Welt. Jeden Monat einmal, mittlerweile bei einem Sender, der nicht mehr 4 Stunden, sondern 40plus sendet, und darüber hinaus auch im Internet zu hören ist und somit um einiges bekannter geworden ist. Ich bin viel freier geworden in dieser Sendung und mit dieser Sendung. Ich muss nicht immer die Feminismusfahne schwenken, aber ich habe sie natürlich gern in der Tasche. Gerne spiele ich auch einfach nur meine Lieblingsmusik, aber es ist mir wichtig, kritisch zu sein; es ist mir wichtig, dass Dinge zur Sprache kommen, die man woanders nicht hören kann, und ich will nichtsdestotrotz Spaß dabei haben. Viele Sachen, die mich bewegen, fließen in die Sendung mit ein. So gehört diese Sendung zu mir wie zu anderen Menschen ihr Tagebuch. Mein Traum vom Radiomachen ist in Erfüllung gegangen. Ich verdiene damit zwar kein Geld, aber ich habe die Freiheit, meine Sendung genau so zu gestalten, wie ich sie möchte.

Und am liebsten wäre mir, wenn alle, die jemals meine Sendung gehört haben, anfangen würden, auch Radio zu machen.

[Mrs. P.: Und welche Farbe hat Ihr Badeanzug?
Sr. Magdalena : Schwarz mit pink, bunt halt. (2006)]

Elke Zobl

WEIL WIR ES SATT HABEN!

Grrrl Zines als Ort der Selbstbestimmung

> »Das Machen und Lesen von Zines bedeutet Teil einer literarischen Revolution im Untergrund zu sein, eine Art wunderschöner Aufruhr von Menschen, die sich ausdrücken wollen. Was immer diese Stimmen sagen wollen, wir wollen dasselbe, wenn wir Zines machen. Wir möchten gehört werden.«
> Olivia, *Persephone is Pissed*, USA

In den letzten 15 Jahren haben sich immer mehr Mädchen und junge Frauen in Eigenpublikationen – sogenannten ›Zines‹ – Gehör verschafft und ihre Meinungen lautstark kundgetan. In Grrrl Zines, die von und für Mädchen, junge Frauen, queere und transgender Menschen mit einem Interesse am Feminismus – oder besser Feminismen – geschrieben, herausgegeben und verteilt werden, wird die Verquickung des Persönlichen und Politischen deutlich. In Zines wird ein selbstbestimmter Ort geschaffen, an dem sich die ungefilterten Stimmen junger Feminismus-Interessierter Gehör verschaffen. Stimmen, die allzu oft aus den gesellschaftlichen, politischen und medialen Debatten ausgeschlossen werden. Das große Anliegen der Zine-Szene ist es, jede/n zu ermuntern, selbst aktiv und produktiv zu werden.

Die Bezeichnung ›Zine‹ ist abgeleitet von ›Fan Magazine‹ und stammt aus den 1930er-Jahren, als Science-Fiction-Fans begannen, ihre Geschichten untereinander auszutauschen. Zines erfuhren einen großen Aufschwung mit der Punkbewegung und der damit verbundenen Do-It-Yourself-Ethik (D.I.Y.) in den 1970er-Jahren sowie mit der Verbreitung von Kopiermaschinen in den 1980ern. Mit der Riot-Grrrl-Bewegung zu Beginn der 1990er-Jahre in Nordamerika gründeten Tausende von jungen Frauen Bands und

Zines mit explizit feministischen Inhalten.[1] Mädchen in den USA benutzten Zines – wie Musik –, um ihre persönlichen Anliegen und Informationen sowie Kritik am herrschenden Gesellschaftssystem, den Massenmedien, traditionellen Geschlechterrollen, täglicher Diskriminierung und Sexismus zu verbreiten. Der ursprünglich abwertende Begriff ›Girl‹ wurde zum selbstbewussten, grollenden ›Grrrl‹. Die drei ›rrr‹ in Grrrl stehen sozusagen für eine widerständige Reklamation von ›Girl‹ und eine feministische Grundhaltung. In Grrrl Zines schrieben sie über ihre alltäglichen Erfahrungen und vielfältigen Interessen – wie Musik, Popkultur oder Reisen – und protestierten gegen traditionelle Geschlechterrollen, Diskriminierung, Gewalt und Sexismus.

Grrrl Zines wurden zu einem beliebten Kommunikationsmittel zwischen Freundinnen und geografisch weit voneinander entfernten Gleichgesinnten. Sie haben in den letzten 15 Jahren – entgegen aller Unkenrufe, dass im Zeitalter des Internet Printerzeugnisse keine Relevanz mehr hätten – einen wahren Boom erfahren, und das nicht nur in den USA. Grrrls in den verschiedensten Ländern produzieren und tauschen Zines aus. So ist ein lebendiges, internationales Zine-Netzwerk entstanden.

Der Vorteil der Zines ist, dass sie ohne große finanzielle Mittel und technisches Wissen produziert werden können. Sie werden kopiert und dann an FreundInnen verteilt oder gegen andere Zines eingetauscht; manche können sogar abonniert werden. Die meisten Zines gibt es in sehr kleinen, schwarzweiß kopierten Auflagen; einige wenige sind zu international vertriebenen Magazine gewachsen, wie etwa *Bust*, *Bitch* und *Venus Zine* in Amerika. In Österreich haben sich in den letzten Jahren ebenfalls mehrere feministische Zines formiert, wie etwa *Fiber* und *Cuntstunt*. In Deutschland sind Zines wie *Anti-Muse*, *It's Not Just Boys Fun!*, *Herjazz*, *Schritte* oder *Toilet Paper* aktiv. Manche Grrrls und Ladies betreiben auch Distros, um Zines und Musik unters interessierte Volk zu bringen (z. B. Nova Recordings, Deutschland und Synthesis!, England). Ausserdem haben sich Grrrl Zines als ›E-Zines‹ oder ›gURLs‹ im Internet verbreitet (z. B. *The F-Word*, *Freewheel Zine*, England; *Riot Grrl*, Deutschland; *Wolfsmutter*, Österreich). Ergänzt werden diese von Review-Zines und Online-Ressourcenseiten, Mailinglisten und Messageboards, sowie Zine-Konferenzen, Zine-Ausstellungen und Workshops (wie z. B. beim Ladyfest in Wien oder in Berlin) und Zine-Archiven (u. a. das Archiv der Jugendkulturen in Berlin).

Die ersten Zines, die ich 1997/98 zu sehen bekam – und von deren Unmittelbarkeit und Idee ich begeistert war –, waren *Annikafish* (Wien) und *Bamboo Girl* (New York). Die Herausgeberinnen von *Annikafish* hatten »es satt«:

> ich habe es satt, mir immer nur filme anzusehen, in denen 50-jährige dickbäuchige glätzköpfe junge, schöne, intelligente frauen bekommen. / ich habe es satt, sabbernde, alternde popstars explizite sexuelle anspielungen singen zu hören. / ich habe es satt, hübsche, leere hormonaufgeblähte körper zu sehen, die durch 08/15 videos springen und dazu den mund bewegen. / ich habe es satt, moderatorinnen nur als nett aussehende dekoration im fernsehstudio zu sehen. / ich habe es satt, nie mitgemeint zu werden, wenn von bürgern, anrainern oder studenten die rede ist. / ich hab es satt, frauen nur in aufreizenden posen von plakatwänden lächeln zu sehen. / ich habe es satt, die roten warnlichter aufleuchten zu sehen, wenn ich mich als feministin zu erkennen gebe. / ich habe es satt.
> (*Annikafish #1*, 1998)

Das Zine ist angelegt als offenes Forum, in dem »wir Annikas all das sagen können, das normalerweise unausgesprochen bleibt« und als eine »Art erweitertes Tagebuch«. Und »natürlich« mit einem »feministischen Anspruch«!

> »Es gibt noch viel zu tun, wir werden uns erst dann zufrieden geben, wenn wir in einer Welt leben, in der wir uns wohl fühlen, uns nicht mehr bedroht oder in Frage gestellt fühlen, nur weil wir Frauen sind. ...[...] Das Zine soll ein offener Ort für alle sein, die sich mit ihrer Umwelt auseinandersetzen, sie hinterfragen, sich nicht damit zufriedengeben, was uns seit Jahrtausenden immer wieder gesagt wird.«
> (*Annikafish #1*, 1998)

Fasziniert von diesem Anspruch und der Idee, sich einen eigenen, kreativen Ort zu schaffen, gaben zwei Freundinnen und ich in der Folge eine Zeitschrift mit den Ankerpunkten Feminismus und Popkultur heraus. Genannt *female sequences. frauen lesben kultur**heftig*** setzten wir einen Schwerpunkt auf feministische Musik, Literatur, Popkultur und zeitgenössische Kunst. Wir wollten damit Frauen und Lesben die Möglichkeit bieten, ihre künstlerischen, literarischen und wissenschaftlichen Tätigkeiten zu veröffentlichen und ihre Kulturprojekte vorzustellen. Zur gleichen Zeit begann ich mich kulturwissenschaftlich mit Grrrl Zines zu beschäftigen. Durch Interviews und Recherche lernte ich immer mehr Frauen kennen, die Zines herausgaben. Ich begann Grrrl Zines in Printform zu sammeln und E-Zines auf meinem Computer zu bookmarken. Nachdem es kein zentrales, Online-Ressourcenzentrum für frauenspezifische und feministische Zines gab und sich meine Bookmarks zu häufen begannen, beschloss ich, diese auf einer Website zur Verfügung zu stellen. Mein Ziel war es, ein Online-Archiv zu schaffen, das Grrrl Zines, Distros und DIY-Projekte sowie relevante Ressourcen und Informationen aus aller Welt auflistet. Somit entstand das *Grrrl Zine Network – A resource site for international grrrl, lady, queer and trans folk zines, distros and DIY projects*. Im Juni 2001 ging ich mit ca. 50 gelisteten Zines online. Seither habe ich die Seite auf über 1200 Zines und Distros in dreizehn Sprachen sowie 72 Interviews mit Zine-Herausgeberinnen aus 28 verschiedenen Ländern erweitert.[2] Diese Interviews geben einen reichen Einblick in die große weite Welt der Grrrl Zines. Mich interessierte vor allem: Warum produzieren wir überhaupt Zines? Welche Bedeutung haben diese für uns persönlich und politisch? Welche Rolle spielen Feminismus und sozialer Wandel in unseren Publikationen? Im Folgenden ein Auszug aus den Antworten, die ich gesammelt habe.[3]

Warum hast du beschlossen, ein Zine herauszugeben oder eine Zine-Distro zu gründen?

»Ob du's glaubst oder nicht, ich wurde inspiriert, Gitarre zu spielen und meine eigene Punk-Band zu gründen, nachdem ich ein Riot Grrrl Zine gelesen hatte. Meine Eltern sagten mir, Mädchen spielen keine Rockmusik und dass ich stattdessen Klavier lernen sollte und ich meinte nur: ›What the fuck?‹« (Carol, *Grrrl: Rebel*, Malaysien)

»Ein Magazin zu machen, ist einer unserer Wege, zu bekommen, was wir wollen!« (Ina Wudtke, *Neid*, Berlin)

»Ich will meine Stimme gehört haben. Und ich will ganz bestimmt den rassistischen, patriarchalen, homophoben Regeln, die unsere Kulturen und Leben regulieren, brechen, da mich das erstickt!« (Veruska Bellistri, *Clit Rocket*, Italien)

»Ich hoffe, ein Netzwerk von proaktiven, kreativen Frauen zu bilden, die einander unterstützen und zusammen Spaß haben.« (Christa Donner, *Ladyfriend Zine*, USA)

»Als ich die erste Ausgabe von *Pretty Ugly* (damals noch *Kill the Real Grrls*) herausgab, hoffte ich, die Aufmerksamkeit der Leute auf den Feminismus als wichtige und essenzielle Bewegung zu lenken. Das Zine war auch ein großartiges Medium, feministische Themen und Belange auf einer persönlichen Ebene zu diskutieren. Als sich das Zine in das *Pretty Ugly*-Projekt verwandelte, wurde es zu unserem Hauptziel, junge Leute, im speziellen Frauen, zu inspirieren, zu schreiben und vielleicht ihr eigenes Zine herauszugeben.« (Kelly, *Pretty Ugly*, Australien)

»Alles, was ich will, ist eine kleine Revolution in den Köpfen und Herzen meiner LeserInnen zu initiieren, die hoffentlich zu größeren Veränderungen führen wird.« (Trent, *Trippers Zine*, Singapur)

»Mein Ziel ist, ein Thema abzudecken, das nicht genug Berichterstattung bekommt – oder zumindest nicht ausreichende, seriöse und durchdachte Berichterstattung: Frauen, die Musik machen. Frauen, die führend sind, indem sie Dinge so machen, wie sie wollen. Frauen, die Zines schreiben, ihre eigenen Firmen starten, Ideen umsetzen. Frauen, die dich, die/den LeserIn, inspirieren.« (Amy Schroeder, *Venus Zine*, USA)

»Unser Zine ist ein großes ›Ihr könnt mich mal‹ an eine patriarchale Gesellschaft, die uns sagt, wir sollen unseren Mund halten, wenn es um Vergewaltigung geht!« (Isabella Gargiulo, *Bendita: Latin women's initiative against violence towards women*, Brasilien)

»Ich habe Ladybomb Distro gegründet weil:
- es keine feministischen Zine-Distros (in Finnland) gab und ich meine eigene starten wollte
- wir Medienformen schaffen müssen, die uns wirklich ansprechen

- ich so unendlich genug habe von den heterosexistischen, sexistischen, anorektischen, rassistischen, propagandistischen Mainstream-Medien
- ich feministische, D.I.Y.-politische Kunst unterstützen möchte
- ich alle Frauen unterstützen und ermuntern möchte, aktive Teilnehmerinnen im Gesellschaftsdialog zu sein
- wir neue Formen der Kunst schaffen müssen, die auf Unterstützung und Ermunterung basieren, nicht auf Wettbewerb und Standards, die bestimmen was ›richtige Kunst‹ ist und was nicht
- ich revolutionär und radikal sein will und alle Frauen unterstützen will, nicht nur einige wenige Privilegierte
- ich möchte, dass du eine aktive Teilnehmerin dieser Distro wirst, nicht nur eine passive Konsumentin
- ich DICH inspirieren möchte, sich uns im Kampf gegen das weiße, rassistische, kapitalistische Patriarchat anzuschließen!« (Riikka, Ladybomb Distro, Finnland)

Was bedeutet das Machen und das Lesen von Zines für dich?

»Sie bedeuten alles – Bildung, Inspiration, Motivation.« (Clodagh, *Ideas is Matches*, Irland)

»Kommunikation, Kommunikation, Kommunikation.« (Ericka Bailie, *Pander Zine Distro*, USA)

»Nicht Teil des Establishments zu sein – nie! Und auch nicht der sogenannten Szene. Der Realität der Menschen nahe und offen für sie zu sein und nicht als engstirnige und eigennützige Bewegung/Person zu enden. […] Im Großen und Ganzen geht es um die Schaffung eines Ortes für Frauen und die Sichtbarmachung unserer verschiedenen Perspektiven.« (Jennifer Ramme, *Emancypunx*, Polen)

»Ich liebe es, einen Ort für Frauen zu schaffen, an dem wir Geschichten und Erfahrungen austauschen können. Ich lerne so viel von jeder Frauengeschichte.« (Ariel Clemenzi, *Women's Self-Defense: Stories and Strategies of Survival*, USA)

»Es ist ein Vergnügen, Leute aus der ganzen Welt kennenzulernen und aus meinem eigenen Land, es geht ums Teilen von Ideen und Meinungen, es bedeutet Lernen und Lehren, es öffnet meine Denkweisen und hilft anderen, ihre Denkweisen zu öffnen. Es ist ein sehr guter und lustiger Weg, Informationen zu bekommen ohne den ganzen Mist, der uns von TV oder Radio vermittelt wird.« (Lil, *Pink Punkies*, Argentinien)

»Ich denke, dass der ganze Prozess des Zine-Machens sehr ermächtigend ist, sowohl für die Macherin als auch die Leserin. Am allermeisten suche ich Genugtuung beim Machen, im Prozess: [...] – das Persönliche politisieren und das Politische persönlich machen.« (Noya, *Patrol*, Israel)

»Ich hoffe, den Leuten zu zeigen, wie jede/r Ideen und Gefühle teilen kann, ohne viel Geld zu brauchen oder ohne die traditionellen Kommunikationswege zu nutzen, die in den meisten Fällen von Einflüssen und Macht geregelt werden. Wie es einfachere Wege gibt uns auszudrücken, als wir normalerweise denken und dass diese kreativer und persönlicher sein können als herkömmliche Zeitungen, Magazine, TV oder Radio.« (Eliana, *Dos Chicas*, Peru)

»Zines sind für mich das ultimativ Unzensierte – die echten Stimmen in dieser von Massenmedien und Ideologien beherrschten Welt. Sie sind direkt und voller Leidenschaft, und sie sind ein Versuch, wirklich eigene Ideen zu verbreiten und eigene Kulturen aufzubauen.« (Isy, *Morgenmuffel*, England)

»Das Machen von Zines bedeutet für mich die Schaffung eines eigenen Kanals, um alles auszudrücken, was wir sagen wollen und wozu uns nie eine Chance gegeben wurde. Es ist so ermächtigend. Speziell weil es in vielen Fällen den marginalisierten Gruppen eine Stimme gibt, deren Stimmen (und Leben) im Allgemeinen nie in der Mainstreamgesellschaft berücksichtigt werden. Das Machen von Zines ist eine Art zu existieren, wirklich.« (Isabella Gargiulo, *Bendita*, Brasilien)

»Frauen, die Zines machen, oder Kunst, oder irgendetwas anderes Kreatives, reklamieren die Medien für sich – sie fordern den Mist, der in den Mainstream-Medien produziert wird, heraus, nehmen öffentlichen Medienplatz ein, und drücken sich selbst kreativ aus. Es geht um die Schaffung unserer eigenen Orte, wo dieser kreative Ausdruck möglich ist, und zwar unter unseren eigenen Vorstellungen.« (Nikko Snyder, *Good Girl*, Kanada)

»Was ich an Zines liebe, ist, dass ich eine ganze Menge neuer Perspektiven über Dinge bekomme. Es inspiriert mich zu lesen, was ein Mädchen auf der anderen Seite der Welt über Feminismus denkt oder was ein Mädchen zwei Kilometer entfernt von hier über Vergewaltigung oder was immer denkt. Das gibt mir Kraft.« (Stina B., (Her) Riot Distro, Schweden)

»Zines bedeuten Freiheit. Es gibt keine Limitationen, Regeln, oder Tabus zu respektieren. Zines sind eine Form des Ausdrucks, die annehmen, dass du bist, wie du bist: wie du dich ausdrückst, wie du dich fühlst, was deine Interessen sind.« (Esther, *Il pleut de goiune*, Frankreich)

»Ich denke, dass Leute, die Zines schreiben, Zines lieben. Sie lieben es zu kommunizieren, sie lieben diese kleinen Verbindungen mit Leuten, die sie nie getroffen haben. Es liegt eine gewisse Freiheit in dieser Beziehung zu Fremden, wir können die Wahrheit sagen, wir müssen nicht den Mund halten. Für eine kurze Weile ist dies unser Raum.« (Red Chidgey, Fingerbang Distro & UK Zinenetwork, England)

»Wir fühlen uns als Teil eines aufregenden, freien, offenen, alternativen Publikationsnetzwerkes, das diese Zinewelt ist. Es ist ein Losbrechen von all jenem, worauf wir konditioniert wurden, in Bezug auf unsere Kreativität, unsere Spontaneität, Selbstzensur, unseren eigenen Ausdruck. Indem wir dieses Zine herausgeben, hoffen wir die Leute anzuregen, selbst Stift, Schere, Kamera und Kleber zu nehmen und zu machen, was sie wollen … wie zum Beispiel ihr eigenes Zine zu starten, genauso wie wir von anderen inspiriert wurden.
Zines stellen für mich die ultimative Redefreiheit dar, Kunst, wie sie sein soll: nicht abgeschieden, sondern zugänglich und befreiend …« (Val, *OvaryAction*, Norwegen)

Würdest du Grrrl-, Lady- und Trans-Zines als einen wichtigen Teil einer (feministischen) Bewegung sehen? Glaubst du, sie können bedeutsamen sozialen und politischen Wandel bewirken?

> »Alternative und unabhängige Medien sind AUSSCHLAGGEBEND für jeden sozialen Wandel. Grrrl Zines sind besonders wichtig, da wir in einer Welt leben, in der männliche Stimmen vorherrschen und starke, unabhängige, feministische Frauenstimmen kaum wahrgenommen werden. Diese Stimmen existieren, aber wir bekommen sie oft nicht zu hören, außer wenn wir uns ein Zine zum Lesen schnappen!« (Kelly Elizabeth, *Pretty Ugly*, Australien)

> »Ich denke, dass alle Zines ein wichtiger Teil einer Bewegung sind, im speziellen Grrrl Zines. Ich glaube auch, dass Zines mit politischem Inhalt Wandel auslösen können, weil die LeserInnen angehalten werden zu denken und neue und alte Ideen zu hinterfragen. Und sie inspirieren oft Leute, politisch aktiv zu werden, wodurch Wandel passiert.« (Thara Harris, *Love Letter Zine*, USA)

> »Ich glaube nicht unbedingt, dass Zines soziale oder politische Revolutionen auf einer breiten Basis schaffen können, aber sie sind sehr wichtig, um Netzwerke mit anderen Gemeinschaften herzustellen, um unsere eigene Kultur und positive Repräsentationen zu schaffen, um gegenseitige Unterstützung anzubieten und um über unsere eigenen Erfahrungen und Ideen zu schreiben und lesen. Ich denke, dass die Zine-Kultur ein sehr befreiender Ort ist – ich meine damit, dass Zines uns von dem Rahmen, in dem uns die vorgefertigte Mainstreamkultur sagt, was okay ist und wie wir leben sollen, befreien können und es auch wirklich tun. Zines sind gut für die Schaffung von ›pockets of resistance‹ in einer Welt, die von Firmen besessen wird.« (Caleb Kay, *Soldier*, USA)

All diese Interview-Zitate illustrieren, wie durch die Herausgabe und den Austausch von Zines Frauen-definierte, feministische Netzwerke und Räume geschaffen werden, in denen die kulturelle Marginalisierung und Abwertung von Frauen hinterfragt und kritisiert werden kann und soll. Grrrl Zines haben somit nicht nur eine zentrale Funktion als alternatives Informations- und Kommunikationsmedium in der Vernetzung von Gleichgesinnten, sondern auch in den internationalen feministischen Bewegungen. Zines können so Werkzeug und Ausdrucksmittel für feministische Politik und Aktivismus sein. Insofern haben sie enormes Potenzial als neue feministische Praxis. Also, los geht's, macht euer eigenes Zine! Denn:

> »Jedes Mädchen da draußen sollte ein paar Fotos machen oder Gedichte oder Essays oder Geschichten schreiben und ihr wahrhaft eigenes, leidenschaftliches, tiefempfundenes Zine starten.« (Olivia, *Persephone is Pissed*, USA)

ANMERKUNGEN

1 Es ist anzumerken, dass Feministinnen von Anbeginn unabhängige, alternative Magazine, Flyer und Broschüren produziert haben. In vielerlei Hinsicht könnten diese auch als Zines bezeichnet werden.

2 Zusätzlich habe ich im September 2002 eine Mailingliste (*www.groups.yahoo.com/group/grrrlzinenetwork*) eingerichet, die derzeit 360 Mitglieder umfasst. Sie dient dazu, Informationen und Ressourcen auszutauschen.

3 Die Zitate stammen von Interviews mit Zine-Herausgeberinnen, die von mir durchgeführt wurden. Übersetzungen aus dem Englischen von mir. Alle bisher durchgeführten Interviews sind vollständig zugänglich auf *www.grrrlzines.net/interviews/interviews.htm*.

ZINES MIT WEBSITES:

Annikafish, Wien: *www.mitglied.lycos.de/annikafish*
Archiv der Jugendkulturen, Berlin: *www.jugendkulturen.de*
Bendita: A Latin women's initiative against violence towards women, Brasilien: *www.benditazine.com.br.*
Bamboo Girl Zine, USA: *www.bamboogirl.com*
Bitch, USA: *www.bitchmagazine.com*
Bust, USA: *www.bust.com*
Clit Rocket, Italien: *www.profile.myspace.com/index.cfm?fuseaction=user.viewprofile&friendid=68159825*
Cuntstunt, Wien: *www.cuntstunt.net*
Emancypunx, Polen: *www.geocities.com/CapitolHill/Lobby/8522/emanz.html*
Fiber, Österreich: *www.fibrig.net*
The F-Word, England: *www.thefword.org.uk*
Freewheel Zine, England: *www.freewheelzine.co.uk*
Geekgirl, Australien: *www.geekgirl.com.au*
Grrrl Zine Network, Österreich: *www.grrrlzines.net*
Good Girl, Kanada: *www.goodgirl.ca*
It's Not Just Boys Fun, Deutschland: *www.notjustboysfun.de*
Ladyfest Wien: *www.ladyfestwien.org*
Ladyfriend Zine, USA: *www.ladyfriend.homestead.com*
Neid, Deutschland. *www.thing.de/neid*
Nova Recordings, Deutschland: *www.novarecordings.de*
OvaryAction, Norwegen, *www.babesinboyland.info/pages/presents/ovary_01.htm*
Plastikmädchen, Wien/Berlin: *www.plastikmaedchen.net*
Pink Punkies, Argentinien: *www.pinkpunkies.8m.com*
Pretty Ugly, Australien: *www.pretty-ugly.com*
Riot Grrl, Deutschland: *www.riot-grrl.de*
Synthesis Zine and Distro, England: *www.xsynthesisx.org.uk*
Venus Zine, USA: *www.venuszine.com*
Wolfsmutter, Österreich: *www.wolfsmutter.at*

Kapitel 4

DO IT YOURSELF

Stephanie Müller

PUTTING THE F-WORD ON THE FASHION MAP

Wenn Mode radikal wird

Wenn die Strickliesel zur Craftista wird und der uniformierte Modebrei auf feministische Praxis trifft, dann riechen Handgestricktes und Feinripp-Chic nicht länger süßlich-modrig nach einem Gemisch aus Zimtgebäck und Mottenkugeln – dann eckt die Stricknadel an altbackene, fein-säuberlich abgesteckte Muster und Mode hört auf, Problemzonen wie ›Sizism‹, ›Ageism‹ und ›Racism‹ stillschweigend glatt zu bügeln. Sie fängt stattdessen an, sich zu artikulieren und Krach zu machen. Dann wird Mode aktiv, politisch und klingt auch mal verstimmt, wie das ›détail qui tue‹, das kräftig knarrt. Wie wenn man beim Plattenhören versehentlich gegen den Tonabnehmer stößt: einzigartig, verque(e)r, anti(uni)form.

Jagt man dieses Knarren durch einen alten, surrenden Bassverstärker und dreht dessen Lautstärkeregler bis zum Anschlag, dann ist man akustisch ungefähr da angekommen, wo Die Tödliche Doris[1] 1984 stand: in der Boutique Durchbruch – kein Schauplatz Orwellscher Dystopie-Szenarien, sondern Austragungsort eines Textil-Soundexperiments der besonderen Art. Eine Modenschau, musikalisch untermalt von einem lärmenden Ensemble aus insgesamt 24 Audiotapes, aufgenommen und abgespielt von leiernden und offenbar völlig kaputten Kassettenrekordern. Begleitet wurden diese Mix-Tape-Kompositionen von der Gerry-Belz-Show-Band – vom Berliner Arbeitsamt vermittelt, eine Perle der seichten Unterhaltung mit einem bunt gefächerten Repertoire aus Evergreens der populären Tanzmusik. Das Ergebnis dieses Experiments: 1980er-Jahre-Düsternis in Krachsignalen und Verweigerung im Vordergrund, während im Hintergrund zuweilen kaum hörbar die Gerry-Belz-Show-Band irgendeinen Schwank spielte. Durchbrochen wurde die bizarre Aufführung nur durch eine performative, fünfminütige Arbeitspause, in der große Butterstullen von allen Anwesenden verzehrt wurden – Mode auf dem Präsentierteller, verstrickt in Dissonanzen und Dysfunktionen.

Was für manche wie ein brachial orchestrierter Alptraum klingen mag, bringt meine Utopie von künstlerischem Ausdruck ziemlich genau auf den Punkt: Mode, die Krach macht und die sich artikuliert. 1984 – da war ich gerade erst fünf. Statt lärmender Klangexperimente hat mein Kassettenrekorder »Jorinde und Joringel« abgespielt: Grimmsche Schwarz-Weiß-Romantik im antisemitischen Gute-Nacht-Gewand, von deren unterschwelliger Botschaft ich im zarten Vorschulalter noch keinen blassen Schimmer hatte. Ebenso wenig von Mode – und schon gar nicht von einer, die Krach macht. 1984, mit neongrünem Mickey-Mouse-Frottee-Schlafanzug im Kinderzimmer, in einer Parallelwelt, umringt vom Avantgarde-Niemandsland. Dort, wo sich fesche Dirndl und Amigo-Affären gute Nacht sagen, knapp 600 km Luftlinie von der Tödlichen Doris in der Boutique Durchbruch entfernt.

»Fashion is for Fashion People ... Get Out There Now and Break the Rules« (Chicks On Speed, »Fashion Rules!«, 2003)

Eine Klamottenperformance im Berliner Abrisshaus und ein ausgewaschener Neonschlafanzug im Einbaukinderzimmer – das klingt beides nicht unbedingt nach der luxuriösen Spielwiese, auf der fast zeitgleich die androgyn prinzesschenhaften High-Fashion-Träume eines Christian Lacroix zur Schau getragen wurden. Nur eben nicht von fünfjährigen Vorschulmädchen, sondern von erwachsenen Frauen.

Reaktionär püppchenhafte Luxus-Fummel als Faustschlag mitten ins ungeschminkte Gesicht des Second-Wave-Feminismus – so schildert die US-Journalistin Susan Faludi die Situation recht unverblümt in »Backlash«[2], ihrer Analyse des antifeministischen Gegenschlags in den USA der 1980er-Jahre. Es waren die ›Neo-Cons‹, die Neue Rechte, welche die alten Werte und damit die patriarchalischen Verhältnisse wieder herzustellen suchten. Meinungsmacher aus Politik und Mainstream-Medien, allen voran aber die Schönheits- und Modeindustrie traten zum Gegenschlag an, um nach einer für die Frauenbewegung (vorwiegend die der weißen Mittelschicht) erfolgreichen Dekade der 1970er-Jahre die Verhältnisse wieder zurechtzurücken. Es galt, die selbstbewussten, aufstrebenden jungen Frauen von den Brettern, die die Arbeitswelt bedeuten, wieder runter zu holen – zurück auf den heimischen Hausflur und Küchenboden. Den Boden der seit Generationen für sie festgemauerten Tatsachen. Oder gar wie bei Lacroix und Co. als aufpolierte ›Fashion Dolls‹ noch eine Stufe weiter runter, zurück in die Puppenstube, naiv und mundtot – die bittersüße Antwort der High-Fashion-Industrie auf feministischen Protest.

> »Typical girls / Don't create / Don't rebel / Typical girls / Worry about spots, and fat, and natural smells / Typical girls / Can't decide what clothes to wear / Who invented typical girls? / Who is putting out the new, improved model?« (The Slits, »Typical Girls«, 1979)

Feminismus, ein Dorn im Kamerablitzlicht der glitzernden Modewelt? Mode, ein ›F-Word‹[3] in den Augen der Frauenbewegung? Wie verträgt sich nun eigentlich das feministische Freiheitsideal mit eng geschnürten Modephantasien?

In einer Zeit, in der sich längst niemand mehr die Zehen brechen muss, um sich ›for fashion's sake‹ presswurstartig in kleines, schnuckeliges Schuhwerk zu quetschen, sieht es so aus, als hätten die Herren der Modeschöpfung nach der Abschaffung des Korsetts für die Frau ein neues, subtileres, kaum mehr sichtbares, aber weitaus effizienteres Ganzkörpermodell erschaffen: Size 0.

Androgynität auf die Spitze getrieben, der anorektische Frauenkörper als kraftloses, wehrloses Endprodukt glamourös in Szene gesetzt. Abgehungerte Fleischpuppen, von Motten umschwirrt, in Frischhaltefolie eingewickelt. Inszeniert als artifizielle Vergewaltigungsopfer, umhüllt vom maßgeschneiderten, akkurat aufgeschlitzten Hauch von Nichts. Perfekt orchestriert als menschliche Massenkarambolage, zusammengebrochen mitten im schillernden Kamerablitzlichtgewitter.

›High End Fashion‹ mit ›Shock Value‹, Theater im ganz großem Stil: ein kreatives Feuerwerk patriarchaler Unterdrückungsphantasien. Das ist Laufstegrealität bei Alexander McQueen, dem allseits gefeierten Moderebellen aus dem Königreich. Bezeichnend, wie McQueens meisterhaft radikal daher kommendes Blendwerk nicht nur im bunten High-Fashion-Zirkus, sondern auch bei jungen, politisch bewussten KlamottenkünstlerInnen ähnlich viel

›Street Credibility‹ genießt wie eine Vivienne Westwood. Und das, obwohl er für seinen luxuriös pompösen ›Radical Chic‹ bei genauerer Betrachtung gerne auch mal mit unterschwelligen Rassismen und anderen Stiefkindern der Mode spielt – auf Englisch als ›Ageism‹ und ›Sizism‹ greifbar. Man rufe sich nur mal das Bild vom schwarzen Topmodel Alek Wek in Erinnerung, das 1998 in einer Ausgabe des britischen Modemagazins *The Face* abgedruckt wurde: Beine, an den Knien eng zusammengeschürt. Durch die verzerrte Kameraperspektive erscheinen sie nicht kräftiger als die Handgelenke eines kleinen Mädchens. Präsentiert wird McQueens hochhackige Edelbereifung. Eine Ode an den ›Hunger-Chic‹.

Der ›Schock-King‹ McQueen möchte von solchen Vorwürfen nichts wissen. Frei nach dem Motto ›Mensch ärgere dich nicht!‹ ist für ihn das alles nur ein ironisches Spiel.

Aber warum immer auf Kosten der Frau? Und warum werden die entscheidenden Spielzüge auf den Brettern, die die Welt bedeuten, fast ausschließlich von ein paar wenigen, vorwiegend männlichen Designern gezogen, die ihr androgynes, knabenhaftes Schönheitsideal auf den weiblichen Körper zu projizieren suchen?

Seit dem späten 19. Jahrhundert, der Geburtsstunde dessen, was heute gemeinhin mit dem Begriff ›Mode‹ assoziiert wird, antworten zahlreiche KünstlerInnen und FeministInnen auf diese Fragen mit ›Anti-Fashion‹: Mode, die sich jeglicher Konsumlogik widersetzt und das eng geschnürte Korsett des ›High Fashion‹-Diktats zu sprengen sucht. Maßgeblich vorangetrieben wurde dieser künstlerisch subversive Umgang mit Mode von der britischen Arts-and-Crafts-Bewegung[4], deren Blütezeit zwischen 1870 und 1920 lag. Auf diese folgte die ›Artwear‹ so unterschiedlicher KünstlerInnen wie der russisch-französischen Malerin und Designerin Sonia Delaunay-Terk oder dem ukrainischen Avantgardisten Kasimir Malewitsch in den 1920er-Jahren, die das Prinzip der geometrischen Abstraktion auf Kleidung übertrugen und ihre Entwürfe als bewegliche Gegenbilder inszenierten. Die ›Artwear‹ des frühen 20. Jahrhunderts wurde auch in der körperzentrierten Kunst einiger Second-Wave-Feministinnen aufgegriffen. Mittels artifizieller Überhöhung schafften sie Distanz zum hochhackigen ›High Quality‹-Werkzeug sexistischer Unterdrückung: die Schlüsselfunktionen einzelner Kleidungsstücke wurden gestört – entfremdet bis zur Untragbarkeit. Ein gutes Beispiel dafür ist das unvorteilhafte, sackartige Gumminetzkleid, mit dem die feministische Künstlerin Debra Rapoport in ihrer Performance »Rubber Labyrinth« im Jahr 1970 zu kämpfen hatte. Indem es den nackten Körper zur Schau stellt und gleichzeitig jegliche Bewegungsfreiheit einschränkt, liefert das aufklaffende, wabernde Gummikleid ziemlich genau das Gegenteil dessen, was Kleidung qua Definition eigentlich bieten sollte: Schutz und Komfort.

»I know I'm artificial / But don't put the blame on me / I was reared with appliances / In a consumer society / When I put on my make-up / The pretty little mask's not me / That's the way a girl should be / In a consumer society …« (X-Ray Spex, »Art-I-Ficial«, 1978)

Fashion- und Konsumkritik schlagen sich nicht nur im künstlerisch-kreativen Bereich nieder, auch auf dem eher trockenen Terrain feministischer Theorie spielt der kritische Umgang mit dem glamourösen Thema eine zentrale Rolle.

So nimmt beispielsweise die feministische Autorin Joan Smith in ihrem Buch »Different for Girls«[5] harsche Kritik an den kunstvoll inszenierten und zugleich Frauen verachtenden ›Kleiderspielereien‹ von Alexander McQueen und Konsorten vor. Damit greift sie den Kernpunkt feministischer Modekritik auf, der sich wie ein roter Faden durch das theoretische Werk der Frauenbewegung vom späten 19. Jahrhundert bis heute zieht. Nicht artifizielle Überhöhung, wie im Falle feministischer »Artwear«, sondern ›Natürlichkeit‹ als Kontrapunkt zum modischen Korsett lautet hier die theoretische Devise.

Doch was als natürlich zu gelten hat, wurde in der Geschichte der Frauenbewegung in erster Linie von weißen, gesellschaftlich privilegierten Theoretikerinnen diktiert. Dieses Klischee von Natürlichkeit stellt sich der Mainstream dann zumeist ungefähr so vor: kurz geschoren, unrasiert, bequem verpackt im formlosen ›Fair-Trade‹ oder ›Second-Hand‹-Casual-Wear. Make-up, High Heels und Korsagen kommen erst gar nicht in die Einkaufstüte.

»Sag' mal, findest du mich schön so wie ich bin / mit meiner Pfuffernase, meinem Stückchen Kinn / mit meinen Stoppelhaaren, meinen kleinen Augen / meinst du wirklich, ich könnte zu was taugen? / Nein, nein,

nein, das könnte besser sein / schau doch mal in die Igitte rein / die wissen genau, was eine Frau so macht / und die machen aus dir bestimmt ein Schönheitsideal!« (UnterRock, »Schönheitsideal«, 1980)

Durchaus nachvollziehbar, die ›Anti-Fashion‹[6] vereinzelter weißer ›Middle Class‹-Feministinnen, möchte frau sich doch von den schicken Fesseln des patriarchalen Modediktats lösen. Aber was ist tatsächlich dran an den ›dress codes‹ mit dem Schlabber-Image, die sich allem voran im Zuge der Öko-Bewegung der 1970er- und 1980er-Jahre fest im öffentlichen Bewusstsein verankert haben? Haben Frauenrechtlerinnen wie die US-amerikanische Journalistin und Vorzeige-Feministin Gloria Steinem oder deren zwar eher umstrittene, politisch aber durchaus engagierte Kumpanin ›Ex-Barbarella Babe‹ und ›Jetzt-Christin‹ Jane Fonda nicht längst gezeigt, dass frau als Feministin durchaus auch glamourös daher kommen kann, sofern sie es denn möchte?

Wally Salner und Johannes Schweiger vom Wiener Modelabel __fabrics interseason sind diesen Fragen in »(visual noise)FEM«, ihrer Frühjahr-/Sommerkollektion 2001, auf den Grund gegangen. Die beiden ModemacherInnen haben nachgeforscht, ob es auch heute noch feministische Kleidungscodes gibt – wie in der Geschichte der Frauenbewegung etwa die lila Latzhose, die Blaustrümpfe oder die Suffragettenfrisur –, die sich als ästhetische Trends und Zugehörigkeitsmerkmale niederschlagen. Wally Salner und Johannes Schweiger, zwei unter wenigen JungdesignerInnen, deren Mode mit explizit sozialkritischem Anspruch längst kein weißer Fleck mehr auf der internationalen High-Fashion-Karte ist, haben mit dieser Kollektion die facettenreiche Bandbreite modischer Inszenierungen von Feministinnen aufgezeigt. Sie unternahmen damit erfolgreich den Versuch, den Mythos von der bärbeißigen, schmuddeligen Männerhasserin zu dekonstruieren – ein allzu gerne angeschlepptes Vorurteil, um feministische Belange zu diskreditieren: als etwas ›Unschickes‹, nicht ›Zeitgemäßes‹.

Auch im Kreise feministischer Theoriebildung findet ein solches Scheuklappendenken nicht allerseits Anklang. So merken Autorinnen wie Angela McRobbie, Linda Scott, Joanne Hollows oder Gloria Jean Watkins aka bell hooks an, dass das weit verbreitete Klischee vom ›natürlichen‹, ungeschminkten Feministinnenlook – ohne diesen per se diskreditieren zu wollen – in realiter eigentlich gar nicht allzu oft anzutreffen ist. McRobbie, Scott, Hollows und bell hooks führen es in erster Linie auf das ›Anti-Fashion‹-Ideal vereinzelter weißer Theoretikerinnen zurück, die in ihrer Modekritik lediglich auf ästhetische Gesichtspunkte eingehen, sich vielleicht noch mit der materialistischen Komponente von Mode auseinander setzen – der Produktion und dem Konsum – , dabei aber zu sehr auf den sozioökonomischen Kontext der weißen Mittelschicht fokussiert bleiben. Zentrale Aspekte wie Ethnizität, kulturelle und sozioökonomische Unterschiede werden dagegen weitgehend ausgeblendet.

So macht Joanne Hollows in »Feminism, Femininity and Popular Culture«[7] darauf aufmerksam, dass einem Großteil feministischer Modeanalysen ausschließlich weiße Schönheitsideale zugrunde liegen, gegen die der unlackierte Zeigefinger erhoben wird. Die Frage nach unterschwelligen Rassismen bei der modischen Inszenierung von nicht-weißen Frauen – sei es auf dem Laufsteg oder in der Hochglanzpresse – wird ihrer Ansicht nach in feministischer Theorie kaum beantwortet.

Linda Scott und bell hooks stricken diesen Argumentationsstrang noch ein Stück weiter. Sie wettern nicht nur gegen das strahlend weiße Schönheitsideal der Modeindustrie, sondern üben auch Kritik in den eigenen Reihen. Ebenso wie bell hooks in »Black Looks: Race and Representation«[8] hinterfragt Scott in ihrer Veröffentlichung »Fresh Lipstick: Redressing Fashion and Feminism«[9] den ›natürlichen‹ Gegenentwurf ihrer vorwiegend weißen, gesellschaftlich privilegierten Kolleginnen, die jegliche Klassen- und Kulturdifferenzen in ihrer Modekritik ausgrenzen. Scott zeigt ganz klar: Kleidung, Körperbemalung, Make-up und Schmuck lassen sich in einigen Kontexten nicht pauschal als ›High End‹-Werkzeuge patriarchalischer Unterdrückung abstempeln. Man denke nur an queere Bekleidungsstrategien wie ›drag‹ oder ›cross-dressing‹ als Parodie auf heteronormative Rollenzuschreibungen, wie sie bei Judith Butler[10], Judith ›Jack‹ Halberstam[11] oder Barbara Vinken[12] zur Sprache kommen.

> »My words walk in rags, 'cause they are so poor …«
> (L., »My Abstraction Capability«, 2006)

Angela McRobbie wirft neben Fragen symbolischer Repräsentation und Ethnizität auch sozioökonomische Aspekte in die Diskussionsrunde feministischer Modekritik. So erörtert sie in ihrer Anthologie »Zoot Suits and

Second-Hand Dresses«[13] und in ihrem Aufsatz »Bridging The Gap: Feminismus, Mode und Konsum«[14] das komplexe Wechselspiel zwischen Modekonsum, ethnischer Herkunft und sozioökonomischem Background.

Puritanische Simplizität als ›natürlicher‹ Gegenentwurf zur aufpolierten ›High Fashion‹, verknüpft mit einem Faible für schmuddeligen ›Poverty Look‹[15] versteht McRobbie als Privileg gut betuchter ›Antifashionistas‹. Was sich Frauen der finanziell schwachen Unterschicht – meist Migrantinnen ohne geregeltes Arbeitsverhältnis – gerade so leisten können, ist für diese oftmals äußerst beschämend: ›Patch Work Poverty‹ vom Second-Hand-Wühltisch. Genau das wird aber von nicht einmal einer Hand voll TheoretikerInnen zum feministischen Modediktat erhoben und zur ›natürlichen‹ Utopie für alle Frauen gleichermaßen erklärt: arm aussehen – ›natürlich‹ nur für einen Bruchteil, ohne es auch zu sein.

Not my Cup of T(-Shirt)

Angela McRobbies Konsumanalyse endet nicht in der Registrierkasse. Sie wagt auch einen Blick hinter den Ladentisch und plädiert für eine komplexe Auseinandersetzung mit den Arbeits- und Produktionsbedingungen in der Modeindustrie. Die eindimensional gestrickte Argumentationslinie von feministischen Autorinnen wie Rowbotham[16], Phizacklea[17] oder Tate[18] greift ihrer Ansicht nach viel zu kurz. Mit aufgesetzten Scheuklappen prangern diese die Ausbeutung vorwiegend weiblicher Arbeitskräfte in der Textil- und Modeindustrie an, die unser atmungsaktives Sonderangebot vom knallbunten Wühltischfriedhof in trostlosen Sweatshops, wie man sie vorwiegend im asiatischen Raum findet, produziert.

Die Botschaft, die von dieser politischen und intellektuellen Lobby ausgeht, zielt auf einen Boykott aller Produkte ab, die unter harten Arbeitsbedingungen zu Billigstlöhnen hergestellt werden.

Die Wirtschaftswissenschaftlerin Pietra Rivoli startet in ihrem »Reisebericht eines T-Shirts«[19] den durchaus ambitionierten, aber dennoch blauäugigen Versuch, dieses schwarz-weiß gefärbte Zerrbild feministischer Mode- und Konsumkritik aufzubrechen. Sie tut dies, indem sie einen Einblick in die harte Sweatshop-Realität chinesischer Näherinnen gewährt. Rivoli veranschaulicht in ihrem Erfahrungsbericht an verschiedenen Fallbeispielen, warum sich heute buchstäblich Millionen junger Chinesinnen bewusst für die niedrig qualifizierte und äußerst zermürbende Arbeit in den Textilfabriken entscheiden. Schenkt man Rivolis durchaus ernst gemeinten, aber mitunter äußerst zynisch anmutenden Ausführungen Glauben, so ist für die jungen Arbeiterinnen ausgerechnet das, was im westlichen Kulturkreis von künstlerisch-intellektuellen Bewegungen wie der Situationistischen Internationale längst als Schreckensbild entfremdender Arbeit demaskiert wurde, ein Stück Freiheit: der Sweatshop. Dieser sei, so Rivoli, für die jungen Textilarbeiterinnen oftmals eine Chance zum wirtschaftlichen Aufstieg und zur Fluchtmöglichkeit vor Zwangsverheiratung und der Plackerei auf dem Land. Das alles erfahren wir sehr eindrucksvoll in äußerst lebendiger, bildhafter Sprache – allerdings durch Rivolis rosa Globalisierungsbrille, die uns genau das, was Rowbotham, Phizacklea oder Tate als Frauen verachtende Arbeit betrachten, als feministischen Befreiungsschlag präsentieren möchte. Theoretische Eindimensionalität auf einer ganz anderen Ebene – der globalen.

Wie soll sich frau als Mode-affine und zugleich politisch bewusste Konsumentin im internationalen Klamottendschungel nun zurechtfinden? Statt ein kleines Stück Stoff gewordene, schlecht bezahlte Autonomie vom Grabbeltisch mitzunehmen, nun das Hohelied auf ›Fair-Trade‹- und ›Anti-Sweatshop‹-Ware anstimmen?

Spätestens seit der schwitzig-übersexten ›Anti-Sweatshop‹-Kampagne von American Apparel ist klar: auch im vermeintlich heilen ›Anti-Sweatshop‹-Paradies ist die hippe, politisch progressive Klientel nicht immer auf der sicheren Seite.

So erhob das US-amerikanische *Clamor Magazine* (Untertitel: »Your Guide to Everyday Revolution«) erst kürzlich schwere Vorwürfe gegen die Geschäftspraktiken des ›Anti-Sweatshop‹-Riesen aus ›Downtown L.A.‹. Noch vor Erscheinen des Artikels, der für die Herbstausgabe 2006 geplant war, drohte das Unternehmen mit dem 250-Millionen-Dollar-Jahresumsatz dem ehrenamtlich hergestellten Zine mit rechtlichen Schritten. Doch das *Clamor*-Team blieb standhaft: Auf dem Titelblatt der Herbstausgabe wurde der Verweis auf den Enthüllungsbericht über American Apparel ungeachtet jeglicher Drohungen an prominenter Stelle platziert. Im Zine selbst erfährt man in einer Fake-Werbekampagne, die die American-Apparel-Strategie scharfsinnig persifliert, Näheres über die Machenschaften des Firmenbosses Dov Charney. Ein Möchtegern-Hugh-Hefner, der auf den Erfolg pornoesker Anzeigen-Sujets im naiven Schulmädchen-Report-Gewand setzt, seine

Läden mit *Hustler*-Covern ausstatten lässt und längst berüchtigt ist für seine sexuellen Übergriffe auf das weibliche Personal. Ein schwarzes Baumwollschaf im gut bezahlten, Sweatshop-(und übrigens auch Gewerkschafts-)freien Jersey-Paradies.

Aber woher sollen wir dann unsere politisch korrekten, hippen ›Urban Outfits‹ nehmen? Blickt man ein wenig über den ausgefuchst vermarkteten Werbeseitenrand von *Vice Magazine* & Co., dann erscheinen die Möglichkeiten nahezu grenzenlos. American Apparel mag zwar mittlerweile als Inbegriff Sweatshop-freier Ware gelten, aber natürlich steht der Konzern nicht alleine da. So bemühen sich auch andere Labels um einen fairen Weg zum ethisch und ökologisch verantwortlichen Dress. Vorneweg die Londoner Designerin Katherine Hamnett, die seit der Gründung ihres eigenen Modelabels im Jahr 1979 kontinuierlich versucht, politische und ökologische Aufklärung mit Mode zu verknüpfen. Man denke nur an ihren Besuch in der Downing Street No. 10 im Jahr 1984, wo sie Margaret Thatcher mit ihrem »58 % Don't Want Pershing«-Shirt im Kamerablitzlicht der anwesenden Presse desavouierte. Heute ist Hamnett längst nicht mehr das einzige tapfere Schneiderlein, das äußerst erfolgreich gegen den Widerstand der Textilindustrie langlebige und umweltfreundliche Kleidung zu humanen Produktionsbedingungen durchsetzt. Die US-Amerikanerin Stephanie Syjuco betreibt den Online-Shop *anti-factory.com* und setzt dabei ausschließlich auf Recycle-Chic »because sweatshops suck!«. Labels wie THTC, Monorex, Junky Styling, Fair Wair oder Worn Again treten nicht nur den Beweis an, dass in China produzierte Ware nicht zwangsweise unter miesesten Umwelt- und Sozialstandards hergestellt werden muss, sie punkten auch mit schickem Design fernab vom miefigen Öko-Schlabber-Image. Ein Umdenken, das langsam aber sicher schwarze Zahlen schreibt – auch ohne anrüchig-sexy orchestrierte Werbespringflut à la American Apparel im Rücken.

Revolution Crafts Style, Now!

Die wachsende Skepsis gegenüber Sweatshop-Labour, Konsumwahn und einem Modediktat, das tragbare Missstände wie ›Ageism‹, ›Sizism‹ und ›Racism‹ ganz groß schreibt, bringt mehr als eine Dekade nach der »Revolution Grrrl Style, Now!« langsam immer mehr KonsumentInnen dazu, aus den kapitalistischen Verwertungsketten auszubrechen.

Im »Ratgeber für die Manteltasche«[20], herausgegeben von der K. ASUG, der »kanzlei-auftakt von subversion und gegenkultur«, wird äußerst unverblümt tabula rasa mit der Warengesellschaft gemacht: Tipps rund um das Thema »Ladendiebstahl, leicht gemacht« sollen zur subversiven Unterwanderung der Konsumkultur einladen. Yomango[21], das Modelabel eines anarchistischen Netzwerkes mit Vertriebspartnern in Chile, Argentinien, Mexiko, Italien und Deutschland entwirft die entsprechende Ausrüstung dazu: »Zip!«, Baggy Pants mit zusätzlicher Tasche hinterm Hosentürschlitz, die »Danish Bag« aus Metallkeksdosen, deren Material das Infrarotsignal jeglicher Klamottendiebstahlsicherung abschirmt, oder »The Magic Bag«, ein Diebstahlapparat mit zahlreichen versteckten Innentaschen. Das Credo des ›Shoplifting‹-Labels ist recht eindeutig: »Shopping is an act of obedience. Yomango is your disobedient style.«[22]

> »Put the cheddar in the pocket / Put the rest under the jacket / Talk to the cashier, he won't suspect / And if he does ... / Do a runner! / (...) / Camera's trying to watch us / Mirrors and TV / But they're not gonna catch us / Cause we're gonna gonna gonna run run run / Do a runner! / Run!« (The Slits, »Shoplifting«, 1979)

Trendige Femzines wie *Venus Zine*, *Bitch* oder *Bust* propagieren ein Stück weit weniger Nervenkitzel: ›Crafting‹, ›Recycle-Chic‹ und ›Do it Yourself‹-Fashion als legale Alternative zum subversiven Griff in die Manteltasche. Frei nach dem situationistischen Slogan »abolition du travail aliéné« (»Abschaffung der entfremdeten Arbeit«) wird die Konsumentin selbst als Craftista und Punkrockkünstlerin animiert. Anstelle der Geldbörse sollen Schere, Faden und Nadel gezückt werden. Die Anleitung zur »Revolution Crafts Style, Now!« gibt die popkulturelle Prominenz höchstpersönlich. In der August/September-Ausgabe des amerikanischen Zines *Bust* erhält die junge, modebewusste Feministin nicht nur »Tips for Dressing Like Your Fave Feminist Icons«, sondern auch praktische Handarbeitsanleitungen für trendige Accessoires oder smartes Klamotten-Recycling von den Chicks on Speed und Beth Ditto von The Gossip, die auf Tour zwischen Soundcheck und Konzert gerne mal ihre eigenen Klamotten jenseits Size 0 näht.

Während in Europa klassischer Handarbeit wie Nähen, Sticken oder Stricken weiterhin das mufflige Stigma patriarchal verordneter Weiblichkeit anhaftet, greift in Nordamerika schon seit einigen Jahren ein nicht zu verachtendes Crafing-Fieber um sich. Crafting, der hippe Inbegriff für alle möglichen Bastelaktivitäten, kommt vor allem bei jungen FeministInnen gut an. Traditionell feminine Tätigkeiten erleben beim Crafting eine Reevaluierung. Statt des gut-bürgerlichen »Home Sweet Home«, wie man es vom großmütterlichen Stickbildchen kennt, steht da z. B. in exakt geschwungenen, feinen Kreuzstichen ein bittersüßes »Homo Sweet Homo«, umrankt von niedlichen Bordüren. Gestickt, gestrickt, genäht und gehäkelt wird nicht mehr einsam und verschämt in den eigenen vier Wänden, sondern zusammen mit weiteren AktivistInnen auch im öffentlichen Raum. Junge Frauen und auch ein paar kreative Herren treffen sich in angesagten Cafés zu ›Stitch'n'Bitch‹-Gruppen, starten Nähaktionen zwischen Gitarre, Bass und Schlagzeug in Konzert-Echtzeit, tauschen in queeren Fashionblogs anti(uni)forme Schnittmuster aus, schließen sich zu ›Revolutionary Sewing Circles‹ zusammen und blockieren, bewaffnet mit samtweicher Wolle und stumpfer Nadel, im Rahmen von ›Sit Ins‹ den Durchgangsverkehr im ganz normalen Fußgängerzonen-Wahnsinn.

Doch wo ist es hin, das modrige Image von Strickliesel & Co., das bis vor nicht allzu langer Zeit so typisch weibliche Tätigkeiten wie Nähen, Stricken, Sticken oder Häkeln noch als reaktionäre Kaffeeklatschbasteleien brandmarkte? Wieso wird hier von hippen Grrrls und progressiven FeministInnen etwas gefeiert, was unsere Mütter und Großmütter domestizieren sollte und viele von uns nur unter Qualen im Handarbeitsunterricht gelernt haben? »Die Tatsache, dass junge Frauen heute nicht mehr qua Geschlecht von vornherein zum Handarbeiten verdammt sind, sondern frei wählen können, ob sie ihre eigenen Klamotten nähen, stricken oder häkeln – das ist revolutionär«[23], bemerkt Beth Pickens aus Columbia, Missouri. Sie ist Initiatorin einer der vielen Strickzirkel, die in den USA und Kanada seit geraumer Zeit fröhliche Hochzeiten feiern. Vor knapp vier Jahren hat sie zusammen mit Katie Spencer die Modelinie NoSheDidn't – Clothing & Accessories Made For You By Feminists ins Leben gerufen. Hier trifft Kreativität auf sozial-kritisches Engagement. Beth recycelt alles, was normalerweise auf dem Altkleiderfriedhof landet. Neben Kleidungsstücken finden auch Reißverschlüsse und Knöpfe Wiederverwendung. Lediglich das Nähgarn wird neu gekauft. Statt XS, S, M, L oder XL steht in Beths Kreationen einfach nur »Fuck Sizes!«. Die Punkrockaktivistin verzichtet ganz bewusst auf Größenlabels. Denn ihrer Meinung nach wirkt die ›Sizism‹-Etikette der Modeindustrie äußerst herabwürdigend. Sie ermuntere vor allem Frauen dazu, ihren Selbstwert einzig und allein an einem industriell normierten Zahlenwert fest zu machen.

Beth Pickens ist längst nicht mehr die einzige, die sich auch mit den Stiefkindern der Modeindustrie beschäftigt. Einmal im Jahr stellt sie in Columbia eine Modenschau mit dem Titel »Pro-Choice / Pro-Fashion« auf die Beine. Das schicke Fund-Raising-Event mit politischem Anspruch sichert nicht nur die finanzielle Grundlage für den Kampf um das Recht auf Abtreibung und Geburtenkontrolle. Ebenso wie die von der Modekünstlerin Enid Crow initierte New Yorker »Feminist Fashion Show« zeigt sie recht eindrücklich, was dabei herauskommt, wenn feministische Praxis auf Mode trifft: Sozialkritik zum Anziehen in den schillerndsten Farb- und Formspielen für jedefrau – ziemlich schick, das Ganze.

Inzwischen sind auch die ersten männlichen Modemacher auf den nordamerikanischen Strickzug mit aufgesprungen. Ken Kitty ist einer davon. Über seine Website mushycat.com vertreibt er explizit feministische Mode und Accessoires für jedermensch. Craftster Greg Der Ananian ist ein weiterer. 2001 hat er den Bazaar Bizarre (Unteritel: »Not Your Granny's Crafts«) ins Leben gerufen, eine D.I.Y.-Klamotten- und Crafts-Messe, die inzwischen in vier Metropolen zu Hause ist: nach Boston, Los Angeles und Cleveland ist seit 2006 auch San Francisco mit von der Bastelpartie.

Arts & Crafts, so weit das Auge reicht – die ›Revolution Crafts Style, Now!‹ ist längst filmreif geworden. In »Science of Sleep« flimmerten im Herbst 2006 schnuckelige, trickreich animierte Basteleien über die Kinoleinwände. Für 2007 ist das Crafts-Fieber im DVD-Format geplant. Faythe Levine und Micaela O'Herlihy arbeiten derzeit an ihrer »Indie Craft Documentary«, eine Hommage an den subversiven Umgang mit klassischen Handarbeiten, der seit ein paar Jahren wie ein Sturm durch Nordamerika fegt.

Doch längst nicht alles, was unter dem Deckmantel ›Crafting‹ geschneidert und gebastelt wird, ist revolutionär. Wirft man einen Blick auf Websites wie *offbeatbride.com*, *indiebride.com* oder das MySpace-Profil von *D.I.Y.bride*, wo frau passend zum asymmetrisch geschnittenen Brautfummel gleich noch taftfreie Tipps aus der Indie-Trickkiste dazu bekommt, runzelt man schon ein wenig skeptisch die Stirn. Aber auch wenn von der ein oder anderen handarbeitswütigen Strickliesel der absoluten Systemanbiederung Heirat durch trendige Accessoires noch subversives Kapital abgerungen werden soll, mit eher progressiven Idealen und dem D.I.Y.-Ethos im Nähkästchen bleibt der neue Zugang zur Handarbeit durchaus positiv zu bewerten.

Spreading the F-Word on the Fashion Map

Während im nordamerikanischen Raum feministische Mode- und Crafts-Projekte spätestens seit der Riot-Grrrl-Bewegung der 1990er-Jahre wie Pilze aus dem Boden schießen, schmückt die europäische Fashion Map, was feministische Mode angeht, scheinbar noch immer ein weißer Fleck. Ein Fleck, der aber nach und nach an Farbe gewinnt. Denn wirft man einen genaueren Blick unter den Rockzipfel der alten Dame Europa, so findet man auch hier das ein oder andere interessante Textilprojekt mit sozialkritischem Anspruch.

Von einer derart stark vernetzten D.I.Y.-Community, wie man sie aus Nordamerika kennt, kann allerdings noch lange nicht die Rede sein. Denn feministische Modekritik spielt sich in Europa noch immer in einem relativ überschaubaren Rahmen ab – allem voran im Kunstbetrieb.

Ein Textilkunstprojekt mit profeministischem Anliegen, das inzwischen so ziemlich alle progressiven Galerien und Museen in Europas Metropolen durchwandert haben dürfte, trägt den bissigen Titel »Anti Dog« – ein Modelabel, das die spanische Künstlerin Alicia Framis als Demonstration gegen Rassismus und Gewalt entwickelt hat. Die Kleidungslinie aus Twaron, einem kugelsicheren, feuer- und reißfesten Material, hält auch dem hartnäckigsten Kampfhundgebiss stand: exklusive, goldschimmernde Schutzkleidung für dunkelhäutige und farbige Frauen im Abendrobengewand. »Anti Dog« ist Alicia Framis' ›High-Fashion‹-Antwort auf den Fremdenhass, dem die dunkelhäutige Künstlerin während eines sechsmonatigen Aufenthalts in Berliner No-Go-Areas wie Marzahn ausgesetzt war. Die Modelinie mit politischem Anspruch wurde 2002 im Rahmen der Pariser Modewoche präsentiert, wanderte anschließend durch die europäische Galerienlandschaft und ist inzwischen in ihrer tragbaren Version zum stolzen Preis in so mancher exquisiten Boutique zu finden.

Die Österreicherin Ines Doujak wagt mit ihrem interdisziplinären Projekt »Dirty Old Women«[24] einen Schritt in die altmodische No-Go-Area

›Ageism‹. Sie hat Kleidung mit Bildmaterial aus Fotoworkshops, zu denen in erster Linie Frauen jenseits der 50 eingeladen waren, bedruckt. Im Sommer 2005 wurden die Ergebnisse der Workshop-Teilnehmerinnen im Salzburger Kunstverein gezeigt. Im Rahmen einer Modeperformance präsentierten ältere Damen anti(uni)forme Körperbilder, gedruckt auf raffiniert geschnittene Textilunikate und inszeniert als bewegliche Gegenbilder zum jugendlichen Schönheitsdiktat.

Die in Paris lebende, gebürtige Britin Lucy Orta inszeniert in ihrer Aktionskunst Mode als mobile Architektur. Als Antwort auf die drastischen Bilder von kurdischen Flüchtlingen während der USA-Invasion in den Irak lancierte die ausgebildete Modedesignerin 1991 ihre »Refuge Wear«. Die tragbaren Zeltuniformen sollen Kriegsopfern sowohl Schutz als auch Überlebenschancen gewähren. In den darauf folgenden Jahren setzte Lucy Orta ihre Arbeit in den Straßen und Métro-Stationen von Paris fort. Für Pariser Obdachlose kreierte sie Kleidungsstücke, die, ausgestattet mit Kapuzen und Ärmelöffnungen, für mehrere Personen gleichzeitig Verwendung finden. Durch die kollektive Nutzung der »Refuge Wear« entsteht ein Wärmeprozess, der an die Beuyssche Idee der »sozialen Plastik« erinnert. Die einzelnen Kleidungskomponenten lassen sich zu zeltartigen Modulen transformieren und bilden somit ein prototypisches ›Dach über dem Kopf‹. Workshops mit Obdachlosen, Gefangenen, in Pflegeheimen, an Universitäten und Hochschulen begleiten Ortas künstlerische Interventionen. Die Aktionskünstlerin durchbricht damit die eng abgesteckten Grenzen institutionalisierter Kunst und stößt mit ihrer tragbaren Architektur ein Stück weit vor in den öffentlichen Raum.

Alicia Framis, Ines Doujak und Lucy Orta sind keineswegs die einzigen Kunstschaffenden, die auf das Medium Mode setzen. Die Liste derer, die sich künstlerisch-kritisch mit Kleidung beschäftigen, füllt längst mehr als ein Blatt Papier.

Doch während im europäischen Kunstbetrieb das schicke F-Word seit geraumer Zeit schwer en vogue ist, findet man in der Modeindustrie bislang nur wenige DesignerInnen, die in ihre Kollektionen sozio-politische, ökologische oder feministische Belange einfließen lassen.

Die Wahlberlinerin Lisa D. ist eine davon. Ihre ›High-End‹-Fashionlinie Global Concern holt globale Missstände wie Kinderarbeit oder Hungersnöte auf die Bretter, die die Modewelt bedeuten. Und auch die feministische Mode des Wiener Labels __fabrics interseason oder das kreative Materialverwurschtel-Feuerwerk von Cloed Baumgartner[25] unterfliegt längst nicht mehr den Radar der internationalen High-Fashion-Szene.

Aber was tut sich jenseits des institutionalisierten Kunst- und Modebetriebs? Hat das nordamerikanische Crafts-Fieber inzwischen auch hierzulande ein paar kreative Köpfe gepackt? Die ersten Maschen des modischen D.I.Y.-Netzwerks scheinen gestrickt zu sein. Die Fäden werden dabei in erster Linie von Mode-affinen D.I.Y.-Begeisterten und im Dunstkreis diverser Ladyfeste gezogen, bei denen die obligatorische PunkROCK-Nähaktion mittlerweile nicht mehr wegzudenken ist.

D.I.Y.-Fashionistas wie die Londonerin Alison Rash oder Sarah Basta aus Rom dekonstruieren die glamouröse Klamotte zu queeren Kleiderentwürfen für den ganz normalen Gegenalltag. Und bei der Münchnerin Manuela Zuccon kommt nicht nur die flauschige Wolle unter die Stricknadel. Unter ihren mis[s]mesh-Maschenexperimenten findet man auch niedliche Helmmützen im Sturmhaubenlook, gestrickt aus alten Kassettenbändern. Mit auf den Strickzug sind inzwischen auch die ersten Bands und Konzertschuppen gesprungen. So stellte das schwedische Punk/HC-Trio Kamikatze 2006 ihre komplette Europa-Tour inklusive Album unter das Motto »Knit and Trash«. Und bei Konzerten in selbst verwalteten Läden wie dem Münchner Kafe Kult findet man zwischen Platten- und Zine-Distros ab und zu auch selbst gemachte Klamottenkunst.

Seit November 2006 gibt es die selbst gemachten Klamottenunikate auch im dazu passenden Laden. Der ist in Köln zu Hause, heißt Craftista! und ist das erste Laden-Café im deutschsprachigen Raum, das neben veganem Essen, Platten und CDs auch Fanzines, Bücher und allerlei selbst gemachte Textilkunst im Sortiment führt und mitunter auch als Plattform für Konzerte und Ausstellungen genutzt wird.

> »… and if you ever wanna adventure / if you ever want a fashion show / I'll walk on yr block … / … you got the rebel style it don't fool me. / You're a post modern parasite. / And if you ever wanna try yr hand at forcing my suicide / just know I've only begun …« (Le Tigre, »My Art«, 2001)

Es bewegt sich also endlich auch hierzulande etwas an der Basis des D.I.Y.-Aktivismus. Mit rag*treasure möchte ich mein Stück Klamottenkunst dazu beitragen. Für meine Textil-Collagen kommen grobe Baustellenabdeckplanen, geplatzte Fahrradschläuche, kaputte Regenschirme, zerrissene Gitarrensaiten und allerlei ausrangierte, zerschlissene und oftmals für hässlich befundene Kleidungsstücke unter die Nähmaschine. Auf teure Sweatshop-Stoff-Meterware verzichte ich komplett. Denn rag*treasure ist meine ganz persönliche Absage an die Produktionsverhältnisse und den uniformierten Einheitsbrei der Massenindustrie.

Schnitte zeichnen oder perfekte Nähte setzen habe ich nie gelernt. Ich habe einfach alles ausprobiert und dabei wahrscheinlich so ziemlich gegen alles verstoßen, was eine solide Schneiderlehre oder Designausbildung nahe legen würde. Meine Nähte sind oft schief, aber doppelt und dreifach, damit die Kleidungsstücke länger halten und nicht gleich nach ein paar Waschgängen auf dem Verwertungsfriedhof landen.

In meiner nicht vorhandenen Design-Ausbildung sehe ich aber keinen Nachteil, ganz im Gegenteil: Bei mir steht nicht lehrbuchgetreues Handwerk im Vordergrund, sondern die Idee, die hinter dem Entwurf steckt. Den Produktionsprozess verstehe ich nicht als regelgeleitete Einbahnstraße, sondern als sehr weites Experimentierfeld. Dadurch, dass ich vom handwerklichen Regelwerk des Modeschaffens ziemlich wenig Ahnung habe, gibt es für mich weder technische noch kreative Grenzen.

rag*treasure verstehe ich als feministisches Modeprojekt ganz in der Tradition des ›Do It Yourself‹-Ethos'. Damit ist nicht die verstaubte Heimwerker- und Hausfrauen-Bastel-Philosphie gemeint, die man sich für ein paar Euro als fertigen Bausatz in diversen Baumarkt-Ketten kaufen kann. Für mich ist ›Do It Yourself‹ ein politisches Statement. Ich möchte zeigen, wie einfach es sein kann, auch ohne klassische Ausbildung mit Nadel und Faden ein Stück tragbare Gegenkultur zu schaffen und die eigenen Kreationen fernab von den Produktions- und Vertriebswegen der Massenindustrie unter die Leute zu bringen.

Beim Verkaufen und Tauschen meiner Lumpen-Unikate gehe ich nicht völlig mit den herkömmlichen Vertriebswegen konform. Den Großteil findet man in meiner WG-Zimmer-Mini-Nähzelle, bei Nähaktionen zwischen den Plattentischen bei Konzerten im Münchner Kafe Kult oder bei Klamottenperformances im Flussbett gegen den Strom.

rag*treasure ist für mich mehr als nur ein Modelabel. Für mich ist es eher ein Teil eines facettenreichen Netzwerkes von verschiedenen gegenkulturellen D.I.Y.-Projekten. Nicht-kommerzielle Musik-, Kunst-, MagaZINE- und Modeprojekte spielen meiner Überzeugung nach auf jeden Fall zusammen. Ich sehe keinen Sinn darin, in so einer kleinen Community, wie es die D.I.Y.-Gemeinschaft im europäischen Raum immer noch ist, die einzelnen künstlerischen Ausdrucksformen (Musik, Schreiben, Nähen etc.) hermetisch voneinander zu trennen. Mich reizt es, die Räume aufzubrechen und die Grenzen verschwimmen zu lassen: Eine Nähaktion auch einfach mal bei einem hauptsächlich von männlichem Publikum frequentierten Punk-/HC-Konzert mitten im Saal zwischen Theke und Plattendistros zu starten und im Eingangsbereich vielleicht noch eine kleine Leseecke mit UntergrundmagaZINEn aufzubauen.

Auch wenn die Modeindustrie mit D.I.Y. und Feminismus bis auf deren kulturelle Vereinnahmung immer noch nicht allzu viel am Hut hat, zumindest im Kleinen lässt sich Einiges auf die Beine stellen. Aber ein bisschen neugierig bin ich schon geworden: Wie würde sie nun aussehen, die XXL-Version all jener progressiven, pro-feministischen Mode- und Crafts-Projekte – eine Modeindustrie, geprägt vom punkigen D.I.Y.-Ethos und vom feministischen Freiheitsideal? Ein kleiner Blick in die Bildergalerie auf Enid Crows Website[26] lässt die Utopie einer feministischen Modewelt ein Stück weit erahnen. »Feministische Mode wäre um einiges demokratischer als die Mode, die derzeit die Ladenregale füllt. Textilien würden nicht mehr von unterbezahlten, überwiegend weiblichen Fabrikarbeitern angefertigt. Wir hätten alle weniger Kleidungstücke, die aber allesamt mit Liebe gemacht wären – von Leuten, die von ihrem kreativen Schaffen auch leben könnten. Die Leute würden sich nicht mehr zu Tode hungern, nur um ›in‹ zu sein, weil einfach mehr verschiedene Typen und Größen im Modezirkus vertreten wären.«[27]

Bleibt man jedoch auf dem trockenen Boden der Realität, so ist es bis dahin gewiss noch ein weiter, kaum überbrückbarer Weg. Für mich selbst stellt sich deshalb die Herausforderung, immer wieder Räume aufzubrechen, anzuecken – ein kleines Stück Boutique Durchbruch auch mitten im Münchner Hochglanzidyll aufzubauen.

ANMERKUNGEN

1 Die Tödliche Doris war ein Experiment, das 1980 von den Kunststudenten Wolfgang Müller, Nikolaus Utermöhlen und Chris Dreier (der recht bald zunächst durch Dagmar Dimitroff und schließlich durch Käthe Kruse ersetzt wurde) als Musikband gegründet wurde und von vornherein auf sieben Jahre beschränkt war. Bis zur offiziellen Auflösung 1987 war die Berliner Gruppe auch in den Bereichen Kunst, Fotografie, Filmkunst, Video, Performance und Literatur aktiv.

2 Faludi, Susan: Backlash. The Undeclared War Against American Women. New York: Doubleday 1991.

3 Der vor allem in Nordamerika gebräuchliche Terminus ›F-Word‹ parallelisiert auf ironische Weise die Unaussprechlichkeit des Tabu-Wortes ›fuck‹ mit ›feminism‹ und lässt sich in einer weiteren Ironisierung auch auf den Begriff ›fashion‹ ausdehnen.

4 Das Arts and Crafts Movement war eine englische Bewegung in Kunst und insbesondere Produktdesign. Sie entstand Mitte des 19. Jahrhunderts, wurde maßgeblich von William Morris und einer Gruppe von MalerInnen, ArchitektInnen und anderen KünstlerInnen initiiert und hatte ihre Blütezeit zwischen 1870 und 1920 in England und den USA. Die Bewegung entstand als Suche nach einem authentischen Stil für das 19. Jahrhundert und als Reaktion auf den Historizismus der viktorianischen Ära und die seelenlosen, Maschinen-gemachten Produkte der Industriellen Revolution. Von weiten Teilen ihrer VertreterInnen wurden die Maschinen als Wurzel allen Übels angesehen. Daraus ergab sich eine Rückbesinnung auf die Qualitäten des Handwerks. Um die dem Handwerk innewohnende Schönheit zum Ausdruck zu bringen, wurde den Objekten ein rustikales und robustes Aussehen gegeben. Die zentralen Merkmale der Arts-and-Crafts-Bewegung, Einfachheit und ernsthafter Umgang mit dem Material, beeinflussten Bewegungen wie Art Nouveau, Wiener Sezession, Wiener Werkstätte und Bauhaus stark.

5 Smith, Joan: Different for Girls. How Culture Creates Women. London: Vintage 1998.

6 Der Soziologe Fred Davis führt diesen Begriff in seiner Kulturanalyse »Fashion, Culture and Identity« ein. ›Anti-Fashion‹ eckt an, stellt das herrschende Modediktat auf den Kopf und entwirft, statt einem stereotypen Schönheitsbild zu folgen, subversive Gegenbilder, die durchaus tragbar sind, aber auch gerne mal aus allen Nähten platzen und sich allem voran den Stiefkindern der Mode annehmen – ›Sizism‹, ›Racism‹ und ›Ageism‹.

7 Hollows, Joanne: Feminism, Femininity and Popular Culture. Manchester: Manchester University Press 2000.

8 hooks, bell: Black Looks. Race and Representation. Boston: South End Press 1992.

9 Scott, Linda: Fresh Lipstick. Redressing Fashion and Feminism. Basingstoke: Palgrave Mac Millan 2005.

10 Butler, Judith: Gender Trouble. Feminism and the Subversion of Identity. New York/London: Routledge 1990.

11 Siehe dazu Judith ›Jack‹ Halberstams Werke »Female Masculinity« (Durham, N. C.: Duke University Press 1998), »The Drag King Book« (London: Serpent's Tail 1999) und »In a Queer Time and Place: Transgender Bodies, Subcultural Lives« (New York: New York University Press 2005).

12 Siehe dazu Barbara Vinkens Werke »Mode nach der Mode. Kleid und Geist am Ende des 20. Jahrhunderts« (Frankfurt am Main: Fischer 1993) und, als Herausgeberin, »Dekonstruktiver Feminismus. Literaturwissenschaft in Amerika« (Frankfurt am Main: Suhrkamp 1992).

13 McRobbie, Angela: Zoot Suits and Second-Hand Dresses: an Anthology of Fashion and Music. London: Routledge 1989.

14 McRobbie, Angela: Bridging the Gap. Feminismus, Mode und Konsum. In: Engelmann, Jan (Hg.): Die kleinen Unterschiede. Der Cultural Studies-Reader. Frankfurt am Main: Campus 1999, S. 202-227.

15 Siehe dazu Wolfe, Tom: Radical Chic & Mau-Mauing the Flak Catchers. New York: Farrar, Straus and Giroux 1970.

16 Siehe dazu unter anderem Sheila Rowbothams Werke »Hidden from History: 300 years of Women's Oppression and the Fight Against it« (London: Pluto 1973) und »A Century of Women: The History of Women in Britain and the United States« (New York: Viking 1997).

17 Phizacklea, Annie: Unpacking the Fashion Industry. Gender, Racism, and Class in Production. New York/London: Routledge 1990.

18 Tate, Eunice Heath: On the Wings of Morning, Holding Back. In: Meridians: Feminism, Race,

Transnationalism. Band 4, Ausgabe 2. Bloomington: Indiana University Press 2004, S. 236–238.

19 Rivoli, Pietra: Reisebericht eines T-Shirts. Ein Alltagsprodukt erklärt die Weltwirtschaft. München: Econ 2006.

20 Der Ratgeber für die Manteltasche »Ladendiebstahl leicht gemacht« ist ein selbst verlegtes Zine, das die Band x Störenfrieda x zusammen mit selbst gemachten Band-Shirts, CDs und Platten bei ihrem Konzert im Rahmen des Ladyfests Stuttgart-Esslingen (2004) im inzwischen geräumten, damals noch besetzten OBW 9 verkauft bzw. getauscht hat.

21 In spanischem Slang bedeutet der Ausdruck yomango »ich stehle«. Genauer betrachtet setzt sich »Yomango« aus zwei Wörtern zusammen: »yo« steht im Spanischen für »ich« und »mango« ist eine Anspielung auf den spanischen H&M-Verschnitt Mango, eine Modekette, die inzwischen auch in den hiesigen Fußgängerzonen äußerst präsent ist.

22 Smith, Courtenay und Topham, Sean: Xtreme Fashion. München: Prestel 2005, S. 36.

23 Elizabeth Pickens im E-Mail Interview mit der Autorin vom 08.10.2006.

24 Im Juni 2004 organisierte Ines Doujak zwei Foto-Workshops mit älteren Frauen, einer in Spanien, der andere in Österreich. Die Teilnehmerinnen beider Workshops wurden eingeladen, im Plenum über gängige Schönheitsideale und das eigene, alternde Körperbild zu reflektieren. Am ersten Workshoptag arbeiteten die Frauen paarweise zusammen. Während die einen erzählten, wie sie sich selbst im Alter von 15, 40 und 70 Jahren fühlten, fungierten die anderen als Spiegelbild der verschiedenen Lebensabschnitte und wurden bei der pantomimischen Darstellung des Erzählten abgelichtet. Am darauf folgenden Tag wurden diese Fotografien zum einem auf ein Arrangement von weißen Kuben projiziert, wodurch der Eindruck verzerrter, durchbrochener Körperbilder entstand. Zum anderen wurden die Fotodokumentationen vom Vortag auf die Körper komplett weiß bekleideter Workshopteilnehmerinnen projiziert. Diese konnten durch ihre eigenen Bewegungen selbst entscheiden, welche Bilddetails auf ihren Körpern besonders zur Geltung kommen sollen. Ziel war es, die projizierten, durchbrochenen bzw. bewegten Bilder abzulichten und auf Kleidung zu drucken.

25 Cloed Baumgartner betreibt seit 1998 das Label MILCH, nicht nur als Mode-, Gwand- und Outfitmacherin, sondern auch als Sound- und Kunstproduzentin. Die gebürtige Schweizerin, die derzeit in Wien lebt und dort unter anderem die Boutique Gegenalltag im Wiener Museumsquartier betreibt, ist selbst Autodidaktin auf dem Gebiet der Mode. Seit 2004 organisiert sie einmal im Jahr den Modepalast, eine internationale Messe für progressives Klamottendesign.

26 s. *www.enidcrow.com/feministfashion* [letzter Zugriff: 29.07.2007].

27 Enid Crow im E-Mail-Interview vom 10.10.2006.

Bettina Mooshammer, Eva Trimmel

LADYFEST CAN SAVE YOUR LIFE!

Ladyspace als Strategie feministischer Raumproduktion

Für mich[1] hat alles in Hamburg begonnen. Im August 2003. Ladyfest in der Hansestadt. Damals kannte ich das Ladyfest nur aus Erzählungen von Freundinnen, die 2000 beim allerersten Ladyfest in Olympia waren. Die Glücklichen! Ich kann mich noch erinnern, wie euphorisiert sie damals zurückgekommen sind. Mit vielen CDs im Gepäck. Und Geschichten von Menschen, die sie dort getroffen und kennen gelernt haben. Aber so ganz verstanden habe ich ihre Euphorie damals trotzdem nicht. Dann wurde ich überredet, mit nach Hamburg aufs Ladyfest zu kommen. Rückblickend muss ich sagen: Was für ein Glück! Ladyfest changed my life.

Aber was ist eigentlich ein Ladyfest? Der Begriff steht für ein feministisches Kunst- und Kulturfestival, bei dem es einerseits um die (Re-)Präsentation des Kunstschaffens von Frauen, Lesben und Transgenderpersonen, andererseits aber auch um eine Auflösung der Geschlechtergrenzen geht. Das Festival wird nach dem Do-It-Yourself-Prinzip organisiert. Das bedeutet, dass es keine professionellen Veranstalterinnen gibt.

Eingeladen zum Besuch des Festivals sind ›Ladies of all Genders‹. Im Zusammenhang mit dem Ladyfest bezieht sich der Begriff ›Lady‹ weder auf das Geschlecht noch auf den sozialen Status. Es geht darum, durch die Selbstbezeichnung ›Lady‹ den Respekt, der konventionellerweise einer ›Lady‹ entgegengebracht wird, für sich einzufordern.

Das erste Ladyfest fand im August 2000 im amerikanischen Olympia statt – dem Collegestädtchen an der Nordwestküste, das zu Beginn der 1990er-Jahre als Geburtsstätte von Riot Grrrl berühmt geworden war. Dort traten Artists wie Sarah Dougher, Sleater-Kinney, Bratmobilie, The Butchies, The Gossip und viele andere auf, um zu zeigen, dass die politischen und künstlerischen Positionen, die zum ersten Mal vom Riot Grrrl Movement konzipiert wurden, noch lange nicht irrelevant waren, sondern sich im Laufe der Zeit weiterentwickelt hatten. Der Anspruch dieses neuen Festivals wurde so formuliert: »Ladyfest is a non-profit, community-based event designed by and for women to showcase, celebrate and encourage the artistic, organizational and political work and talents of women. It will feature performances by bands, spoken word artists, authors, visual artists and more!!! It will include workshops, panels, and dance parties. This is a woman-run event but all are welcome to attend.«[2] Seit damals hat sich die Idee wie ein Lauffeuer auf der ganzen Welt verbreitet, so dass mittlerweile weit mehr als 100 Ladyfeste an so verschiedenen Orten wie Halifax, Jakarta, Johannesburg, São Paulo, Honolulu oder Timisoara statt gefunden haben.

Dass ein Ladyfest mehr bedeutet, als ein paar Konzertabende mal ausnahmsweise von Frauen auf der Bühne bestreiten zu lassen, habe ich in Hamburg mit eigenen Augen gesehen. In vier Tagen, die voll gepackt waren mit Vorträgen, Lesungen, Ausstellungen und Workshops. Und natürlich Konzerten – großartigen Konzerten. Alles drehte sich um Themen, die mich brennend interessierten beziehungsweise von denen ich noch gar nicht wusste, dass sie mich interessieren könnten. Dazu kamen die vielen Gespräche mit Menschen, die sich mit den gleichen Fragen herumschlugen und die dieselben Sachen zur Weißglut brachten. Auf diese Art und Weise entstanden für mich Netzwerke, von denen ich ein Teil wurde und die noch immer aktiv sind. Immer stärker wurde der Wunsch, solch ein Zusammentreffen von so vielen tollen Menschen und Ereignissen auch in der eigenen Stadt, in Wien, zu veranstalten.

D.I.Y.

Hinter dem Ladyfest-Konzept (so es eines geben sollte) steht der D.I.Y.-Gedanke, der besagt: Wenn *du* ein Ladyfest in deiner Stadt haben willst, musst *du* es stattfinden lassen. Genauso funktionierte es dann auch. Wie in einem Schneeball-System wurde die Idee von den BesucherInnen vorangegangener Ladyfeste immer weiter verbreitet, bis sie schließlich auch ihren Weg nach Wien fand.

September 2003. Ein Abend mit female DJ-Line in einem Lokal am Wiener Praterstern. Vier Frauen tauschten ihre Ladyfest-Erlebnisse aus.

Es dauerte nicht lange, und schon fand eine E-Mail mit dem Aufruf zum ersten Ladyfest-Plenum ihren Weg über die verschiedenen persönlichen E-Mail-Verteiler.

Nachdem zum ersten Plenum über 30 Frauen gekommen waren, war klar, dass es 2004 ein Ladyfest in Wien geben würde. Aber jetzt hieß es, die verschiedenen Ideen, Wünsche und Meinungen zu diskutieren. Es galt, nach Lösungen zu suchen, wie diese große Gruppe arbeitsfähig bleiben könnte – ohne zu viele Kompromisse, die auf Kosten der Vielfalt gehen würden. Denn es war der Orga-Gruppe sehr wichtig, die unterschiedlichen Konzepte und Überlegungen nicht auf den kleinsten gemeinsamen Nenner zurückzukürzen, sondern zu versuchen, ein Abbild von der Heterogenität der Gruppe mit ihren unterschiedlichen Vorstellungen von Feminismus im Programm widerzuspiegeln.

Fragen

Und ob es unterschiedliche Vorstellungen gab: Unzählige Fragen, die es zu diskutieren galt.

Wer ist eine ›Lady‹? Was macht eine ›Lady‹ aus? Wer soll/darf in der Organisation mitmachen? Wen wollen wir bei den Veranstaltungen haben? Wer bekommt Platz auf der Bühne? Nach welchen Kriterien legen wir unsere Einladungspolitik aus?

Wie breit soll das Ladyfest nach ›außen‹ dringen? Wer oder was ist unser ›Außen‹? Gibt es überhaupt ein ›Wir‹? Wenn ja, wie definieren wir uns? Und wen schließen wir damit wieder aus?

Wie soll das Ladyfest finanziert werden? Wollen wir Geld vom Staat? Wenn ja, welchen ›Preis‹ müssen wir dann dafür ›bezahlen‹? Oder wählen wir den Weg über Soli-Partys, womit wir uns aber dem Vorwurf aussetzen, wir würden die eigene Community schröpfen?

Wie gehen wir mit Medien um? Auf welche gehen wir aktiv zu und welche versuchen wir zu meiden? Haben wir das überhaupt selbst in der Hand? Wie können wir sie ›austricksen‹, damit sie in unserem Sinne berichten?

Welche Räume wollen wir? Nur die, die uns politisch nahe stehen? Welche Abstriche müssen wir machen, wenn wir kommerzielle Räume nutzen? Hat der physische Raum einen Einfluss auf das, was in ihm passiert? Was für Räume wollen wir schaffen? Wie definieren wir diese?

Ja, viele Fragen. Und ›richtige‹ oder ›falsche‹ Antworten oder Entscheidungen gibt es hier nicht. Da das Ladyfest nach dem D.I.Y.-Prinzip organisiert wird, hängen die Entscheidungen bezüglich dieser ganzen Fragen immer von den vor Ort Organisierenden ab. Deshalb kann ein Ladyfest in der einen Stadt zum Beispiel autonom organisiert sein und sich hauptsächlich in besetzten Häusern abspielen, woanders wiederum werden möglicherweise private oder öffentliche SponsorInnen gesucht und kommerzielle Orte genutzt.

Was aber alle Ladyfeste gemeinsam haben, ist der Anspruch, das kreative Schaffen von Frauen auf eine Repräsentationsebene zu heben, die ihnen im Malestream oft verwehrt bleibt. Wobei schon in dieser Aussage ein wichtiger Diskussionspunkt steckt. Die Kategorie ›Frau‹ wird nämlich radikal hinterfragt, weil das Streben nach einer Auflösung der Mann-Frau-Dichotomie ein wichtiges Anliegen des Ladyfests ist. Es ist eine heikle Gratwanderung zwischen zwei Ansprüchen, die sich eigentlich widersprechen. Ein Lösungsansatz für dieses Dilemma ist oft, das Ladyfest über die (sozialen) Räume zu definieren, die es schaffen will.

Ladyspace

In diesem Zusammenhang stellten sich ganz spezifische Fragen: Welche diese Räume sind, wer sie sich nimmt, was in ihnen passieren soll und was nicht passieren darf. Welche Bedingungen ein Raum erfüllen muss, beziehungsweise welche Kriterien eine Umsetzung des Ladyfest-Konzeptes unterstützen und welche sie behindern. Es ist klar, dass der jeweilige Hintergrund das Geschehen vor Ort deutlich mitprägt und so auch unterschiedliche Möglichkeiten zur Raumaneignung bietet. Ja, sogar unterschiedliche Strategien der Raumaneignung verlangt. Weiter steht fest, dass Räume nicht einfach nur leere Behälter sind, sondern immer bereits von den vorangegangenen Ereignissen mitgeprägt werden. Deshalb ist es wichtig, Raum als einen gesellschaftlich produzierten ›Space‹ zu begreifen. Das Ladyfest versucht mit seinen Strategien der Raumaneignung eine Verschiebung in der Produktion des sozialen Raumes zu bewirken. In der Theorie ist das so weit einleuchtend. Aber was bedeutete das nun konkret?

Als Hauptanliegen in der Auseinandersetzung mit der Aneignung von Raum kristallisierten sich folgende Punkte heraus: Was unterscheidet die

Räume des Ladyfestes in letzter Konsequenz von anderen Räumen? Dass das Publikum das Geschehen im Raum mitbestimmt, ist logisch und auch bei jeder anderen Veranstaltung so. Aber worin liegt der Unterschied, das Besondere? Ist es möglich, über die Zeitspanne des Ladyfestes hinaus etwas in der Produktion des sozialen Raumes zu verändern, und wenn ja, warum und wie? Welche Strategien kommen hier zur Anwendung? Und auf welchen Ebenen greifen diese?

Beim Ladyfest geht es eben nicht nur darum, dass Frauen auf der Bühne stehen oder dass das künstlerische Schaffen von Frauen repräsentiert wird, sondern dass sie auf jeder Ebene über ihren Raum bestimmen. Das fängt bereits mit dem Gebrauch von Sprache an. So wurden für den Zeitraum des Ladyfestes 2005 in Berlin der Künstlerbund in Künstlerinnenbund und 2004 in Wien die Künstlerhauspassage in Künstlerinnenhauspassage umbenannt.

Auch über die Einladungspolitik versucht das Ladyfest, Räume zu schaffen, die offen sind für alle, die sich als ›Lady‹ davon angesprochen fühlen. Daher macht es keinen Sinn, Ausschlüsse aufgrund von Geschlecht zu treffen. Viel eher geht es darum, die Räume darüber zu definieren, was in ihnen erwünscht ist und was nicht. Sexismus oder Homophobie haben hier keinen Platz. Durch diesen gemeinsamen Anspruch soll es möglich sein, innerhalb des Publikums Allianzen zu bilden und gemeinsam unangenehme Situationen aufzulösen. Ein ganz wichtiger Punkt dabei ist auch die eigene Vorstellung von Raumanspruch. Wenn ich zum Ladyfest gehe und aufgrund des konzeptionellen Hintergrundes bereits eine andere Vorstellung von meinem Anspruch auf Raum habe, ermöglicht dieser mir auch ein anderes Handeln. So gehe ich zum Beispiel nach vorne zur Bühne, weil ich das Konzert aus der ersten Reihe sehen will. Wenn sich dort eine 1,90 m große Person vor mich stellt, suche ich mir nicht selbst einen neuen Platz, sondern bitte ganz einfach die Person, etwas zur Seite zu gehen. Sehr gut eignet sich in so einer Situation auch ein Aufkleber mit dem ironischen Spruch: »Ich bin so groß und deshalb stehe ich auch ganz vorn!«, um ihn besagter Person anzuheften. Es geht nicht darum, auszuweichen, sondern aktiv das Umfeld für mich selbst so zu gestalten, dass ich meinem eigenen Raumanspruch gerecht werde. Dabei wird auch klar, dass der eigene Platz im physischen Raum eng mit der Vorstellung der eigenen Stellung im sozialen Raum verbunden ist.

Über die Auseinandersetzung mit diesem Thema ist mir bewusster geworden, welche Räume mir zugesprochen werden und welche mir eher verschlossen bleiben. Ebenso wie ich angefangen habe, in alltäglichen Situationen wie zum Beispiel in der U-Bahn darauf zu achten, wer sich wie viel Raum nimmt – und darauf dementsprechend zu reagieren.

Es geht darum, Situationen nicht mehr als gegeben hinzunehmen, sondern im Austausch mit anderen Strategien zu entwickeln, die es ermöglichen, über den eigenen Raum zu bestimmen. Aber viel wichtiger noch war für mich, dass sich über das Ladyfest mein Anspruch auf Raum verändert hat.

Diese persönlichen Erfahrungen sind natürlich nur kleine Ausschnitte aus dem großen Komplex, den das Ladyfest umspannt. Das Festival läuft auch auf vielen anderen Ebenen ab, wie über Repräsentationsstrategien, die Aneignung und Vermittlung von Praktiken und Wissen oder die Bildung von Netzwerken. Und genau hier liegt auch das Potenzial des Ladyfestes: dass es auf so vielen unterschiedlichen Ebenen Veränderungen bewirken kann.

ANMERKUNGEN

1 Das Autorinnen-Ich ist im gesamten Text trotz unterschiedlicher individueller Erfahrungen der beiden Verfasserinnen als ein kollektives zu verstehen.
2 s. *www.ladyfest.org/index3.html* [letzer Zugriff 03.08.2007]

Pia Thilmann

SPIELREGELN FÜRS MÄNNERMIMEN

Drag Kings in der Populärkultur

1. Drag Kings spielen gerne

Sie spielen Männer und spielen mit Männlichkeit: Drag Kings sind auf dem Vormarsch. Aus der New Yorker Club-Kultur haben sie es bis nach Konstanz geschafft, nach amerikanischen und englischen Drag Kings stellen sich auch die Herrenimitatoren im deutschsprachigen Raum selbstbewusst zur Schau.

Grundsätzlich neu ist Male Drag nicht als Technik, als (Ver-)Kleidung oder als Ausdruck von Geschlechtsidentität. Was neu ist, ist die Haltung, die damit einhergeht, und die ausdrückliche Selbstbehauptung durch Maskerade und Performance.

In ihren Auftritten verkörpern Drag Kings verschiedene Männlichkeiten, persiflieren Popstars, imitieren Idole oder führen lächerliche Gestalten vor. Sie treten auf in Szenekneipen und Nachtclubs, auf Kleinkunstbühnen und Straßenfesten, sind bei CSDs als Fußtruppe präsent oder veranstalten ihre eigenen Partys. Die Vielfalt der verwendeten Techniken, Kunstformen und Strategien ist groß, die Verschiedenheit an Stilen und Motivationen ebenfalls. Die knappe Formel »Drag Kings sind (lesbische) Frauen, die Männer darstellen« greift zu kurz, denn Drag Kings können auch (biologische) Männer sein. Das Entscheidende ist die Darstellung von Männlichkeit und die Betonung des Aufführungscharakters. Frei nach dem Motto »Schaut mich an, ich bin der Mann, den ich mir selbst gebastelt habe«, geben Kings eine Proklamation und zugleich Bauanleitung für andere ab, zelebrieren die öffentliche De- und Konstruktion und Eroberung von sonst als ungeschminkt geltendem Männer-Raum.

Drag Kings bewahren sich dabei in den meisten Fällen ein Augenzwinkern. Ihr Schillern erlaubt ihnen, sich nicht ganz festlegen zu müssen, ihr Spiel ist nah an Spaß und Ironie. Im Gegensatz zum Klischee der frustrierten männerhassenden Lesben oder der verbitterten Transmänner, die ihre ›wahre‹ Männlichkeit mehr verteidigen müssen, sind Drag Kings als Spieler bekannt. Sie stehen auf den Bühnen und im richtigen Leben, und wer und was da ›wirklich‹ ist, spielt kaum eine Rolle.

Die These, dass sich Veränderungen, die auf den Bühnen stattfinden, später auch in der Breite der Gesellschaft wiederfinden können, ist gewagt. Im Allgemeinen ist die Sichtbarkeit von homosexuellen Menschen in den letzten 20 Jahren enorm gestiegen, gesamtgesellschaftlich hat sich ihr Status spürbar verändert. Aber in New York, wo die Drag-King-Kultur ihren ersten Höhepunkt erlebte, sind heute fast keine mehr übrig. Nur von Murray Hill (benannt nach einem Stadtteil in New York, *www.mrmurrayhill.com*) hört man noch, ein Comedy-Profi, der mit seiner Kandidatur für das Bürgermeisteramt Bekanntheit erreichte. Auch wenn sie nicht dauerhaft als Bühnenstars bestehen können, hinterlassen Drag Kings dennoch Spuren und Mikroveränderungen. Alleine die Tatsache, einen Drag King mit eigenen Augen gesehen zu haben, ist ein Erlebnis für die meisten ZuschauerInnen, für die dadurch ein ganz neuer Denk- und Spielraum zwischen den Geschlechtern eröffnet wird. Dass es möglich ist, Männlichkeit darzustellen, und dass es ziemlich einfach ist, was die technischen Mittel angeht – dass nicht viel mehr als etwas Kleber, Wollkrepp und alte Klamotten völlig ausreichen –, ist eine Erkenntnis, die in unseren Breiten neu ist und die sich im unmittelbaren Erleben am besten einfangen lässt.

Wenn sich Drag Kings als Teil einer alternativen Gegenkultur verstehen, heißt das dann, dass sie nur wenige AnhängerInnen haben können?

Die Ambitionen einiger Performender, den Durchbruch in den Mainstream zu schaffen, sind bisher noch nicht erfüllt worden. Die Sehnsucht nach großem Publikum und großem Geld treibt viele BühnenkünstlerInnen an, da unterscheiden sich Kings nicht von anderen UnterhaltungskünstlerInnen.

Das Fernsehen verspricht, ein großes Publikum zu erreichen. Wenn Nachtmittagstalksendungen Geschlechterchamäleons einladen und das Publikum raten lassen, wer echt und wer falsch ist, sind die Bedingungen dieses Spiels grundsätzlich andere als bei Szene-Events. Die Verkleidung muss in diesem Konzept scheitern, um dem Publikum den Spaß der Entblößung zu geben – auch wenn ›der Falsche für echt gehalten wird‹, muss unweigerlich die Auflösung des Ratespiels folgen und seine Illusion demontiert werden.

Es gibt allerdings Drag-King-Einsprengsel in populären Formaten, die tatsächlich ein größeres Publikum erreicht haben. Erfolgreich war z. B. das Video »Inner Smile« der Band Texas, in dem die Sängerin Sharleen Spiteri als Elvis auftritt und dem Superstar ihrer Kindheit so eine Reverenz erweist. Die Inszenierung wirkt so gut, dass sich sogar eingefleischte Elvis-Fans erkundigten, wo denn dieses neue Bildmaterial aufgetaucht sei?

Elvis als King of Kings wird von Drag Kings öfters zitiert und verehrt, u. a. von Elvis Herselvis, die im »Drag King Book« von Del LaGrace Volcano abgebildet ist.

Die Fotos von Del (*www.dellagracevolcano.com*) waren für lange Zeit die einzigen Bilder von Kings, die in Buchform erhältlich waren und daher sehr weit verbreitet sind. Erstmals 1999 erschienen, kursierten die Portraits überwiegend amerikanischer und britischer Drag Kings und prägten maßgeblich das Bild, wie Kings denn aussehen. Die Londoner und New Yorker Szene ist eingefangen in Clubs, nachts unterwegs, im Diner oder im Freien. Del LaGrace Volcano als Künstler und Aktivist zugleich kann sich in der Szene bewegen und sie den Betrachtenden von nahem zeigen. Seine Bekanntheit trug die Bilder so weit, dass sie gar in einer Folge von »Sex and the City« verwendet wurden. Dort stellt Charlotte, die Galeristin, einen Fotografen aus, der sich auf Drag- und Transgenderbilder spezialisiert hat. In der TV-Fassung ist er allerdings ein schmieriger heterosexueller Mann, der sich an Charlotte heranmacht und sie zum Shooting überredet. Wir sehen dann sogar Charlotte in Drag, die von dem Fotograf befummelt wird und sich ihren Schnurrbart abreißt, bevor sie ihn küsst. In dieser Version der Crossdresser-Geschlechterinszenierung bleibt nichts Subversives mehr: Sie ist ganz und gar unbedrohlich und tastet die Erwartungen, wie Hetero-Sein geht und wer was machen darf, nicht an. Die großen Abzüge von den Drag Fotos sind hier nur Hintergrund, Dekoration und Staffage. Von der Drag-King-Community, Volcanos persönlichen Engagement gegen Geschlechternormen oder auch nur einfachstem Dyketum bleibt keine Spur.

Das Tauschen der Geschlechterrollen wird so wie im Karneval als folgenlose Überschreitung präsentiert. Die reale Bedrohung, mit der Menschen konfrontiert sind, die aus der üblichen binären Ordnung heraustreten, wird ausgeblendet. Und auch die Sprengkraft, die der Sichtbarkeit solcher alternativer Entwürfe innewohnt, weil sie der schweigenden Mehrheit zeigen, dass es auch anders ginge, wird verdeckt.

Die Erkenntnis, dass die Geschlechterordnung eine kulturelle Inszenierung und kein Naturgesetz ist, bleibt den Zuschauenden und den Performenden ja auch nach Ende der Performance erhalten – da verliert das Spiel doch noch seine Unschuld.

2. Drag Kings spielen sich gerne auf

Spaß an Unterhaltungsdarbietungen können viele haben, auch wenn sie vielleicht nicht bemerken, dass es sich bei den hüpfenden Gestalten vorne auf der Bühne um Drag Kings handelt. Es kommt durchaus vor, dass nur Teile des Publikums wissen, wem sie da zujubeln, und neben Leuten stehen, die eben zufällig an der Bühne vorbeikommen und mitfeiern. Die Show an sich, sei es Gesang, Tanz, Comedy oder anderes, funktioniert auch ohne das Wissen um die Geschlechterdarstellung der Performenden. Der Genuss für die Zuschauenden ist allerdings höher, wenn sie sich identifizieren können, und zwar genau mit dieser selten gezeigten Form der geschlechtlichen Überschreitung.

Eine ziemlich erfolgreiche Nummer der Drag-King-Gruppe Kingz of Berlin ist »Die drei Tenöre« – denkbar einfach in der Choreografie, stehen drei Kings im Smoking nebeneinander und lipsynchen »O sole mio«. Einfacher geht's kaum, und doch ist diese Nummer ein Publikumserfolg (*www.kingzofberlin.de*).

Der Kontrast zwischen der sogenannten Hochkultur und dem Kontext der Aufführung betont die Künstlichkeit. Die Übertreibung der Posen der Tenöre macht Spaß – sie aufzuführen und anzusehen gleichermaßen. Man kann lachen über seltsam singende Männer oder über Verrückte, die es wagen, sich mit den bürgerlichen Superstars zu messen und so tun, als würden sie deren Arien singen. Sie spielen sich unglaublich auf, die Herren!

Die Anlehnung an populäre Vorlagen ist unter Drag Kings weit verbreitet. Zum einen ist es praktisch und einfach, mit einigen markanten Zeichen bestimmte Typen oder Stars zu umreißen. Da reicht schon eine Brille, ein Hut oder andere kleine Accessoires, um »Wissenschaftler«, »Elton John« oder »Blues Brother« klarzumachen, ohne dies explizit aussprechen zu müssen.

Die Wiedererkennbarkeit macht den Erfolg. In der King-Version geschieht dann etwas Paradoxes: Jemand stellt sich außerhalb der Ordnung, die sonst gilt, überschreitet die Erwartungen und Rollenzwänge, und ist dabei doch ganz gut ›im System‹ aufgehoben, indem er die bestehenden Konventionen nicht ganz zerschlägt, sondern transformiert und für eigene Zwecke nutzbar macht. Der King verlässt die Geschlechterordnung und die ihm als Frau zugewiesenen Erwartungen. Er tauscht sie ein gegen die Erwartungen, wie man sich als Elvis bewegt, wie ein Wissenschaftler redet, usw.

Wenn der Drag-Performer die Welt der Popstars und Stereotypen ganz verlässt, wird es schwieriger, seine Darbietung zu verstehen. Wer ist das denn? Was soll das? Solche Fragen stellen sich nicht, wenn klar erkennbar ist, dass ein Bezug zur populären Kultur vorliegt.

Das Radikale an Drag Kings ist ihr Potenzial, die Grundfesten der patriarchalen Ordnung zu unterminieren, ganz einfach indem sie zeigen, dass jede(r) ein Mann sein kann. Jede(r) kann sich die Insignien der Macht aneignen und sich auf die Seite der Privilegierten stellen, ohne um Erlaubnis fragen zu müssen oder lange Umwege über komplizierte Verfahren der sogenannten geschlechtsangleichenden Operationen nehmen zu müssen. Wer aussehen kann wie ein Mann, *ist* einer – zumindest in der konkreten Situation. Die ›echten‹ Männer haben keinen Vorsprung, außer vielleicht die längere Übung in ihrer Männlichkeits-Performance. Und die lässt sich leicht vermitteln. In Workshops wird das Wissen um die Techniken des Bartklebens, des Brustabbindens und der Kleidungswahl weitergegeben. Zwischen zwei Stunden und zwei Tagen dauern diese ›Fortbildungen‹, und danach können alle Teilnehmenden losziehen in die Stripbars, zu den Vorsprech-Terminen oder in den Nachtbus. Sie können die Räume, die ihnen bisher verschlossen waren, erobern – und ihr gestärktes Ego auch im Alltag ›als Frau‹ benutzen.

So lautet der Ansatz der Drag-King-Veteranin Diane Torr, die seit über 20 Jahren solche Workshops veranstaltet (*www.dianetorr.com*). Inzwischen gibt es auch andere VeranstalterInnen mit eigenen Konzepten, z. B. ausdrückliche Genderfuck-Workshops, deren Ziel nicht mehr die »perfekte Imitation« ist, sondern die Verwirrung, Zwischenräume und Experimente bevorzugen (*www.sissyboyz.de*).

Hier unterscheiden sich städtische und ländliche King-Kulturen allerdings. Während in den Großstädten zum Teil mehrere Truppen parallel existieren, viele Veranstaltungen stattfinden und sich Kings als kollektives Phänomen entwickeln können, sind die Drag Kings auf dem Lande deutlich isolierter und auf sich alleine gestellt. Die Exponiertheit als Einzelne ist anstrengender, wenn der Rückhalt einer unterstützenden Gruppe fehlt. Aber auch die Helden der Provinz haben ihre Netzwerke, z. B. im Internet oder über Fanzines gefunden, reisen begeistert in größere Städte zu den einschlägigen Events und sind als markante Figuren in ihren lokalen Szenen sehr profiliert.

3. Drag Kings spielen gerne an sich rum

Sexuelle Konnotationen sind bei derart stark geschlechtlich kodierten Spielen natürlich mitgemeint. In der Szene werden Kings als sexy und cool gefeiert, sie legen Wert auf ihren Look und bieten dem Publikum aus dramaturgischen Gründen bewusst anheizende Unterhaltung, wenn sie dafür gebucht werden.

Wenn die Fans jubeln und schreien, weil sie wissen, dass der George Michael da vorne seinen Dildo sehr gekonnt einsetzen kann, preisen sie die unterstellte sexuelle Kraft genauso wie die eigentliche Performance.

Witzeleien über die Größe des Geschlechts oder Dildos sind Thema interner Gespräche, werden aber auch in den Shows explizit behandelt. Bis zum absurd großen aufblasbaren Riesendildo kann man den Scherz treiben, oder in Nummern mit dem Vorhandensein von verschiedenen Genitalien und Prothesen spielen, eine sexy ›Auflösung‹ bieten oder unerwartete Kombinationen konstruieren.

Der Griff ans Gemächt ist als Geste durch Michael Jackson und andere Musiker berühmt geworden, hat aber, ausgeführt von einem Drag King, immer noch einen Dreh mehr an Bedeutung. Der besondere Reiz des Sexuellen, des Spiels mit sexuellen Klischees und die Betonung des Genitalen liegt in der als befreiend empfundenen Umkehrung von Belästigungen, die alle aus dem Alltag kennen.

Zudem überlappen sich bei King-Events die verschiedenen Szenen. Die sicher größte Fraktion der Fans wird von Lesben gestellt, aber auch Schwule können sich an Kings erfreuen – bis zum Strip im Männerclub geht das Repertoire einiger Herrendarsteller. Sie umspielen das ›verbotene Begehren‹ zwischen Lesben und Männern. Andere neigen eher der Hetero-Macker-

Seite zu und zelebrieren ihre Machoposen, vielleicht sogar mit weiblicher Staffage – und die meisten sind irgendwo mittendrin.

Die Spanne zwischen dümmlichen Mackern, ironischen Witzbolden und verehrenden Kings, die ihren Idolen huldigen, ist weit. Allen ist gemeinsam, dass sie Geschlecht als Zeichen verwenden, dass sie deutlich machen »ich tue das als Mann«, wenn sie etwas tun, und dadurch Gesten, Songtexte, ihren Körper oder was auch immer in neue Kontexte stellen können.

4. Ziel des Spiels

Drag Kings überschreiten Grenzen, genießen die Lust am Verbotenen, frönen der Selbstinszenierung und haben dabei jede Menge Spaß.

Sie nutzen die Kraft des Spiels, des Lachens, des Tanzes und betreiben keinen Politaktivismus im klassischen Sinne mit Handzetteln, Demonstrationsmärschen und Unterschriftenlisten. Trotzdem arbeiten viele daran, die Machtstrukturen zu verändern und Geschlechtergrenzen aufzulösen, um mehr Menschen ein selbst bestimmtes Leben zu ermöglichen – ›Edutainment‹ im wörtlichen Sinne!

Problematisch ist ihr Bezug zum Populären, wenn sie die sexistischen, rassistischen oder anderen abwertenden Grundhaltungen, die schon vorgezeichnet sind, nicht bearbeiten, sondern einfach übernehmen. Wenn es ihnen jedoch gelingt, durch ihre Performances Varianten aufzuzeigen und dabei gleichzeitig eine kritische Position zu formulieren, können sie sich in die Wiederholungen der Kulturmaschine einschreiben. Durch ihre politische und künstlerische Arbeit vergrößern sie die Spielräume auch im ›richtigen Leben‹ und sorgen dafür, dass die Geschlechternormen in Frage gestellt und weniger ernst genommen werden.

Britta Hoffarth

BABY, BE MINE

Mutter-Sein und D.I.Y.-Musik – Widersprüche in brüchigen Strukturen

Nur halbe Sachen. Dies ist ein Text über halbe Sachen, mit halben Sätzen darüber, wie man halbe Sachen macht. Er selbst ist unvollständig, eine halbe Sache, wie alles eben. Zu spät entstanden, zu stockend, weniger beachtet als angemessen gewesen wäre. Aber halbe Sachen sind meist hinten offen. Wenigstens tun sie nicht so, als seien sie vollständig.

Nicht so einfach, etwas zu einem strukturellen Phänomen zu erklären, das so persönlich und unbedeutend ist wie die eigene Geschichte.

Leider hat das Kind meine Schusseligkeit geerbt, erlernt, whatever, und ist nicht so korrekt wie sein abwesender Vater. Wir zwei, das Kind und ich, vergessen oft die wichtigsten Sachen, worin sich zeigt, wie wenig wichtig sie uns sind. Schulbücher, Schlüssel, Elternabende. Ein zweites Paar Socken. Wichtiger: der neue Lego-Truck und die neue Gitarre, Karten für das Spiel Arminia-Aachen oder der nächste Auftritt.

Es ist nicht so leicht zu beschreiben, unter welchem Druck du stehst, beides zu trennen und gleichzeitig mit voller Leidenschaft zu befeuern. Rock'n'Roll entpuppt sich in der Familie als Mythos, der nur sehr schwer am Rotieren gehalten werden kann, die Familie im Rock'n'Roll als peinliches Appendix. Quatsch und Pathos liegen nah beieinander und es erfordert Reflexion und Dumpfheit zugleich, sie geschehen zu lassen. Konsequenz ist ein Fremdwort, es sei denn man beachtet die Neurosen.

Ich kann eine sehr nervtötende Mama sein, das weiß ich, das Kind sagt's mir oft genug mit seinem langgezogenen, genervten: »Jaaaahaaaa.« Wenn ich frage, ob es seine Mütze hat, die Fahrkarte oder die Fahrradschlüssel.

Ich frage lieber dreimal nach, ob es sich erinnert, dass wir uns nach der Schule verabredet haben. Dann, einmal, vergesse ich tatsächlich, es abzuholen. Es ist ziemlich sauer und mir tut es Leid, denn die Verzweiflung ist groß, wenn du auf jemanden wartest, der nicht kommt und du dann nicht weißt, wenn du allein losfährst, ob ihr euch nicht verpasst. Viel zu groß für jemanden unter 1,50.

Wären Alltagsbeschreibungen immer nur Erfahrungsberichte, so verlören sie ihre Bedeutung fürs Ganze. Für die Ordnungen, in denen wir unsere Beziehungen führen. Für die Ordnungen, in denen wir miteinander umgehen.

Wären sie es allerdings nicht auch, wären sie komplett hohl. Den eigenen Alltag zu beschreiben bedeutet, auf dem Grat zu wandern, einige zu meinen und andere ungemeint zu lassen. Riskant, weil Pop eigentlich genau das will: viele meinen. Aber ich habe euch gewarnt, dieser Text ist nur eine halbe Sache.

»I have been dying to say this to you«
(The Sounds, »Dying to say this to you«)

Das Private ist doch (immer noch) politisch, sagte eine Freundin. Auch wenn sich mir der Blick darauf immer wieder verstellt, vielleicht gerade deswegen, ist dieser Text (eine halbe Sache) ein Text über Privates. Privates öffentlich zu machen klingt dann sinnvoll, wenn dieses Private durchzogen ist von – ja von was? Macht? Ohnmacht? Struktur? Ungerechtigkeit? Wie fühlt sich das an? Kann man das sehen? Essen? Anfassen?

Jedenfalls beanspruche ich ›D.I.Y.‹ als Label für mich selbst. Und ebenso Queerness: Was bin ich, wenn nicht das? Ich stelle dieses Geschlecht in Frage, ich stelle diese Konventionen in Frage, diese Praxen mit allem, was ich bin und tue. Und bin mir bewusst, dass ich sie schamlos reproduziere, wo ich gehe und stehe.

Als das Kind noch ganz klein ist, fahren wir mit der Bahn zu Freunden, es ist schon spät und das Kind nörgelig. Das »Musst du denn nicht schon längst im Bett sein« der älteren Dame traf, trifft mich immer noch, über den Moment hinweg, denn sie meinte und meint mich damit. Gemeint, aber nicht angesprochen, kann ich nichts sagen, bin sprachlos, genau das, was sie will. Die Konventionen in der Handtasche steigt sie aus und lässt mich mit meiner Sprachlosigkeit sitzen und hat also gewonnen.

»Who's gonna take me home tonight / I don't wanna go home alone tonight / they'll come and get me, evil and ugly«
(Stockholm, »Zombies in the Subway«)

Es gibt kein: »so mache ich es«, keine eigene, unabhängige Praxis, die nicht gegen die Konvention der anderen verstoßen würde. Es gibt keine eigene, unabhängige Praxis. Es gibt ein System von Ordnungen und Zuordnungen, in dem ich mich bewege. Die Ordnungen sind scharfkantig und meine Bewegungen riskant. Es gibt keine eigene Entscheidung. Ich kann so etwas spüren, ich weiß, wann etwas von mir verlangt wird, und ich weiß, dass ich es nicht leisten kann.

Immer bin ich überall die Jüngste, wo es um das Kind geht, in der Kita, in der Schule, alle anderen schon viel angekommener. Immer bin ich überall die Heterosexuellste, wo es ums Queere geht, bin die mit dem Kind, mit dem Sex mit Männern. Scheiß-Konventionen.

Auf der letzten Party nach der Show auf diesem Ladyfest spricht mich ein Mädchen an, mit Augenzwinkern: »Soll ich dir Fotos schicken? Vom Auftritt?« Lange Wimpern, schöne Zähne und was mir sonst noch im Partylicht auf den ersten Blick so auffällt. Nett, süß, süß, charmant, nett. Interessiert. Der Moment dauert ein bisschen. Bis ich sage, ich müsse fahren, mein Sohn wäre morgen so früh wach. Da hilft alle Flirtkunst nichts. Warum auch so ehrlich, Frau Popstar?

Sobald ich mit Kind bin, vor allem, unterwegs unter Menschen, bin ich der Spezies »Mutter-eines-etwa-Zehnjährigen« zuzuordnen. Da werden schon auch mal Ansprüche an dich gestellt, na klar. Gesund und glücklich muss es sein, das Kind, sofort erkennbar müssen sein Glück und seine Gesundheit sein, am besten bei der Mutter auch, die Prioritäten sitzen wie angegossen, nur bei mir nicht.

Sobald ich ohne Kind bin, bin ich nicht erkennbar und trotzdem von derselben Spezies. Ich kann mich nicht entscheiden zwischen all den Zeichen. Ich bin doch nicht Heather Nova, Madonna oder Sissi. Mir passen beide Schuhe nicht so richtig, queere Szene, Elternszene, sei doch nicht so, du kannst ja doch nicht auf jeder Hochzeit tanzen. Aber das ist mir egal. Von Können war hier sowieso nie die Rede. Und immerhin identifizieren die Cultural Studies das Populäre als Ort sozialer Auseinandersetzungen. Na, dann bin ich hier doch richtig?

2004 fing ich an mit dem Projekt Stockholm, da war das mit dem damals achtjährigen Kind schon eine leichte Übung, inklusive des alleinigen und oft einsam machenden Erziehungsauftrags. Es gab also schon Songs und es gab die Idee, nachdem die alte Band sich aufgelöst hatte, allein weiterzumachen, sich kuschelig mit dem Rechner einzurichten, um so bald wie möglich wieder auf die Bühne zu kommen. Aber das Material und die Motivation reichten allein nicht aus. In einem Video sah ich ein Interview mit Kevin Blechdom, dieser verrückten Soundmaschine ohne Respekt vor irgendetwas. Und irgendwann in diesem Gespräch blickte sie in die Kamera und sagte etwas wie: Wenn ihr Musik machen wollt, macht es! Lasst euch nicht erzählen, ihr könnt es nicht, fangt einfach an. Es ist geil!

Damit hat sie den Schotter in mir losgetreten und auf diesen Trümmern war mir plötzlich einfach klar, was ich tun musste. Ohne sie und die Freundinnen hätte ich nicht allein angefangen und weitergemacht. Die haben mir Auftritte besorgt und zugehört, kritisiert und gelobt, bis ich nach einigen Monaten irgendwie auf eigenen, kleinen, wackeligen Independent-Füßen stand.

Bühne: das zentrale Ich-Erlebnis im anderen. Notwendig und nicht näher zu bestimmen. Aber absolut kinderlos. Die Bühne ist nur nachts interessant, wenn Kinder schlafen. Wenn jemand anders auf sie Acht gibt, jemand, der das hoffentlich genauso gut kann wie du, denn du musst ja auf die Bühne, du selbstbezogene, egoistische Diva. Nie überzeugt von dem, was du tust, immer verzweifelt, nie da, wenn man dich braucht.

Aber im luftleeren Raum findet das nicht statt, dieses Musikprojekt, sondern wo?

Obwohl es nichts miteinander zu tun hat, das wenig metaphysische Mittagessen, Hausaufgaben-Kontrollieren, Elternabende-Besuchen und das Auf-der-Bühne-Stehen, hängt es zusammen. Das eine wie das andere ist reine Performance, beides strebt nach Authentizität und tut so, als sei sie erreichbar. Dabei laufe ich ihr nur hinterher.

Musik stört und schmiert das Getriebe in meiner Brust. Manchmal fragst du dich: Was hat das alles eigentlich mit mir zu tun? Vor allem die Hetze nach dem Job und dem Geld, nach Anerkennung und Genugtuung, nach Spaß und Erfolg.

Aber dann kommt dir zufällig ein Song zwischen die Finger, reiner Zufall, noch nie etwas gehört von der Band, sie hat einen komischen Namen und das Cover ihres Five-Track-EP-Debuts ist eine Schande. Du weißt keinen Grund, warum du dir den Song anhören solltest, aber da läuft er schon und du setzt die Kopfhörer auf und weißt nach drei Akkorden, was das eigentlich mir dir zu tun hat: nämlich alles. Lo-Fi-Songs können Fragen klären, Gänsehaut bereiten, zum Weinen bringen, wenn du willst. Du bist so sehr gemeint. Sie meinen dich, kein Zweifel.

Ob das auch ein Grund sein kann, Musik zu machen? Irgendwann der einzige. Musikmachen ist Arbeit. Und voller Unterbrechungen, eigentlich ist alles hier eine ständige Unterbrechung. ›Eigentlich‹ ist mein Credo, Unterbrechung mein Zustand. Mein Fixpunkt und mein Fokus ist der zehnjährige Fußballfan inmitten von Playmobilfiguren. Der Rest baut sich auf, um ihn herum.

Wenn ich live spiele, ist das merkwürdig: Meine Band hält mir keinen Platz frei, keine trägt meine Sachen oder reicht mir das Bier, manchmal beneide ich Bands und allein zu spielen ist doof. Aber oft habe ich Glück und trete mit Leuten auf, die nett und interessiert sind und auf dieselbe Art Spaß daran empfinden wie ich. Wir zerstören uns nicht, aber wir spüren, dass es ginge. Aber es muss nicht sein, keine Pflicht zur Selbstzerstörung, die unseren Rock'n'Roll gefährdet. Das Catering in den freundlichen autonomen Jugendzentren ist vegan und oft fahre ich nachts noch zurück, damit ich am nächsten Morgen wieder daheim bin. Daheim sein heißt: Da sein, wenn das Kind da ist und dafür zu sorgen, dass alles klar geht, Frühstück, Transport, Nase putzen, funktionaler Kram halt. Da besäuft man sich nicht auf dem eigenen Konzert. Was auch Spaß macht, aber das geht auch ein anderes Mal, nicht wahr? »Ich fahr' heut Nacht noch heim, mein Kind ist morgen bei mir, da muss ich fit sein. Das steht am Wochenende immer total früh auf.« Wie banal, langweilig, unhip und hetero ist das denn bitte? Da versteht auch keiner den Insider, dass Kinder am Wochenende immer früh aufstehen und an Schultagen nicht aus dem Bett zu kriegen sind.

Wisst Ihr eigentlich, wie schwer es ist zu spielen? Nicht Gitarre oder einen Song von Johnny Cash, sondern Playmobil? Oder Lego? Ich musste mir während meines zehnjährigen Jobs als Mutter eingestehen, es tatsächlich verlernt zu haben. So gern ich es wollte, ich kann mich nicht mehr versenken in die komplexen Rollenspiele, Dialoge und Baupläne. Nicht so sehr wie in meine eigene Handarbeit an einem Song. Klar tut mir das Leid. Klar bin ich inkompetent.

Ich bin kein esoterischer Typ, aber Wissen und Glauben strukturieren meine Arbeit. Glauben daran, dass man Songs machen kann, die andere meinen. Dass man es trotz allem schaffen kann, dass man gut ist, dass man Stil hat, dass man es kann. Es. Kann. Wissen, dass es schief gehen kann und möglicherweise wird. Weil man weiß, dass das Popmonster auf Casting-Prinzessinnen steht, deren Lächeln Standard-Maßen entspricht. Wissen ist Kapital, Wissen ist nicht umsonst machtvoll. Vor allem das Wissen um das, was man nicht (wissen) kann. Jeder eigene Song ist eine Lo-Fi-Produktion. Das ist gut, das ist kantig, das ist absolut notwendig im Radio-Beton-Pop-Brei. Analysiere jeden brillanten Song. Den Bass, welcher Struktur folgt die Hookline, was macht die Melodie, welcher Finesse bedient sich der Beat? Wissen ist hier eher eine Ahnung, die Fähigkeit, mit der man einem gelungenen Kuchen das Rezept abringt.

Wissen um Technik ist eine Ressource. Nachfragen zu können, weil FreundInnen mehr wissen und es gütig mit dir teilen, das ist nicht nur nützlich, da geht dir das Herz auf. Dennoch kommen von überall her die Kanten in deinen Songs, merkwürdige Dinge passieren mit den Ideen, die du in den Computer übersetzt, andere Dinge entstehen, du gehst weiter, als du wolltest. Die Software wird zu einem Instrument und zur Extension deines Körpers, deines Denkens.

Schick ist es nicht, aber dieses eine, was ich tue, das mit der Gitarre, das mit dem Rechner, den Bahnhöfen und den Jugendzentren, das ist eines, das ganz ohne ihn stattfindet. Kein Interesse seinerseits. »This is something I have to do for myself«, sagen Say Anything etwas retrospektiv, mehr so hippieesk, was man ihnen eigentlich nicht abnimmt.

Gestern stand das Kind mittags mit einer Pizza im Pappkarton und stolzgeschwellter Brust vor der Tür. »Guck mal«, lachte es, sehr süß. »Das ist ja lieb von dir«, sagte ich mit dem Tonfall von »Das ist doch teuer, Schatz«. Und fragte mich direkt, was kann das Kind veranlasst haben, uns beiden eine Pizza mitzubringen? Habe ich was verkehrt gemacht? Welches zehnjährige Kind bringt seiner Mutter das Mittagessen mit nach Hause? Keins, richtig, nur meins.

Ich habe diese Angewohnheit: Auf kleinen Zetteln notiere ich Textzeilen, die sich mir als dringlich darstellen. Beispielsweise auf Busfahrten, auf Plätzen, an denen ich warte, manchmal, während ich einen Kaffee trinke oder den Abwasch mache. Die Sätze, die sich mir als dringend erklären, schieben Zeit und Mittagessen in den Hintergrund. Die Texte, die geschrieben sein wollen, verlangen nach einem straffen Schedule. Was man wird, arbeitslos, Musikerin, Wissenschaftlerin und alleinerziehende Mutter? Ein Organisationstalent. Und manchmal geht's halt trotzdem daneben. Die Pizza war super.

Ja, das ist schon ein Thema. Das mit dem Common Sense. Was die anderen machen und was wir. Viele Sachen am Common Sense sind richtig ätzend. Er denkt zum Beispiel, er habe immer Recht, das nervt gewaltig.

Ich mache nicht Musik, um irgendwo anzukommen, ich bin keine Virtuosin, ich bin Handwerkerin und Analytikerin. Und beides wieder nur halb. Angekommen bin ich nur dort: Ich kann mit nichts genügen.

Ich werde keinem Maß entsprechen, das mir vorschreibt, wie ich mein Leben zu führen habe oder welches Leben ich dem Kind ermöglichen soll. Jede Anstrengung scheitert im Großen, während sie allerdings im Kleinen möglicherweise gelingt. Unbemerkt von anderen, Szenen, Konventionen oder Queers. Weder hip noch revolutionär, ich bitte um Entschuldigung, wenn ich auch da enttäuschen muss.

»Let's make it simple, let's make it easier.«
(Mates of State, »How hard«)

Einmal bin ich gefragt worden, warum ich das eigentlich mache, und ich habe nicht weiter nachgedacht, sondern gesagt, weil ich es immer schon machen wollte.

Als ich klein war, saß ich bei meinen Eltern im Fond des goldenen Scirocco mit dem schwarzen Dach, das erste Auto meiner Eltern, an das ich mich erinnere. Dort habe ich auf langen Fahrten aufmerksam dem Radio zugehört. Und obwohl ich die Musik nie wirklich mochte, habe ich doch damals schon begriffen, dass sich dort Strukturen vor mir öffneten, die über den Moment hinausgingen. Über das: Da läuft ein Song im Radio. Das Erste war: Da singen Menschen, und die singen, weil andere, zum Beispiel ich, ihnen zuhören. Und das zweite Strukturmoment, das sich mir offenbarte: Eigentlich wiederholen die den Text immer nur. Also habe ich angefangen, »Hänschen Klein« in einen Popsong zu verwandeln. Ich habe es immer wiederholt. Bis wir bei meinen Großeltern angekommen waren, so weit so gut.

> »And I won't be watching TV any more / I'll poke my TV eyes out at the door / Nail my other records to the record shelf / Enlighten, educate and entertain myself / Listening to the sound of Lenny and Terrence« (Carter USM, »Lenny and Terrence«)

Aber das Kind, das nebenan im Bett liegt, während ich diesen Text schreibe, kennt dieses Interesse nicht. Aus reiner Sportlichkeit hat es sich meinem Wunsch nicht widersetzt, Schlagzeug spielen zu lernen. Es macht ihm Spaß, sicher. Aber ich denke, aus rein mathematischen Gründen. Es ist mehr davon fasziniert, 3/16tel zu spielen, als vom Rhythmus an sich. Aber wer bin ich, diese Unterscheidung vorzunehmen, zwischen Rhythmus und Mathematik. Neulich jedenfalls thronte es in inmitten von Umzugskartons und rezitierte, die soeben aus dem Unwägbaren befreite Mundorgel in der Hand, das gute alte »Als die Römer frech geworden«, und zwar in voller Länge. Ich hütete mich, es zu unterbrechen. Mir geht das Herz auf, wenn es singt.

Nicht so einfach, etwas zu einem strukturellen Phänomen zu erklären, das so persönlich und unbedeutend ist wie die eigene Geschichte. Aber sie findet statt in einem Muster von Macht und Widerstand, das sich nicht entwirrt. Nicht immer nur Selbstbeschreibungen, eklig, und doch genau das als politisches Mittel: der subjektive Standort als Totschlag-Argument.

Raphaela Kehl, Julia Wacker, Eva Zulauf

MIMIKRY

Sommermärchen – eine optische Täuschung

Wir, auf dem Dach eines Hauses sitzend, am Busen der Natur – über uns der dunkel werdende Himmel, unter uns die Stadt und neben uns der Weltschmerz. Die dunklen Kronen der alten Bäume erheben sich in die Höhe und bewegen sich blätterraschelnd im Wind – es fängt die Nachtigall an, schon Gesungenes zu trällern …

Wir, das sind drei junge Frauen, das ist Mimikry, unsere Band, die wir ausgehend von einem Kunstprojekt gegründet haben.

Wie kann frau wirklich politisch sein? Wo positioniere ich mich, um nicht in der Masse unterzugehen? Was ist meine Rolle als Frau – was möchte ich sein? Diese Fragen wollen wir in viele Räume stellen, wollen sie mitteilen, können sie nicht für uns behalten …

»ich liebe meinen papa und meine mama / meine kinder und meine freunde / und die arbeit – ich liebe meinen job / ich liebe den computer ich liebe macintosh / ich lieb' das shoppen / und den konsum – konsumkanal / ich liebe partys und den wein und zigaretten / ich liebe das erste mal / ich liebe dich / ich liebe die erwartung die an mich gestellt / ich liebe die konfrontation die diskussion / ich liebe mein mobile / ich liebe die kunst und das konzept / ich liebe mein auto und meine beine / ich liebe gewinn und geld / ich liebe den zustand innerer zufriedenheit und das glück / ich liebe yoga und die entspannung macht sich breit / ich liebe es von vorne wie von hinten
ich liebe – du jane
bin ich schön / fick mich / bin ich dick / fick dich
bin ich dünn / i'm addicted to myself

liebst du mich / lieb' ich mich / lieb' mich doch«
(Mimikry, »ich liebe, du jane«, 2005)

Eine Band zu gründen, das ist schon ein Ding. Mannomann, Frauofrau, wir wollen doch auch irgendwie mitmachen, mitschreien, uns aus unserer Lethargie lösen. Wir können nicht singen und auch kein Instrument spielen. Aber Fan sein, das können wir. Don't lose your idols.

Der Zug fährt vorbei und die Flasche Wein auf dem Tisch wackelt, ansteckendes Lachen wirbelt durch die Luft … Ein Treffen wie so oft, das auf Freundschaft basiert, mit dem gemeinsamen Willen, die Welle des ›Frau sein heute‹ mitzugestalten – sie schwappt über uns und wir können uns kaum vor ihr retten, wenn wir nicht untergehen wollen, untergehen in der Massenwelt, wo Körperkult auf seltsame Weise an den ›Mann‹ gebracht, der Erfolg einer Frau immer noch mit Erstaunen betrachtet wird und wir uns zwischen der weiblichen Biologie und der Emanzipation entscheiden müssten – und genau das aber nicht wollen!

»Und was ist mit dem Sich-wohl-Fühlen? Es geht doch nur darum, eine Form zu finden, in der ich mich wohl fühle – und kann trotzdem nicht die schönen Leggins anziehen … das kriegt man ja vererbt, den Körper mein' ich.«

»Ich habe nun einmal diese Hosen an, auch wenn ich im Schaufenster sehe, dass ich einen Hintern habe – puh, irgendwann muss man sagen: scheiß drauf!«

»Es gibt da diese zwei Pole. Körper versus Mode. Eigentlich geht es ja nur um die perfekte Normalverteilung, dann würde man überall gut reinpassen. Quasi das Fett vom Po rauf an die Brüste. Cellulitetitten!«

»Mode soll Spaß machen und nicht weh tun.«

»Von Kopf bis Fuß auf Liebe eingestellt, von Kopf bis Fuß mit H&M eingekleidet – H&M hat alles; es gibt H&M-Küchenschürzen, H&M-Hundemäntelchen, fehlen eigentlich nur noch die H&M-Dildos, um unseren H&M-Alltag perfekt zu machen.«

»Soll ich Tangas anziehen, um meinem Mann zu gefallen? Ich habe die Macht und somit die Spielregeln in der Hand …«

»Die Macht, oh ja – und dann bleibt uns immer noch sagen zu können: Sorry, jetzt nicht, ich habe Kopfweh!«

»Und schlussendlich ist alles nur ein Spiel …«

»Ich spiele eigentlich gerne.«

»Ja aber …, wenn dir was nicht passt, dann tu was, verändere es und sag was … du bist es, die verdammt noch mal da raus gehen und was tun muss, wenn sich zum Teufel was ändern soll.«[1]

»Geben wir die Regeln vor – noch ein Tor.«

»Emanzipationsschritt – ein Schritt auf jeden Tritt …«

»Mein Mann lässt seinen Bart nun extra stehen, weil ich ihn damit sexy finde!«

»L'amour hält uns am Leben.«[2]

»Und zur gleichen Zeit lache ich über – ernsthaft …«

Unsere Blicke schweifen in die Ferne – schweifen über hügelige Gedankensprünge, kraxeln die Felswände der Alpen hoch und rutschen auf dem wunderbar neonfarbigen Regenbogen in das kühle Nass des Sees …

Unter uns wird Hufgetrampel laut – das Einhorn galoppiert über die Wiese – kann es eigentlich fliegen? Nichts ist unmöglich – das Leben ist nämlich eine Formel, die mit Variablen gefüllt ist.[3]

Wollen wir eine umstürzlerische Liebe sein, die aus ihren Träumen geweckt werden muss? Träume sind wunderbar – die Fledermäuse flattern über unsere Köpfe hinweg und der Wein schmeckt so gut.

»Wir glauben daran, dass wir etwas zu sagen haben, was andere auch hören wollen, die sich vielleicht in der gleichen Lage befinden wie wir – die sich die gleichen Gedanken machen wie wir.«

»Mit dem Prinzip des Selbermachens wollen wir ein Spiel spielen – nämlich singen, um uns Gehör zu verschaffen! Wir kennen die Regeln gar nicht genau, sind uns dessen aber sehr bewusst und starten den Versuch, eigene zu kreieren.«

Ganz klar: es gilt die Dinge zu verstehen, die hier passieren – und dann …

»Schaut mal da, ein Eisvogel!«

»Ja tatsächlich …«

»Durchbrechen wir den goldenen Käfig!«

Langsam senkt sich die Dunkelheit auf unsere Zusammenkunft und das Kerzenlicht lodert zwischen uns …

Tja, wer hat denn nun das Glück versteckt?

Tasmanische Teufel springen garstig durch das Unterholz auf der Suche nach Essbarem. Es wird unruhig im wild überwucherten Garten – die Natur macht sich die Nacht zum Freund: Efeu rankt sich die Wand empor und wächst wuchernd zu einem Schattengestrüpp heran. Nachtfalter umschwirren unsere Gespräche und Glühwürmchen tanzen durch die Dunkelheit.

»Soll unser Babyface die Technik sein, um auf dieser Erde überleben zu können?«[4]

»Ich bin wütend auf diese Gesellschaft, die vorgibt, wie wir sein sollen.«

»Ich habe keine Lust mehr, stets die Kondompolizei sein zu müssen.«

»Wir dürfen es eigentlich nicht zulassen, dass Veröffentlichungen feste Bilder in unsere Köpfe setzen – darum müssen wir neue schaffen, nicht wahr?«

»Wir müssen verwildern, um eine neue Welt zu erschaffen ...«

»Alles ist so, so ... unscharf. – Eben. Wie im Leben.«[5]

Es fängt an zu regnen –

»Wusstet ihr, dass es 14 Arten gibt, den Regen zu beschreiben? Leicht, still, kalt, erfrischend, prasselnd, romantisch ...«

»Wir leben in einem Zustand unendlichen Aufschubs.«[6]

»Und dann noch der Anspruch, die Ironie und den Humor bei der ganzen Sache nicht zu verlieren, um irgendwie einen Abstand zu gewinnen, der einen des Besseren lehrt – ach, so ein Quatsch ...«

»Nun denn, her mit der Utopie!«[7]

Bei dieser Forderung fliegt der Adler über unsere Köpfe hinweg und fegt mit seinem prachtvollen Gefieder die Luft rein. Der Himmel wird in seiner Schwärze und dem wenigen Mondlicht immer körperhafter – und der Wind fängt an, über unsere Gesichter zu streifen ...

Plötzlich hören wir in der Ferne ein kleines Knacken, das in einem ohrenbetäubenden Donnergrollen endet. Felsbrocken fliegen durch die Luft, Staubwolken wirbeln auf – die Alpen brechen auseinander!

Dann Stille. Plötzlich erstrahlt ein wunderhaftes Glitzern und Flimmern vom Süden her und erhellt die nächtliche Szenerie – hey, wir haben freie Sicht aufs Mittelmeer!

»Unsere Tage und Nächte müssen aber trotzdem immer wieder zu Träumen werden ...«

»So what, we are not allergic to ourselves! Lasst uns ständig auf der Suche bleiben ...«

»Und wie ist der Titel unseres neuen Songs?«

Über uns fangen die Sterne an, ihr mildes Licht uns zu schenken – unheimlich schon fast diese Romantik … die Kirchturmuhr läutet, weiß nicht für wie viel Uhr.

»Das Leben – wie ein Kaktus, wo man sich nirgends hinsetzen kann.« (Françoise Cactus)

»Und wir sind nur eine Idee.«

»Manchmal fühle ich mich wie im Film. Dann verfalle ich dem TV-Angebot, um ein bisschen diese Filmwelt zu betrachten und die Realität ausblenden zu können.«

»Wir sind doch nur ein kleiner Teil innerhalb eines Systems und müssen anfangen, etwas in die Hand zu nehmen, im Kleinen sozusagen.«

»Die Silberfischchen weinen still.«[8]

»Es ist aber auch erlaubt, die Müdigkeit mal zuzulassen, nicht wahr?«

Es wird still um uns herum. Nachtschwärmer ziehen ihre Runden und wir sitzen da über den Dächern von Zürich in einer Realität, die jetzt sehr weich wirkt und sogar freundlich. Müde sein ist gut, morgen geht es weiter …

Ein Sommermärchen? Eher eine optische Täuschung.

ANMERKUNGEN

1 »›Wenn dir was nicht passt, dann tu was. Verändere es, sag was, mach es anders. Du bist es, die verdammt noch mal da raus gehen und was tun muss, wenn sich, zum Teufel, was ändern soll‹, rief Patti Smith im New Yorker Irving Plaza in die Menge, bevor sie 1996 auf Tour ging.« siehe: *www.sterneck.net/cybertribe/gender/riot-grrrls/index.php* (letzter Zugriff: 18.9.2007).

2+3 Frei zitiert nach Bernadette La Hengst aus dem Album ›La Beat‹, 2005, Song: ›Zug ohne Bremse‹.

4 Frei zitiert nach Miss Kittin aus dem Album ›I Com‹, 2005, Song: ›Happy Valentine‹.

5 Frei zitiert nach dem Cover/Plakat von Daniel Richter für die Singles ›Wenn ich ein Turnschuh wär‹ und ›Gevatter Böhm erzählt‹ von: Die Goldenen Zitronen, 2005.

6 Frei zitiert nach Simone de Beauvoir aus: Hervé, Florence und Höltsch, Rainer (Hg.): Simone de Beauvoir. Absolute. Freiburg: Orange Press, 2003, S.42.

7 Frei zitiert nach Bernadette La Hengst aus dem Album ›La Beat‹, 2005, Song: ›Her mit der Utopie‹

8 Lassie Singers, aus dem Album ›Sei à Gogo‹ 1992, Song: ›Leben in der Bar‹.

Kapitel 5

FEMINISMUS

Julie Miess

LEMMY, I'M A FEMINIST

But I Love You All the Way

> »Lemmy, I'm a feminist, but I love you all the way / I love the way you dress and shave / I love the way you play«[1]

Ich möchte unbedingt, dass Lemmy Kilmister von Motörhead eines Tages meine Songzeilen hören wird. Und noch mehr hoffe ich, dass er sie versteht. Wie ich darauf komme, Lemmy sagen zu müssen, dass ich Feministin bin und ihn trotzdem mag? In seiner Autobiografie »White Line Fever« setzt sich das autobiografische Ich namens Lemmy mehrmals mit dem Phänomen der ›Feministinnen‹ auseinander. Er scheint sie nicht besonders zu mögen, was am deutlichsten an folgender Textstelle zu merken ist:

> »Ich schreibe ganz gern Songs für Frauen. Zwar bin ich von einigen frigiden Feministinnen – die Sorte, die das Wort ›Mannschaftskapitän‹ in das Wort ›Personenschaftskapitän‹ ändern wollen, und so einen Mist – als Sexist bezeichnet worden, aber die wissen doch gar nicht, wovon sie reden. Ich habe Frauen im Rock'n'Roll immer unter die Arme gegriffen.« (Kilmister: 131)

Lieber Lemmy! Auch wenn ich dir die »frigide Feministin« übel nehme, mag ich dich doch so sehr, dass ich dir erzählen möchte, dass es sich bei deiner Vorstellung von den Feministinnen um ein tragisches Missverständnis handelt. Aber wir können es klären! Bitte tausch mit mir. Die folgende Miniautobiografie ist für dich und alle, die ein bisschen so denken wie du ... also auch für viele smarte Frauen, die ich kenne. Ich wurde auch nicht als

Feministin geboren. Ich bin sogar ein bisschen neidisch auf die, die schon früher angefangen haben und denke mir insgeheim: Haben sie es wirklich von Anfang an gewusst? An meinem Beispiel, die ich mit Anfang 20 auch noch dachte, das Wort Frauenband sei das Problem, und nicht vor allem eine Musikszene, die eine solche Bezeichnung erforderlich macht, lässt sich die Entwicklung eines feministischen Bewusstseins mit allen Bedenken und Vorannahmen möglicherweise so vorführen, dass du und meine Schulfreundinnen, die eine ähnliche Einstellung haben, es euch noch mal überlegen könnt. Ihr könnt es die Geschichte einer Bekehrung nennen.

Lieber Lemmy, zu Beginn deiner Autobiografie schreibst du:

> »Den ersten Ärger gab es schon in der Grundschule. Wir Jungs sollten Stricken lernen. Diese blöde Pute wollte das wirklich! Es war völlig sinnlos, siebenjährigen Jungs so etwas beizubringen. Wahrscheinlich war sie eine verkappte Emanze. Und obendrein war sie auch noch brutal.« (Kilmister: 18)

Lemmy, das mit deiner Lehrerin tut mir Leid. Dass sie dich verkloppt hat, war nicht in Ordnung. Aber glaub mir, das Stricken war auch für mich schlimm, in meiner Schule in Karlsruhe, Baden, Deutschland, und meine Lehrerin war jung und blond und schön und hat mich kein einziges Mal geschlagen. Stricken habe ich trotzdem nicht gelernt, und Nähmaschinen-Nähen auch nicht. Die Stunde mit dem Nähmaschinen-Nähen gehört zu meinen schlimmsten Erinnerungen. Ich hatte keine Ahnung, und wir sollten unser Können in einer Art Test vorführen. Ich entwickelte aus dem Gefühl völliger Unfähigkeit heraus das Angstszenario, plötzlich bei einem wichtigen Länderspiel im Fußballtor zu stehen, und bin noch heute davon traumatisiert.

Aber das nur nebenbei. Was du beschreibst, ist vor allem ein Plädoyer gegen die schreckliche Geschlechtertrennung, die es nicht nur in deiner Jugend in England, sondern auch im Deutschland der 1970er und 1980er noch in vielen Schulen gab. Mädchen hatten Handarbeitsunterricht (euphemistisch: textiles Werken) und Jungs technisches Werken. Nur durch diese Trennung wurde Stricken für Jungs völlig absurd und das Löten und Schrauben den Mädchen entfremdet. Wenn einfach alle gemeinsam durch alles durch müssten, dann müssten halt alle mal eine Makramee-Blumenampel knüpfen und alle mal ein Fahrrad aus Draht zurechtbiegen, auf eine Sperrholzplatte nageln und einen Stromkreislauf mit gelber und roter Diode daran festmachen. Meine Freundin Dondi und ich haben bei Herrn Heck im Werkunterricht (bei uns wurde die Geschlechtertrennung glücklicherweise nicht durchgehalten) damals das beste Fahrrad zurechtgebogen und bekamen dafür einen Laugenweck geschenkt. Vielleicht hätte eure Lehrerin euch damit locken können, Lemmy? Wer den schönsten Topflappen strickt ... Ich glaube, das Problem war nicht, dass sie eine Emanze war, sondern dass sie brutal war. Aber nicht alle Emanzen schlagen Männer, und die meisten von ihnen können nicht mal stricken. Zumindest nicht die, die ich kenne.

Wenn ich genauer über das Wort nachdenke, muss ich mich fragen, was ist eigentlich eine Emanze? Genau genommen gibt es Emanzen (ich müsste deine Autobiografie eigentlich noch mal im Original lesen und sehen, welches englische Wort du gebrauchst) nicht nur unter den Frauen, sondern überall dort, wo die herrschende Autorität eine übergroße Macht entfaltet. Also muss es weibliche und männliche Emanzen geben, und sie sind eigentlich so etwas wie RevolutionärInnen ... oder Punks. »Emanze« als Schimpfwort zu gebrauchen wäre dann eigentlich so etwas Ähnliches, wie jemanden als »Langhaarigen« zu beschimpfen. Es ist Ausdruck einer reaktionären Weltanschauung, die die ablehnt, die sich auflehnen – oder auch: sich von einem Zustand der Unterdrückung zu *emanzipieren*. Lemmy, denk an deine Frisur!

Zu deiner nächsten Textstelle, in der du das Wort Feministin zum ersten Mal erwähnst. Ich habe sie eingangs zitiert, sie befindet sich auf Seite 131 deiner Autobiografie. Immerhin gebrauchst du nun nicht mehr den etwas unscharfen (unsexy *und* ungenauen) Begriff der Emanze, sondern nennst die Feministin beim Namen ... Allerdings hört sich das immer noch wie eine Beschimpfung an, denn sie erhält den Zusatz »frigide«.

Lemmy, auch hier will ich dir zuallererst sagen, dass es mir Leid tut, wenn dich die Bezeichnung Sexist gekränkt hat. Ich beispielsweise habe dich nie sexistischer gefunden als das übrige Musikbusiness, dessen Teil du bist. Gerade bei eurem letzten Konzert in Berlin fiel mir auf, was für nette Jungs ihr seid, du, Phil Campbell und Mikkey Dee. Mr. Campbell hat mir sogar ein Plektrum zugeworfen. Deine Texte, auch der vom Song »Jailbait«, sind für mich wie die meisten Horrorromane nicht eins zu eins Ausdruck der Meinung des Autors (oder der Autorin!), daher glaube ich nicht, dass sich darin notwendigerweise deine persönliche Haltung zu Mädchen spiegelt. Aber wenn du die Feministinnen beschimpfst, packe sie nicht alle zusammen wie einen Bund Spargel. Welche genau hat dich denn als Sexist bezeichnet, und welche Medien hat sie benutzt? Als Gegenstrategie empfehle ich: Mach doch mal wieder einen Song über Frauen. Fang aber diesmal nicht gleich an mit »If you squeeze my lizard« und sing auch nicht im Refrain »Baby, get down« wie in »Jailbait«. Das ist zwar lustig, aber, auch wenn man es als Spaß versteht, etwas einseitig. Sing doch mal einen Song für die Frauen, für die du Songs schreibst und mit denen du Musik machst – was dich übrigens auch ehrt: einen Song für Wendy O. Williams von den Plasmatics, Kelly von Girlschool, Doro, die so gerne mit dir im Auto durch Woodland Hills fährt ... Vielleicht wirst du dann zu Women-in-Rock-Festivals eingeladen!

Das mit dem Personenschaftskapitän darfst du ebenso wenig ernst nehmen wie ich den Text von »Jailbait«. Wer das Wort Mannschaftskapitän in Personenschaftskapitän ändern möchte, ist meistens nicht frigide, sondern beschäftigt sich eher mit der sogenannten feministischen Linguistik, über die Luise F. Pusch 1984 schreibt:

> »Die feministische Lingustik, Anfang der siebziger Jahre von US-Amerikanerinnen begründet, inzwischen international verbreitet und seit 1978 auch in der Bundesrepublik beheimatet, hat zur Zeit zwei Themenschwerpunkte: Sprachsysteme und Sprechhandlungen, oder kürzer: Sprache und Sprechen [...]. Ich beschäftige mich mit Sprachen [dazu würde auch der Personenschaftskapitän gehören, JM]. Hinsichtlich des Sprechens untersuchen wir, welche typischen Redestrategien Frauen und Männer haben.« (Pusch: 9)

Auf wikipedia.de heißt es überdies: »[Feministische Linguistik bezeichnet] sich selbst als ›intervenierende Wissenschaft‹ – also nicht nur als Wissenschaft, sondern auch als Teil einer politisch-sozialen Bewegung.« Lemmy, eine politisch-soziale Bewegung! Ein bisschen wie die New Wave of British Metal in den 1970ern!

Ohne zu ahnen, dass es dabei um feministische Linguistik und den Bereich der Sprechhandlungen ging, schenkte ich meiner Mutter 1988 zum Geburtstag das Buch »Frauensprache – Sprache der Veränderung« von Senta

Trömel-Plötz. Ich war 16 und sehnte mich danach, dass bestimmte verwirrende Verhältnisse, beispielsweise im unmittelbaren Familienumfeld, einen Namen bekämen. Meine Eltern hatten denselben Beruf, meine Mutter war also, wie nur wenige Mütter, die ich kannte, berufstätig, aber meine Eltern sprachen ganz unterschiedlich über ihre Tätigkeit im Büro für Landschaftsplanung. Während mein Vater selbstbewusst von seiner Freude an der kreativen Arbeit als Gestalter sprach, sagte meine Mutter stets, mein Vater habe die guten Ideen, sie dagegen sei fleißig und genau und daher prädestiniert für die Rolle, seine Ideen auszuführen. Das öffentliche Sprechen bei geschäftlichen Sitzungen war zunächst die Aufgabe meines Vaters, und es dauerte lange, bis meine Mutter sich traute, alleine zu Besprechungen zu fahren und dort die gemeinsamen Projekte vorzustellen. Ohne es zu wissen, hatte ich meiner Mutter mit meinem Geburtstagsgeschenk ein Erklärungsmodell für das geliefert, was über ihre persönliche Befindlichkeit hinausging:

> »Das Ergebnis der bisherigen Untersuchungen typischer Redestrategien ist, daß [...] in Gesprächen aller Art, ob es sich nun um Familiengespräche am Frühstückstisch oder um große Fernsehdiskussionen handelt, Männer [...] Frauen viel häufiger [unterbrechen] als umgekehrt, und sie [...] viel länger [reden] als Frauen [...]. Gelingt es Frauen doch einmal, zu Wort zu kommen, so verweigern Männer ihnen diejenigen Bekundungen aufmerksamen Zuhörens, ohne die ein Gespräch zum Monolog wird und stirbt.« (Pusch: 9)

Und wen nennt Pusch als Begründerin dieser Untersuchungen?

> »Die erste umfassende Darstellung dieses Gebiets [...] veröffentlichte meine Freundin und Kollegin Senta Trömel-Plötz 1982 unter dem Titel ›Frauensprache – Sprache der Veränderung‹.« (Pusch: 9)

Aber natürlich beschäftigte ich mich als 16-Jährige nicht nur mit dem beruflichen Selbstverständnis meiner Eltern. Der Titel des Trömel-Plötz-Buches (wobei mich nur das Wort »Frauensprache« interessierte und ich das Stichwort »Veränderung« ausblendete) bezog sich in merkwürdiger Weise auch auf meine eigenen Erfahrungen mit Jungs, die eine andere Sprache zu sprechen schienen als ich. Dabei hatte alles eigentlich ganz gut angefangen, als ich 14 war. Bei Jungs, in die ich verliebt war, fasste ich mir ein Herz und rief sie an, und hatte sogar Erfolg damit. Man ging ein paar Wochen miteinander, und mehrmals machte ich sogar Schluss und die Jungs waren traurig. Aber je älter ich wurde, desto schwieriger wurde es mit dem Miteinander-Gehen. Plötzlich saßen die Jungs am längeren Hebel. Das hieß, sie sagten, was sie wollten, oder sie meldeten sich einfach nicht, sie quatschten heraus, was sie gerade an Gefühlen überkam und eine Woche später war nichts mehr davon übrig. Um mehr darüber zu erfahren, warum ich mir dem so seltsam ausgeliefert vorkam, hätte ich, glaube ich, sogar Pease & Pease gelesen, die es damals zum Glück noch nicht gab. Die Bücher über das Einparken und Zuhören zumindest nicht, das Ehepaar vielleicht schon. Dabei hätte ich nur mal in Betty Friedans Buch »Der Weiblichkeitswahn« (im Original »The Feminine Mystique«) von 1963 gucken sollen, das bei meinen Eltern im Regal stand:

> »Mädchen wachsen genauso frei und gleichberechtigt auf wie Jungen – Baseball spielen, Rad fahren, Geometrie beherrschen und die Aufnahmeprüfung fürs College bestehen, das Elternhaus verlassen und woanders studieren oder sich eine Stellung suchen, allein in der Großstadt leben, ihre eigene Leistungskraft testen und entdecken. All das, sagen die Kritiker, ließe die Mädchen glauben, daß sie genau wie die Jungen seien und tun könnten, was sie wollten. Es sei keine Vorbereitung auf ihre Rolle als Frauen. Die Krise trete ein, wenn sie sich *ihrer Rolle anpassen* müssten.« (Friedan: 50-51, Herv. JM)

Auch wenn die ›Rolle als Frau‹ sich 2007 als etwas herausgestellt hat, das nicht natur- und gottgegeben, sondern veränderbar ist (nach nur zwei Frauenbewegungen: der mit der US-amerikanischen Bürgerrechtsbewegung verbundenen zweiten [1970er] und der dritten [1990er bis heute]), weiß ich heute, dass das diffuse Unbehagen, das ich mit 16 zu empfinden begann, ›Anpassungsschwierigkeiten‹ waren. An die Frauenrolle, wie sie sich mir – auch noch Ende der 1980er, wenn auch relativ unbewusst – darbot: Der Mann (mein Vater) hat die Ideen, ist kreativ; die Frau (meine Mutter) ist verständnisvoll und führt sie aus. Der Mann (beziehungsweise Jungs zwischen 17 und 19) sagt, er will sich nicht festlegen, er ruft dann an, die Frau (ich mit 16) wartet. Am Ende meiner Teeniezeit hatte ich nicht nur

Sehnsucht nach dem Benennen von Unterschieden, sondern entwickelte gleichzeitig auch ein Unwohlsein daran. Hieß nicht, Unterschiede zu benennen, dass man sich ihnen fügen musste? Ich machte mir damals noch nicht bewusst, dass die beobachteten Unterschiede sich nicht nur als ›biologisch begründet‹ interpretieren ließen, sondern dass sie auch Bewertungen waren, ›hergestellt‹, das Ergebnis komplexer, jahrhundertealter Machtverhältnisse, was wiederum bedeutete, dass die Auflehnung dagegen prinzipiell möglich war.

Ich hatte mit acht angefangen, Klavier zu spielen und träumte davon, in einer Band zu sein. Ich las und schrieb viel und träumte davon, Schriftstellerin zu werden. Ich versuchte, in einigen badischen Bands als Sängerin oder Keyboarderin anzufangen, aber ich erinnere mich, dass ich bei den Proben sehr aufgeregt war. Zufällig waren alle, die Musik machten, immer Jungs, die mir dann sagten, dass sie mich doch nicht als Sängerin haben wollten. Ich wäre nie auf die Idee gekommen, mich gleich nach dem Schulabschluss als Musikerin zu betätigen, mich ganz auf eine Bandgründung zu konzentrieren, oder gleich anzufangen zu schreiben. Mir war damals gar nicht bewusst, dass ich es mir vielleicht auch deshalb nicht zutraute, weil es das Bild der kreativen Frau in meiner Vorstellungswelt nicht gab. Der Kompromiss sah dann so aus, dass ich anfing, in Berlin Germanistik und Anglistik zu studieren.

1993 begann mir zunächst die Macht der Sprache einzuleuchten:

> »Sprache ist kein Natur-, sondern ein historisch-gesellschaftliches Phänomen und als solches auch kritisier- und veränderbar.« (Pusch: 10)

Ich besuchte ein Seminar für feministische Linguistik an der FU Berlin und fand dort heraus, dass Trömel-Plötz (das Geburtstagsgeschenk von vor fünf Jahren) neben Pusch zu den Begründerinnen der FL in Deutschland gehörte. Zum ersten Mal erlebte ich, dass das diffuse Gefühl meiner persönlichen Erfahrung – wie die Skrupel meiner Mutter beim öffentlichen Sprechen – als Teil eines gesellschaftlichen Phänomens gesehen werden konnte, das sich auch intellektuell/theoretisch/wissenschaftlich beschreiben ließ. Ich bekam einen ersten Eindruck davon, dass die Dinge nicht einfach so ›vorhanden sind‹, sondern ›hergestellt‹ werden. Dass Normen gesetzt werden und nicht unveränderlich, oder, wie Pusch positiv formulierte, »kritisier- und veränderbar« sind. Bald war ich überzeugt, dass Sprache die Verhältnisse nicht nur spiegelt, sondern auch herstellt (ich interessierte mich damals mehr für Puschs Gebiet der Sprache als für Trömel-Plötz' Gebiet des Sprechens), und stritt heftig mit meiner Schulfreundin Manu, die die Dinge ähnlich sah wie du, Lemmy: »So ein Quatsch, wie kann man sich nur so darüber aufregen … Mitglieder und Mitgliederinnen, das ist doch hässlich und umständlich, so wird das doch nie was, oder nur frau sagen, das ist doch genau der selbe Fehler, den die Männer vorher gemacht haben … das sind doch nur Worte!«

Lemmy, Manu: Ich möchte an dieser Stelle das Fräulein auftreten lassen. Es war sehr hässlich und umständlich, auf Formularen stets das Fräulein neben den Herrn und die Frau zu drucken, und doch hat es kein Amt je daran gehindert, es zu tun. Das Argument mit der Umständlichkeit gilt also nicht. Mitte/Ende der 1980er begann das Fräulein zu verschwinden, und ich muss sagen, dafür, dass Sprache nur aus Worten besteht, habe ich das bei jedem Ausfüllen eines Formulars als recht große Erleichterung empfunden. Endlich konnte man sich auch als unverheirateter weiblicher Mensch erwachsen fühlen.

Und was das frau, die Mitgliederinnen und die Personenschaftskapitäninnen anbelangt: Natürlich hat Mitglied mit dem Wort Gliedmaßen zu tun, die ja tatsächlich, zumindest die Arme und Beine, relativ geschlechtsneutral sind, aber jetzt ist es mal an euch, Spaß zu verstehen, es heißt ja sonst immer, das Schlimmste an den Feministinnen sei ihre Humorlosigkeit.

Lemmy, gerade du als englischer Muttersprachler solltest wissen, dass selbst das wahrlich ›neutrale‹ englische Substantiv ein soziales Geschlecht hat: Woran denkst du zuallererst, wenn du »secretary« hörst? Wenn du ehrlich bist? An eine Frau, die schnell tippen und gut Kaffee kochen kann. Und bei »surgeon«? »architect«? »bass player«? An Männer, die Beine annähen, Häuser bauen und in Rockbands spielen. Und das ist bei Architekten im Deutschen ähnlich, auch wenn die grammatische Form des sogenannten ›generischen Maskulinum‹ noch so neutral ist. So lange das so ist, sollten Chirurginnen und Bassistinnen immer mit angesprochen werden. Und Sekretäre natürlich auch.

Lemmy, der folgende Abschnitt aus meinem Leben hätte dir gefallen: 1996, mit 24, redete ich mir ein, alles, was man in den 1990ern tue, sei ein Zitat, irgendwie ›campy‹, und nahm daher eine Nebentätigkeit als Gogo-

Tänzerin auf Easy-Listening-Parties auf. Als Dondi und ich, die wir in den frühen 1980ern noch das beste Fahrrad bei Herrn Heck gebastelt hatten (ich muss überdies noch anmerken, dass Dondi später Mathe-LK hatte) in Lilo Wanders' TV-Show auf dem Sofa saßen und verlegen kichernd alle ihre Fragen, ob uns das Ganze sexuell antörnen würde, mit »Nee, überhaupt nicht, das ist ein Zitat der 1960er-Jahre, und wir haben uns als Kinder schon gerne zusammen verkleidet«, beantworteten, wurde mir klar, dass ich mir die Realität nicht einfach zurechtbiegen konnte wie damals das Fahrrad im Werkunterricht. Ich konnte noch so ›campy‹ herumspringen und Attraktivitätsmacht als Macht begreifen, die historische Tradition, in der das Ganze stand, war die Realität, die Blickachsen waren klar verteilt. Frauen sprangen halbnackt auf der Bühne herum. Männer eher selten (außer bei den Chippendales). Männer guckten sich das Ganze an.

Mit 25 wurde ich Bassistin der Band Britta (Dondi wurde DJ, und so bekamen wir jede für sich die Chance, komplett bekleidet als Unterhalterinnen zu arbeiten). Zufällig waren alle drei Band*mitglieder* von Britta weiblich. Sängerin und Gitarristin Christiane Rösinger und Schlagzeugerin Britta Neander hätten aber sicher auch dich und deinen »old fucking Rickenbastard« aufgenommen, Lemmy, denn sie suchten keine Frau, sondern jemanden, der oder die Bass spielen konnte. Aber es begab sich nun mal, dass Christiane an einem Februarabend 1997 in einem Club einem gemeinsamen Bekannten – von dem ich an diesem Abend noch dachte: Sieh an, sogar die Christiane von den Lassie Singers kennt der – traurig erzählte, sie hätten gerade niemanden, der Bass spielt, worauf der gemeinsame Bekannte mich praktisch am Kragen packte, zu Christiane schubste und sagte: Aber hier ist doch eine, die Bass spielt. Zunächst schien es also ganz zufällig, dass wir eine Frauenband waren, und wir wollten auch nicht Frauenband genannt werden.

Im Oktober 1997, als die Gruppe Britta in Hamburg ihre erste Platte aufnahm, lernte ich eines Abends im Saal II Kerstin und Sandra Grether kennen, von denen ich schon viel gehört und gelesen hatte. Die Grethers fragten mich die Gretchenfrage: »Was hältst du von Frauenbands?« Und ich weiß noch wie heute, wie ich antwortete: »Ich finde, Frauenbands, das sollte man so nicht sagen. Schließlich werden Blumfeld und Tocotronic auch nicht Jungenbands genannt.« Meine Antwort hatte damit zu tun, dass ich damals dachte: Wenn ich mein Musikerinnensein als etwas Besonderes thematisiere, gebe ich indirekt dem Rollenbild nach, wie ich es als Jugendliche mitbekommen habe – die Frau kann sich nicht selbstverständlich als Gestalterin betrachten.

Damit war ich genau an dem Punkt angelangt, den, Lemmy, deine entfernte Kollegin Morgan Landers von der All-Girl-Doom-Metal-Band Kittie macht. Ich war bei der Vorstellung angekommen, dass es Unterschiede verstärkt oder gar herstellt, wenn sie benannt werden – wie mit dem zugegebenermaßen unglamourösen Wort ›Frauenband‹. In Kitties Fall hatten sich Landers und Kolleginnen über eine »Woman in Rock«-Sonderausgabe des Magazins *Meat Edge* beschwert. Sie betrachteten sie als ausgrenzend und entgegneten: »Ich könnte blau sein und eine Ziege und würde trotzdem Heavy Metal spielen.« Heute, zehn Jahre nach meinem Gespräch mit den Grethers, weiß ich: Das ist eine schöne Vorstellung, aber auch Wunschdenken. Und der Gedanke, dass Sonderausgaben über Musikerinnen Unterschiede verstärken, beruht auf einem Missverständnis. Unterschiede sind nicht gleich Unterschiede. Verwirrend!

Lemmy, kannst du es dir vorstellen? Ende der 1990er lernte ich die Feministinnen, besonders die, die ihre Kritik aufschrieben, zu lieben, weil sie innerhalb all dieser Verwirrungen für Aufklärung sorgten. Mehr und mehr wurde mir klar, dass das diffuse Unbehagen, das ich seit 1988 kannte, zwar viel mit mir zu tun hatte, aber dass nicht nur ich es war, mit der etwas nicht stimmte. Die Theorien, für die ich mich, nach dem Gespräch mit den Grethers und durch den Alltag als Musikerin, immer mehr zu interessieren begann, waren wie ein Bauplan. Sie machten die Mechanik der Verhältnisse sichtbar. Ich entdeckte sozusagen die Wurzel des Missverständnisses: Die Musikerinnen von Kittie (und ich mit 25) verwechseln zwei Dinge: den Umgang mit unterschiedlichen Chancen, die Frauen und Männer aufgrund der Menschheitsgeschichte tatsächlich haben, und die Ausgrenzung von Mädchen aus Jungsbereichen, wegen irgendwelcher Vorurteile – also wenn Motörhead sagen würden, eine Gitarristin könne Phil Campbell grundsätzlich nicht ersetzen, weil Frauen körperlich nicht in der Lage sind, schnell Gitarre zu spielen. Beides hat mit Unterschieden zu tun, aber es ist nicht dasselbe.

Der Reihe nach: wenn wir uns die jüngere Geschichte ansehen, fallen beispielsweise folgende Unterschiede bei der Situation von Frauen und Männern auf: Frauen dürfen in Deutschland erst seit 1918 wählen. Noch bis

1977 durften Männer laut BGB über die Berufsverhältnisse ihrer Ehefrauen bestimmen. Zu meiner Schulzeit im Baden-Württemberg der 1970er/1980er waren ein Großteil der Mütter meiner MitschülerInnen Hausfrauen. Auf Briefen stand auch noch zu dieser Zeit als Adressangabe gerne Familie und dann der Name des Mannes (dass eine Frau bei der Heirat den Namen ihres Mannes annahm, war ebenfalls bis 1977 im BGB verankert). Noch in den 1980ern konnte das öffentliche Sprechen für eine berufstätige Frau fremd und seltsam sein. Noch 2007 spielen Mädchen seltener Leadgitarre in Rockbands als Jungs. Sehr viel seltener. Diese Unterschiede sind weder auf Bäumen gewachsen, noch vom Himmel gefallen oder in sonst irgendeiner Weise natürlich oder gottgegeben. Rebellentum und Rock'n'Roll sind auch deshalb Domänen junger Männer, weil mit Männlichkeit bestimmte Vorstellungen verbunden sind:

> »Masculinity emphasizes practices towards authority, control, competitive individualism, independence, aggressiveness, and the capacity for violence.« (Messerschmidt 1993: 85)

Man muss sich von allem nur das Gegenteil denken, dann ergibt sich eine Liste der Klischees von Weiblichkeit, die nicht gerade zu einem kreativen Selbstverständnis, zum Vertreten von Standpunkten in Diskussionen oder zum Eintritt in eine Punkrock- oder Heavy-Metal-Band ermuntern.

Besonders gemein ist, wenn Klischees, beispielsweise die ›typische männliche Aggressivität‹ und die ›typisch weibliche Sanftheit‹, naturwissenschaftlich begründet werden, biologisch (Testosteronwerte) beziehungsweise evolutionsbiologisch (Jagdtrieb) und diese Begründungen als absolut und unverrückbar dargestellt werden – ein anderes Wort dafür ist ›Essenzialismus‹. Das Problem ist dabei nicht die Feststellung, dass Testosteron für deinen schönen Backenbart verantwortlich ist, Lemmy, oder dass der Steinzeitmann die Keule in der Hand hatte, sondern eine Bewertung des Testosterons und des Keulenschwingens, die seltsame Zusammenhänge herstellt: Weil Männer höhere T-Werte haben, sind sie aggressiver, konnten schon damals die Keule besser schwingen und sind deshalb beispielsweise auch bessere Doom- und Death-Metal-Musiker und bessere Topmanager, weshalb es Frauen erst gar nicht versuchen sollten, denn sie sind zu sanft und gefühlsbetont für so was. Meist haben also nicht zuerst die Feministinnen die Vorurteile. Historisch gesehen ist es das durchschnittliche Bild der Geschlechterverhältnisse, das voller zutiefst konservativer Ressentiments ist, und Feministinnen wehren sich dagegen. Auch im Interesse der Männer, denn für die ist es ja auch nicht unbedingt schön, wenn sie immer so stark und aggressiv sein müssen.

Wenn Kittie sich gegen diese Art von Unterscheidungen aussprächen, hätten sie jederzeit meine Unterstützung. Nun gibt es aber auch die unterschiedlichen Lebensbedingungen, zum Beispiel den Mangel an ermutigenden Vorbildern, die sich für Mädchen aus den Ressentiments, wie Frauen und Männer so sind, ergeben. Wie nun mit diesen Bedingungen umgehen? Ich verstehe Kitties Vorbehalte, denn wenn im alltäglichen Sprachgebrauch das Stichwort ›Differenzfeminismus‹ fällt, verbindet sich mit dem Begriff häufig die Vorstellung, es handele sich ausschließlich um einen überkommenen Begriff aus den 1970er-Jahren, der die Idee ›typisch weiblichen Handelns‹ fortschreibe (vgl. die Definition von Differenzfeminismus auf Wikipedia). Es gibt aber einen positiven ›Umgang mit Differenzen‹, der nichts mit Festlegungen zu tun hat, sondern eine strategische, rebellische, aufklärende Funktion besitzt: »[D]iverse Differenztheorien – ebenso wie die Frage nach der sexuellen Differenz – [entwickelten sich] vor allem aus dem Streben heraus, die angebliche Natürlichkeit von Unterscheidungen zurückzuweisen«, schreibt Renate Hof in »Beyond Gender – Vom Umgang mit Differenzen«. (Hof 2001: 7) Die Herausgabe von »Women in Rock Issues« ist also kein Essenzialismus, sondern eine Strategie, herkömmliche Benachteiligungen auszugleichen – »strategischer Essenzialismus« nennt es Gayatri Spivak, die den Begriff in Zusammenhang mit ihrer Kritik der Macht des Westens gebraucht, Dinge zu definieren. ›Differences‹ zur Kenntnis zu nehmen, heißt, unterschiedliche Lebensbedingungen zur Kenntnis zu nehmen, Bedingungen, die auch von der Zugehörigkeit zu einer bestimmten Klasse oder Ethnie abhängen. Ziel ist, was Kittie als gegeben setzen: blau sein und eine Ziege und dennoch alles tun zu können. Aber der Weg zu diesem Ziel ist, Ausgrenzung zunächst öffentlich zu machen, damit diejenigen, die sich ausgegrenzt fühlen, nicht denken müssen, sie spinnen. Ich bin im Nachhinein sehr froh, dass wir bei Britta zu Anfang zufällig alle Frauen waren. Ich glaube, dass ich in einer Jungsband auch mit 25 noch mehr Skrupel gehabt hätte, ähnlich wie bei meinen ersten Versuchen mit 16. Nicht aus konkretem Anlass, sondern wegen der kulturellen Bilder, die mich geprägt hatten.

Da kulturelle Vorbilder, Role Models, für junge Menschen wichtig sind, ist es in einer Kultur, die traditionell kausale Zusammenhänge zwischen Maskulinität und kämpferischem Individualismus hergestellt hat, für ein Mädchen möglicherweise schwieriger, Gitarre zu lernen und sich selbst in einer Rockband vorzustellen. Nicht weil ein Mädchen weniger Lust hat, Gitarre zu lernen als ein Junge oder aufgrund der Evolutionsgeschichte – die ja bei Pease & Peases Buch übers Einparken für alles herhalten muss – weniger geschickt die Finger auf den Saiten bewegen kann, sondern weil ihre Kultur, ihre Gesellschaft zu wenig Bilder für sie bereit hält, an denen sie sich orientieren kann und die sie ermutigen. Heavy-Metal-Gitarristinnen lassen sich in der Musikgeschichte an einer Hand abzählen, für Heavy-Metal-Gitarristen bräuchte man die Hände einer ganzen Stadt. Woman-in-Rock-Sonderausgaben, Frauenquoten und MitgliederInnen sind als Ausgleich dafür gedacht, und ich denke, das ist nur fair. Es ist nicht für immer gedacht, nur als Übergangslösung. Bis ich mich traue, mich bei Motörhead als Zweitbassistin zu bewerben!

Lemmy, ich weiß, du würdest sagen: Wenn jemand Gitarre spielen will, dann soll er (or she, könntest du doch jetzt mal sagen, wo ich so viel über die Bedeutung der Sprache erzählt habe) es einfach tun, ich habe es auch getan, und ich habe weiß Gott zu Hause keinen Klavierunterricht bezahlt bekommen. Lemmy, du hast recht. Und ein paar Mädchen haben ja dann auch die Gitarren genommen, so wie deine Freundinnen von Girlschool. Und du hast Frauen im Rock'n'Roll auch immer unter die Arme gegriffen (ich hoffe, auch wirklich nur unter die Arme, hö, hö, hö). Aber du kannst nicht voraussetzen, dass alle Menschen so unerschrocken sind wie du und Kelly und die junge Morgan Landers, und auch die weniger Unerschrockenen sollten eine Chance haben. Es freut mich für Kittie, dass sie nie eine Benachteiligung gespürt haben, aber das heißt ja nicht, dass man die Unsicherheit, die jemand anders hat, nicht auch ernst nehmen kann.

1997, im Saal II, fragten mich die Grethers weiter: »Bist du Feministin?« Meine Antwort hätte sinngemäß auch von dir stammen können, Lemmy: »Feministinnen verstehen keinen Spaß und haben keinen Glamour.« Die Grethers antworteten: »Dann müssen wir den Feminismus eben wieder glamourisieren!« Und dann dachte ich endlich an die Hole- und Babes-in-Toyland- und Lunachicks-Konzerte, auf denen ich Anfang der 1990er gewesen war: Das war glamourös und strategisch zugleich. Die Musikerinnen der Riot-Grrrl-Bewegung machten ›strategischen Essenzialismus‹ anschaulich, wie Punkt 8 des »Riot Grrrl Manifesto« zeigt: »Riot grrrl is… BECAUSE we don't wanna assimilate to someone else's (Boy) standards of what is or isn't ›good‹ music or punk rock or ›good‹ writing AND THUS need to create forums where we can recreate, destroy and define our own visions.« Eine solche Strategie wird in den Prinzipien der Riot-Grrrl-Bewegung ebenso erkennbar wie im Vorgehen der Horrorautorin Lisa Tuttle, die ihrer Horrorgeschichtensammlung 1989 den Untertitel »Horror Stories by Women« gegeben hatte.

Das führt mich zum vorerst letzten Abschnitt meiner Bekehrung. Als Literaturwissenschaftlerin war es mir zunächst ähnlich gegangen wie als Musikerin: Den Begriff ›Weibliches Schreiben‹ fand ich genauso unglamourös wie das Wort Frauenband. Aber seit 1997 gab es an der HU Berlin auch Deutschlands erstes Institut für Gender Studies. ›Gender‹ ist eigentlich ein Begriff aus der Grammatik, deren Grundsatzfragen dich doch so interessieren, Lemmy (ich sage nur Personenschaftskapitän). Gender war nun zu einem Begriff geworden, der am deutlichsten machte, was mir schon gedämmert hatte, als ich der FL begegnete und was mir im Gespräch mit den Grethers und den ersten Jahren bei Britta immer klarer wurde: die Verhältnisse *sind* nicht, sie werden *gemacht*. Oder auch: *konstruiert*. Gender ist ein ideales Werkzeug, um an der Mechanik der Verhältnisse zu drehen und sie zu verändern. Hof bringt es so auf den Punkt, dass es vielleicht auch Morgan Landers überzeugen könnte:

> »Der Einsatz von Gender versprach die Möglichkeit, die fragwürdig gewordene Opposition zwischen Frauen und Männern zu dekonstruieren, sie gleichzeitig jedoch in ihrer sozialen, politischen und kulturellen Realität als Mechanismus der Hierarchisierung ernst zu nehmen; ohne das Postulat einer gemeinsamen weiblichen Erfahrung oder einer universellen Unterdrückung von Frauen festzuhalten.« (Hof 2005: 13)

Es gab (*natürlich!*) kein natürliches weibliches Schreiben, also kein Schreiben, das mit Östrogen zu tun hatte (ebenso wenig wie Testosteron zum Gitarrespielen befähigte). Aber es gab bestimmte ›gemachte‹ *Imaginationshoheiten* innerhalb bestimmter Gattungen – wie der Horrorliteratur –, die durchaus Einfluss auf das Schreiben von Männern und Frauen nehmen konnten (wie auch auf das Gitarrespielen innerhalb der Gattung Metal).

Für das Horrorgenre hieß es (ganz ähnlich wie bei Metal): Frauen schreiben keinen Horror und Frauen sehen sich nicht gerne Horrorfilme an. Horrorfilme sind etwas für Jungs (ich könnte schwören, auch dafür wurde indirekt das Testosteron verantwortlich gemacht). Ich aber sehe mir trotz meines niedrigen Testosteronwerts seit Jahren am liebsten Horrorfilme an (auch wenn ich bei den schlimmen Szenen oft wegschaue). Texte wie Tuttles Geschichtensammlung zeigten mir einmal mehr, dass auch die Vorstellung vom männlichen Horrorgenre reine Ansichtssache war. Ich entdeckte immer mehr Horrorautorinnen, die überdies oft sehr sympathische weibliche Monster gestalteten, und ich hielt sie für so beispielhaft, dass ich eine Doktorarbeit mit dem Titel »Neufassungen des Monströsen« über sie zu schreiben begann (über die Autorinnen und die Monster). Es gab eine Reihe herkömmlicher Monster, die sich, wie auch die feministische Philosophin Rosi Braidotti in »Teratologies« beschreibt, als reaktionäre Angstfantasien verstehen ließen:

»›Monstrous others‹ [...] help to illuminate the paradoxical and dissymetrical power relations within Western theories of subjectivity.« (Braidotti: 164)

Aber, wie Lisa Jervis in ihrem Beitrag zu »Lips, Hits, Tits, Power?« feststellt:

»In Filmen wie ›Freeway‹, ›Girlstown‹ und ›Foxfire‹ tauchte in jüngster Zeit [auch] ein neuer Typ von *bad girl* auf. Weder Komplizin, noch Verführerin [...], nicht Mutter oder irrationale Schreckschraube [...].« (Jervis: 72)

Und so schlussfolgert Braidotti dann auch in »Teratologies«, dass »the monstrously different« auch vom Beiklang des Ausgrenzungsmechanismus befreit und positiv umgedeutet werden kann:

»We need to learn to think of the anomalous, the monstrously different not as a sign of pejoration but as the unfolding of virtual possibilities that point to positive alternatives for us all.« (Braidotti: 172)

Eine sehr positive monströse Alternative war beispielsweise die Compilation »Girl Monster« des Chicks-on-Speed-Kollektivs 2006. So kamen Musik und Monster auch in meinem Leben wieder zusammen.

Lemmy, deine letzte Textstelle zum Thema Feministin zeigt, wenn auch indirekt, dass auch du zum Dialog bereit bist:

> »Ich kann mir denken, dass ihr radikalen Feministinnen da draußen wegen meiner Kommentare zu den Ehefrauen immer noch vor Wut kocht. Andererseits, liebe Feministin, wenn Sie so leicht auf die Palme gehen, warum lesen Sie dann dieses Buch? Aber wir wollen doch fair bleiben – wie ich schon erwähnte, arbeite ich sehr gerne mit weiblichen Künstlerinnen zusammen.« (Kilmister: 163–164)

Das ist ein großer Fortschritt gegenüber der ersten Textstelle. »Radikal« gefällt mir viel besser als »frigide«. Du gehst also davon aus, dass auch eine Feministin dein Buch lesen könnte. Dass Ehefrauen auf Tour mit der Band nur Ärger bringen, ist keine so schlimme Bemerkung, keine vernünftige Popfeministin würde sich darüber aufregen. Partner, falls sie nicht zufällig auch in der Band spielen, dürfen niemals länger als drei Tage mit auf Tour gehen, das hat mir Christiane Rösinger gleich glaubhaft erklärt. Nach drei Tagen fühlen sie sich ausgeschlossen und belasten einen. Das würde dir nach drei Tagen mit der Gruppe Britta auch so gehen, wenn du mit einer von uns verheiratet wärst.

Abschließend wollte ich dir noch sagen, lieber Lemmy, dass ich heute selbst hin und wieder Kurse in Gender Studies unterrichte, denn ich denke, Missverständnisse wie unseres können und sollten aufgeklärt werden. Die Gagen sind nicht überwältigend, also falls du nur noch singen möchtest und Motörhead eine Bassistin brauchen, bin ich gerne dabei. Falls nicht, und du mal wieder in Berlin bist und ein bisschen Zeit hast, schau doch mal im Kurs vorbei. Wenn du gut mitmachst, gebe ich dir hinterher eine Runde Schnaps und Flippern aus. Und ich verspreche dir, ich werde auch nicht brutal zu dir sein, ganz sicher nicht.

Nachtrag: Eben, als ich bei Google nach Songtexten suche (Mai 2007), stelle ich fest, dass es den Song für Frauen, den ich so gerne von Lemmy hätte, eigentlich schon gibt: Es ist die Motörhead-Debüt-Single, die Coverversion eines Songs von Eddie Holland. Sie erschien 1977. Vielleicht wurde nicht zuletzt deshalb das BGB 1977 geändert?

> Hey, fellows, have you heard the news? / The girls on the town are being misused. / I seen it all in a dream last night. / Girls leaving this town 'cause you don't treat'em right. [...]
> Loving women is a wonderful thing / But the way that we treat'em is a crying shame. / One day, one day, and it won't be long. / And all them fine chicks will be gone. (Motörhead, »Leaving Here«)

ANMERKUNGEN

1 Ich danke an dieser Stelle Prof. Dr. R. Hof und Prof. Dr. G. Dietze, meinen Doktorgeschwistern, meinen Eltern, Bandkolleginnen und -kollegen, Sonja für hot topics, dem Freund, Freundinnen und Freunden, dem Berliner Programm zur Förderung der Chancengleichheit für Frauen in Forschung und Lehre, der Berliner Graduiertenförderung und Lemmy für Gesang, Bart und Bassspiel.

LITERATUR

Braidotti, Rosi: Teratologies. In: Buchanan, Ian and Colebrook, Claire (Hg.): Deleuze and Feminist Theory. Edinburgh: Edinburgh University Press 2000, S. 156–172.

Hof, Renate. Beyond Gender? Vom Umgang mit Differenzen. In: Jael Lehmann, Annette (Hg.): Un/Sichtbarkeiten der Differenz. Beiträge zur Genderdebatte in den Künsten. Tübingen: Stauffenburg 2001, S. 3–19. – Geschlechterverhältnisse und Geschlechterforschung – Kontroversen und Perspektiven. In: Geschlechterforschung / Gender Studies in den Kultur- und Sozialwissenschaften. Stuttgart: Alfred Kröner 2005, S. 3–41.

Jervis, Lisa. Die Auferstehung der Bad Girls. In: Baldauf, Anette und Weingartner, Katharina (Hg.): Lips, Hits, Tits, Power. Wien/Bozen: Folio 1998, S. 72–77.

Kilmister, Lemmy: White Line Fever. München: Heyne 2006.

Nick, Desirée: Eva go home. Frankfurt am Main: Fischer 2007.

Pusch, Luise: Das Deutsche als Männersprache. Frankfurt am Main: Suhrkamp 1984.

Trömel-Plötz, Senta: Frauensprache – Sprache der Veränderung. Frankfurt am Main: Fischer 1982.

Jutta Sommerbauer

KEIN KONFLIKT, NIRGENDWO

Gender und Feminismus zwischen Ost und West

1. Das langsame Verschwinden der drei Us

In Bulgarien sind mir die drei Us – Unbehagen, Unmut und Unwohlsein mit dem eigenen Geschlecht – so gut wie abhanden gekommen. Wirklich, ich habe mich angepasst, umgeben von Frauen, die mir signalisieren: Weiblichkeit ist unbeschwert und unbelastet. Weiblichkeit macht Spaß.
Aber ja! Hier sehen die Mädchen rosa und freuen sich. Es ist einfach, eine Frau zu sein. Und es ist unproblematisch, eine Frau zu sein. Eine Frau zu sein, birgt keinen Stoff für gesellschaftliche Konflikte.

Wir sind stolz auf unsere Frauen, denn unsere Frauen sind schön, sagt man mir. Ich würde sagen, das ist auch die Minimalanforderung. Perfekt auszusehen, sich ordentlich anzuziehen, seinen Geschlechterauftrag zu erfüllen – das gehört so selbstverständlich zum Tagesprogramm wie Zähneputzen am Morgen. Bulgarische Mädchen, außerordentlich oft außergewöhnlich dünn, mit kurzen Röcken, hochhackigen Schuhen und in Form frisiertem Haar, erregen vielleicht im Ausland Aufmerksamkeit. Westliche Männer betrachten interessiert ihre Geschlechterperformance und wundern sich, welches graue Land diese halbpornographischen Bilderbuch-Wesen denn ausgespuckt hat. (Kommen die aus Albanien? Aus Rumänien? Bulgarien? – Egal. Das ist austauschbar. Und – nebenbei – nicht so wichtig.)

In Sofia zuckt indessen kein Mann mit der Wimper, wenn die filigranen Schönheitsköniginnen mit starrem Blick an ihm vorbeistaksen. Vielleicht, in seltenen Fällen, wird er einer mit seinen starken Armen über die gefährlichen Schlaglöcher helfen.

Aber das passiert wirklich nur höchst selten.

2. Kein Geschlechterkampf, nirgendwo

Verwirrung stiftet in meinem südosteuropäischen Land die westeuropäische Genderverwirrung. Ungläubige, verständnislose Blicke. Haben die Leute denn sonst keine Probleme? Was wollt ihr eigentlich? Alles auf den Kopf stellen? Aber wozu denn?

Den Geschlechterkonflikt sucht man in Bulgarien vergeblich. Es gibt ihn nicht. Gender ist kein Politikum. Denn alles ist in bester Ordnung. Sagen die Männer, sagen die Frauen. Diskriminierung aufgrund von Geschlecht, Hierarchien zwischen Frauen und Männern, der Kampf um die Verteilung des Kuchens oder der Kampf um einen ganz anderen Kuchen – all das ist bestenfalls eine Debatte, die man vom Hörensagen kennt. Ach ja, da im Westen, da soll es doch diese Feministinnen geben … komische Sache. Man wundert sich. Weshalb es diese Spezies gibt, woher sie kam, was sie eigentlich will – das ist schon weniger klar. In Bulgarien fand 1968 nichts Außergewöhnliches statt. Vermutlich war das Jahr 1968 nicht viel anders als das Jahr 1963 oder das Jahr 1971. Überhaupt war es hier ungewöhnlich ruhig, während all dieser Jahre. In den 1960ern und 1970ern stand der Staatssozialismus in voller Blüte, und mit ihm die Kontrolle der Gesellschaft. Wenn es keine Mütter gab, die rebellierten, warum soll es heute also rebellierende Töchter oder gar eine ›Third Wave‹ geben?

3. Das Erbe der BauarbeiterInnen

Es soll Leute geben, die den Staatssozialismus im Nachhinein idealisieren. Wie sauber, ruhig, geordnet und klar doch das Leben damals war. Die Mehrheit findet ihn heute allerdings zum Abwinken. Ob es jemals jemanden gegeben hat, der auch den staatlich verordneten Feminismus gut gefunden hat – ich weiß es nicht. Die früheren Parteisoldatinnen sind mittlerweile gestorben oder sitzen mucksmäuschenstill zu Hause. Sie sind schon zufrieden, wenn sie ausreichend Kohle für die Heizung haben. Auch wenn sich heute niemand mehr an sie erinnern mag: Das postsozialistische Schweigen um die Geschlechterbeziehungen, ihre unaufgeregte Natürlichkeit haben wir den verwegenen ErbauerInnen des Sozialismus zu verdanken.

Weil der Sozialismus die Frauen mit schlecht designten Sackkleidern abspeiste, macht das wahllose Einkaufen heute gar so viel Spaß; weil der

Sozialismus für beide Geschlechter die Lohnarbeit zum Fetisch erhob und die Frauen nicht aus ihrer hausfraulichen Verantwortung entließ, riecht das Daheimbleiben (freilich nur als weibliche Option) heute gar so sehr nach Luxus; weil Männer und Frauen einander brave Geschlechtswesen-Genossen sein sollten, ist das Ensemble ›dicker Mann mit dickem Auto, dünnes Mädchen mit kleinem Täschchen‹ ein überzeugendes kulturelles und ökonomisches Modell. Die Emanzipation im Sozialismus war immer funktional für den Sozialismus. Frauen hatten dem heiligen Geist entsprechend dreifaltig zu sein – sie waren Arbeiterin, Aktivistin und Mutter. Als Kollektiv waren sie ein neues Arbeitsheer, nicht nur, aber durchwegs auch in ganz traditionellen Berufen. Und ganz selbstverständlich hatten sie damals – und heute wieder – die Hausarbeit zu übernehmen. Die Selbstverständlichkeit, mit der Männer diese Tätigkeit als ›nicht die ihre‹ abtun, ist damals und heute gleich – Systemwechsel, Transformation, Übergang hin oder her. Dieses Tabu anzutasten hat auch der Sozialismus tunlichst vermieden.

Heute hat das Kollektiv ausgedient, jedenfalls unter den Jungen und Nostalgieverächterinnen. In den Schulen, im Beruf, im Nachtclub: lauter Einzelkämpferinnen, und jede arbeitet hart an ihrer persönlichen Strategie.

4. Ich werde Bauingenieurin!

Natürlich ist es ungerecht, den Sozialismus für alle Übel verantwortlich zu machen. Ja, es wurden anfangs fortschrittliche Gesetze erlassen. Ja, es gab Kinderbetreuungseinrichtungen. Ja, es gibt sie auch heute noch: die Straßenbahnfahrerin, die Mathematikerin, die Computerfachfrau, die Laborantin, die Bauingenieurin – und die jungen Mädchen, die zu ihnen werden.

Aber Achtung: Sie sehen nicht aus, wie West-Feministinnen das imaginieren. Aber das ist nicht das Problem der bulgarischen Bauingenieurin.

5. Wo ist der Kontext?

Mitte der 1990er-Jahre begannen Frauen in Bulgarien, Feminismus-Debatten nach westlichem Vorbild zu führen. Es ist wenig verwunderlich, dass in vielen Publikationen die Übersetzungsproblematik des Gender-Begriffs im Vordergrund stand. Die unterschiedlichen Positionen – die von einer einfachen Übernahme des englischen Begriffs bis hin zur eigenständigen, bulgarischen Begriffsbildung reichten – zeigen im Kleinen, wo das Problem liegt: es geht um das eigene Selbstverständnis, um einen angemessenen Umgang mit Begriffen und Theorien, die in anderen geografischen, historischen und kulturellen Kontexten entwickelt wurden, mithin um die bulgarische feministische Tradition und ein mögliches Anknüpfen daran.

Nach der Wende sahen sich frauenpolitisch engagierte Frauen vor allem mit einer Frage konfrontiert: Und wo bitte ist eure Frauenbewegung? Die Literaturwissenschaftlerin Miglena Nikolchina sagt heute: »Diese Frage, ›Wo ist eure Frauenbewegung?‹, war vom Westen mit nicht genügend Sensibilität bezüglich unserer spezifischen Situation gestellt worden. Und wir haben geseufzt und haben gesagt: ›Ach, wo ist nur unsere Frauenbewegung?‹«[1]

Ach, aber wo ist sie wirklich? An den Unis gibt es ein bisschen Feminismus: Von engagierten Einzelpersonen werden da und dort Lehrveranstaltungen angeboten, an der Sofioter Universität gibt es sogar ein interdisziplinäres Masterstudium Women's/Gender Studies.

»Der feministische Dialog zwischen dem Osten und dem Westen. Wo stehen wir?« lautet der Titel eines Artikels von Ralica Muharska. Eine zentrale Kategorie zur Charakterisierung dieses Verhältnisses ist für Muharska das »Schweigen«: »Wenn osteuropäische Feministinnen von/mit dem Westen sprechen, zeigt das Schweigen – das Verschwiegene – die Leerstellen im feministischen Diskurs. Zu Hause verschweigen wir unseren Feminismus nicht nur auf Grund der möglicherweise negativen Reaktion, sondern auch deshalb, weil wir keine Sprache haben, mit der wir ihn ausdrücken könnten; unsere Gesellschaft/Kultur spricht nicht ›feministisch‹, und der Feminismus spricht nicht osteuropäisch – oder beispielsweise bulgarisch.«[2]

Muharska zeichnet ein äußerst problematisches Bild der bulgarischen Feministin: Sie sei eine Einzelkämpferin, eine »Aktivistin ohne Tätigkeit/Aktivität, eine Vertreterin ohne Vertretene«, eine »Persönlichkeit, die wie viele Personen spricht«: Eine Frau, die sich adäquat im Westen bewegen könne, um dort Inhalte zu vertreten, die sie in Bulgarien nicht öffentlich aussprechen würde. Ralica Muharskas pessimistisches Fazit lautet: Die bulgarische Feministin ist Anwältin in eigener Sache, und somit ist der Nutzen, den sie zieht, vor allem ein persönlicher.

Vermutlich hat Muharska mit ihrer Diagnose nicht unrecht: Bislang haben sich Gender-Theorien vor allem im Wissenschaftskontext und bei Frauen-NGOs in Form von Gender-Mainstreaming- oder Gender-Awareness-Programmen sedimentiert. Hier war der Feminismus von Anfang an ein professionelles Unternehmen. ExpertInnenjargon und EU-maßgeschneiderte Konzepte bestimmten sein Aussehen. Vielleicht macht dieser Feminismus das Beste aus seiner Lage – er hat eine schwache Basis, also handelt er pragmatisch. Während man im Westen über die Sinnhaftigkeit von Gender Mainstreaming diskutiert, wird der neue Begriff im Osten bereits implementiert. Aber wer hat es eigentlich mitgekriegt? Der Erfolg all dieser Initiativen wird sich daran messen, ob sie größere Kreise ziehen werden. Muharska schreibt: »Auf unserer Seite besteht die Notwendigkeit, dass sich der Diskurs, der ›dort‹ schon theoretisiert ist, in Richtung Praxis bewegt [...]. Anstatt sich auf dem normalen Weg zu entwickeln – von einer allmählich wachsenden sozialen Bewegung hin zu einer Theorie, die ihn beschreibt – geht der Feminismus ›hier‹ den umgekehrten Weg.«

6. Verwirrung in Rosarot

Als ich vergangenen Winter Freundinnen und Freunde in Wien besuchte, erntete ich befremdete Blicke und bissige Kommentare. Der Grund dafür war meine taillierte altrosa Steppjacke. Ein schönes, neues, echt bulgarisches Erzeugnis ohne jegliche Underground-Credibility. So ganz ohne Fussel, Fransen, Löcher und Buttons wollte ich meiner Bande nicht gefallen. Für sie war das ein weiterer Beweis für meine Assimilierung an das Ideal der südosteuropäischen Weiblichkeit. »Du bist schon eine bulgarische Frau geworden«, stichelten sie, »Du siehst wirklich sehr süüüüüüß aus!«

Was hatte ich mir dabei gedacht? Nichts, um ehrlich zu sein. Eine neue Jacke hatte ich kaufen wollen, und diese hatte mir gefallen. Rosa – und wenn schon, wer wird denn so kleinlich sein.

ANMERKUNGEN

1 Gespräch mit Miglena Nikolchina, Sofia, 2005.

2 Muharska, Ralica: Schweigen und Parodien – der feministische Dialog zwischen dem Osten und dem Westen. Wo stehen wir? In: Dies. (Hg.): Mütter und Töchter. Generationen und Richtungen des bulgarischen Feminismus. Sofia 1999, S. 53–61. Alle Zitate wurden von mir ins Deutsche übersetzt.

LITERATUR

Muharska, Ralica: Schweigen und Parodien – der feministische Dialog zwischen dem Osten und dem Westen. Wo stehen wir? In: Dies. (Hg.): Mütter und Töchter. Generationen und Richtungen des bulgarischen Feminismus. Sofia 1999, S. 53-61.

Karin Harrasser

WUNSCH, FEMINISTIN ZU WERDEN

Nahräume politischen Handelns

> »Wenn man doch ein Indianer wäre, gleich bereit, und auf dem rennenden Pferde, schief in der Luft, immer wieder kurz erzitterte über dem zitternden Boden, bis man die Sporen ließ, denn es gab keine Sporen, bis man die Zügel wegwarf, denn es gab keine Zügel, und kaum das Land vor sich als glattgemähte Heide sah, schon ohne Pferdehals und Pferdekopf.« (Franz Kafka: Wunsch, Indianer zu werden)

Inwiefern trägt der unmittelbare soziale Nahraum dazu bei, dass der Wunsch entsteht, Feministin zu werden? Welches sind die Momente der Anziehung und der Abstoßung, in denen feministische Konzepte attraktiv, notwendig, eingängig erscheinen? Wie verändert sich die Konzeption des ›Politischen‹ durch Auseinandersetzungen im eigenen Mesokosmos (von den Eltern, zu ersten Partnerschaften über Frauennetzwerke und -freundschaften bis hin zu professionellen Zusammenhängen)? Und wie sieht es im Fall des akademischen Arbeitens mit der – selbst proklamierten – Engführung von Forschungsthemen und Lebenswelt aus?

Um ehrlich zu sein: Mir ist der Moment meiner feministischen Initiation nicht präsent. Ich weiß lediglich, dass ich irgendwann in meinen ersten Studienjahren dazu überging, mich als Feministin zu begreifen und zu fühlen. Vielleicht bin ich aber in dem Moment Feministin geworden, als ich mich das erste Mal als solche bezeichnete. Das war im Familienkreis und ich hatte mich gerade wieder mal furchtbar darüber geärgert, dass mein jüngerer Bruder Müll produzierend auf der faulen Haut lag, während meine

Mutter stressbedingt rotierte. Ich weiß noch, dass diese Selbstbezeichnung in meiner vergleichsweise liberalen Familie Erstaunen auslöste und bei den männlichen Familienmitgliedern weiß der Himmel was für Assoziationen. Was auf meiner Seite – klar – zu noch größerer Vehemenz in der Proklamation meines Status' führte. Ich glaube, mein Bruder hat mir diesen Auftritt, den er ganz richtig als einen Angriff auf seine Person verstanden hat, nie ganz verziehen und er beäugt meine Anwesenheit in der elterlichen Wohnung seither mit etwas Misstrauen.

Es ist wahrscheinlich, dass ich damals ziemlich überzogen reagiert und die Familie mit einer verbalen Breitseite erwischt habe, die so nicht angebracht war. Andererseits braucht es zur Politisierung eines Diskussionsgegenstands Leidenschaften; Politik braucht ein agonales Moment. Eine heiße Wut, die sich langsam in einen kalten Grimm transformiert hat, unterlegt meinen Feminismus seither. Die Wut hat sich in dem Maß abgekühlt, in dem die Analyse im Gewand der Gender Studies zu dem diffusen Gefühl, Feministin sein zu wollen, hinzutrat. Doch woher kam dieser erste Impuls? Ich denke, es war ein Gefühl der Hilflosigkeit, eine vage Empfindung dafür, dass das, was sich zwischen meiner Mutter und meinem Bruder abspielte, über die beiden als Personen hinausging; dass da etwas war – ein Machtverhältnis –, das nicht individuell verhandelbar ist und deshalb eines anderen Rahmens bedarf als eine Familienstreitigkeit.

Der zweite Anstoß kam – niemanden wird das bei einer so leidenschaftlichen Leserin wundern – aus der Literatur und hieß Elfriede Jelinek. Die ersten Leseerlebnisse (»Lust«) waren groß: die Präzision der Sprache, die Kälte, die ihre Texte ausstrahlen und die mich inzwischen stark an jenen kühlen, foucaultschen Tonfall erinnern, der die Moralisten so wütend macht, diese Diskursanalyse der Gewaltsamkeit der Geschlechterbeziehungen mit den Mitteln des Schreibens. Das alles hat mich sehr beeindruckt und mir deutlicher gemacht, dass man, wenn man mal damit angefangen hat, Feministin zu werden, nicht einfach weiter machen kann wie bisher. Es folgten Streits mit meinem damaligen Freund und der Aufbau von neuen Freundschaften, Frauenfreundschaften hauptsächlich, aber auch ein paar feministisch engagierte Männer waren dabei. Kurz: Der Aufbau eines diskursiven Mesokosmos, der es erlaubte, Wissen über Geschlechterverhältnisse zu gewinnen, zu diskutieren und zu erweitern, ohne permanent in Opposition zu jemandem zu stehen. Irigaray oder Haraway, Butler sowieso,

Bourdieu als Gender-Theoretiker? Lacan? Never ever. Dann lieber doch Michel. Wahl der Waffen quasi. Liebeserklärungen von Frauen, große Ehre, höchste Irritation. Bewunderung für ältere, klügere Frauen; erste Zweifel an ihrer Stärke, wenn ich sie auch privat traf. Zunehmender Respekt vor dem Zulassen von Schwäche. Der Erwerb einer Mentorin. Dass der Feminismus links sein musste, stand gar nicht erst zur Debatte. Links war er, verankert in einer ›autonomen‹ Szene mit ihren heruntergekommenen Räumen und ihrer strengen Diskussionskultur. Wie viel das alles mit einem studentischen Zustand zu tun hat, ist mir erst im Nachhinein klar geworden. Aporien treten in einem solchen Zustand nur selten zu Tage, vieles scheint möglich, die Zwänge eines Berufs sind noch nicht spürbar, Hierarchien wirken relativ durchlässig und wenn ein Professor etwas Frauenfeindliches von sich gibt, schreibt man einen Brief und geht nicht mehr hin. Try that in your job ...

Natürlich war eine der ersten Lektionen, dass das Private politisch ist, und so machte ich mich an die Umgestaltung freundschaftlicher Bindungen. Eine mehrjährige Beziehung und die dazu gehörige Jugendclique mussten als Ganzes dran glauben. Ich brach jeden Kontakt ab; war nicht dazu in der Lage, eine Kontinuität zwischen meiner Vergangenheit und der Gegenwart herzustellen. Eine solche Konsequenz würde ich wohl heute nicht mehr an den Tag legen wollen und können, damals war es allerdings ein wichtiger Schritt hin zu meiner Neuerfindung als Feministin.

Es war die Zeit des Theorien-Anprobierens (Dank an Theresa Öhler für dieses Konzept). Eine Zeit des Überprüfens, welche Gender-Theorie zu mir passt – aber auch umgekehrt, wie ich sein muss, um zu einer Theorie zu passen. Wie muss ich sprechen, mich kleiden, mich verhalten, um dem, was ich glaube, verstanden zu haben, gerecht zu werden? Was sind die No-go-areas im Denken und im Umgang mit Menschen? Eine Zeit selbst auferlegter Denkverbote, die ich nach wie vor als wichtig für die Ausformung eines analytischen Rasters und zur Ausprägung von Selbsttechniken erachte. Ich legte mir ein recht enges Korsett an mit dem Ziel der Befreiung aus eingelernten Verhaltensmustern. Schmerz, um den Schmerz zu bekämpfen. Umleitung von Affekten durch Strenge zu mir selbst.

Eine Wendung in diesem Selbstverhältnis kam dann gegen Ende des Studiums durch einen einzigen, einfachen Satz, ausgesprochen von Pipilotti Rist, als Antwort auf die Frage, ob sie denn Feministin sei. Sie antwortete schlicht: »Noblesse oblige«. So einfach konnte die Sache sein und wurde sie zunehmend auch für mich. Entspannung hielt Einzug in mein Denken und Verhalten in Sachen Gender und Feminismus; die feinere Klinge der Ironie wurde meine bevorzugte Waffe. Dazu kam, dass ich fest eingesponnen in ein feministisches Milieu meinen Berufsweg begann. Ich war mit dem Aufbau eines Frauenförderungsprogramms in Wissenschaft und Forschung beschäftigt und hatte eine Feministin reinsten Wassers zur Vorgesetzten. Mir war klar, dass ich mich in einer Enklave befand und mir wurde schnell bewusst, dass Macht und Politik auch innerhalb feministischer Milieus nichts Unschuldiges haben. Dass im Gegenteil der Feminismus eben nicht nur eine politische Waffe nach außen ist, sondern auch nach innen gewaltsam sein kann, insbesondere dann, wenn Karriereoptionen mit dem Label Feminismus oder Geschlechterforschung versehen auftreten. Mein Feminismus war jetzt da, wo er als politische Haltung etwas bewegen konnte; mein Engagement verlagerte sich stark in mein öffentliches Agieren, während ich im Privaten dazu tendierte, mit Humor zu reagieren, wo ich mich ein paar Jahre früher noch maßlos aufgeregt hatte. Als deklarierte Feministin blieb ich in meiner Familie dennoch *die* Ansprechpartnerin für Fragen der Geschlechterverhältnisse – und da in letzter Zeit eine Re-Etablierung biologistischer Erklärungen für geschlechterdifferentes Verhalten platz greift, habe ich damit auch alle Hände voll zu tun. Der Unterschied zu früher ist klar: Die persönliche Betroffenheit, das Angerührtsein von der faktischen Macht der Geschlechterordnung hat sich in eine Strategie transformiert. Was waren die Gründe dafür? Bedenken gegenüber einer Betroffenheitsrhetorik, ein Wissen um die Vielschichtigkeit der Problemlagen, weil es einfach anstrengend ist, sich permanent mit irgendeinem Familienmitglied zu streiten und weil Rechthaberei keine sehr noble Eigenschaft ist (und wie gesagt: noblesse oblige).

Ganz anders sah die berufliche Seite aus, als ich an einem zwar den Gender Studies nicht völlig abgeneigten, aber mitnichten feministisch geprägten Universitätsinstitut in Berlin zu arbeiten begann. Hier war es seit langem wieder einmal riskant, feministisch zu agieren, sowohl wenn es um den Umgang mit MitarbeiterInnen und Graduierten ging, als auch bei der eigenen Positionierung in Bezug auf Analyseinstrumente und Forschungsfragen in Fachdiskussionen. Auf dem Jahrmarkt der angesagten Theorien haben die Gender Studies nämlich in den letzten Jahren unübersehbar an Boden verloren. In dem Maß, wie Geschlechterforschung institutionalisiert wurde, verlor sie offenbar an Inspirationskraft. Sie ist zwar Teil des kulturwissenschaftlichen Analysebestecks, hat aber gleichzeitig viel an intellektuellem Biss eingebüßt. Eine eigenartige Zwickmühle: Einerseits scheint es antragsstrategisch (oder gar karrieretechnisch) opportun, Geschlechterforschung zu betreiben, andererseits eilt ihr mittlerweile ein Ruf von Fadesse voraus, der sich in der ›Scientific Community‹ tendenziell als Resignation niederschlägt.

Keine Missverständnisse hier: Eine Genderperspektive ist für viele Forschungsfelder und Problemlagen der Geistes-, Sozial-, und Kulturwissenschaften immer noch ebenso unabdingbar wie es ein Desiderat bleibt, sämtliche Fragestellungen feministisch zu durchtränken. Ganz einfach deswegen, weil Geschlecht neben den Kategorien Klasse, Ethnizität und Alter nun mal die westliche Welt von Grund auf strukturiert: Bewertungen von Arbeit, Wissensformationen, die Verteilung von Macht und Mitsprache sowie Beziehungsstrukturen sind nach wie vor über das Gegensatzpaar männlich-weiblich strukturiert, auch wenn die letzten Jahrzehnte Verschiebungen in sehr vielen Lebensbereichen gebracht haben. Der Ruf der Geschlechterforschung als langweilig und ›immer das Gleiche‹ ist weniger der inner-akademischen Ablehnung ihrer politischen Forderungen geschuldet (offen frauenfeindlich zu sein gehört wirklich nicht mehr zum guten Ton, und auch wenn traditionelle Geschlechterrollen auch im akademischen Milieu üblich sind, gibt es doch eine vergleichsweise große Offenheit anderen Lebensentwürfen gegenüber), als ihrem Stagnieren, was die Weiterentwicklung von Theorien und die Identifikation interessanter Forschungsfelder betrifft. Dass dieser Umstand so sehr ins Gewicht fällt, ist wiederum nur teilweise der Geschlechterforschung selbst anzulasten, denn es ist durchaus nachvollziehbar, dass sich ein so junges Feld nach einer ersten Hochphase der Theoretisierung konsolidieren muss, indem in empirischen Arbeiten das entwickelte Instrumentarium durchgetestet wird. Genau solche Schleifen sind jedoch im hoch kompetitiven Wissenschaftsbetrieb, wie er sich heute darstellt, nicht vorgesehen: Die Innovationsrhetorik treibt nicht nur die Naturwissenschaften vor sich her, sondern auch die Geistes-, Sozial- und Kulturwissenschaften.

Mich hat all dies zugegebenermaßen auf dem falschen Fuß erwischt: In dem Moment, in dem ich mich mit mehr Gelassenheit der Geschlechterforschung zuwenden wollte, wird die Gelassenheit der wissenschaftlichen Arbeit als solche abgeschafft.

In einem derzeit laufenden Forschungsprojekt scheint nun eine Annäherung von feministischen Inhalten und einer entsprechenden Forschungspraxis doch einmal zu gelingen: Ziemlich unverhofft fanden sich entfernt bekannte Gestalten aus meiner feministischen Initiationsphase als Projektteam zusammen, und aufgrund der großzügigen Struktur seitens des Fördergebers können wir uns nicht nur in aller Ruhe (zweieinhalb Jahre lang) der Formierung von Geschlecht und Wissen bei Kindern widmen, sondern das Projekt so organisieren, wie es uns richtig erscheint. Ohne viel darüber zu diskutieren, waren von Anfang an bestimmte Parameter gesetzt: Kooperatives Arbeiten steht an erster Stelle, eine klare Aufgabenverteilung ermöglicht die Entfaltung der einzelnen Kompetenzen, Vertrauen auf Seite der Projektleitung und Eigeninitiative der MitarbeiterInnen sind wesentliche Bestandteile des Arbeitsklimas. Und was mir besonders wichtig war: Wir tun nicht so, als gäbe es keine Unterschiede im Team, sondern thematisieren Machtgefälle sowie Ein- und Ausschlüsse so explizit, dass wir einen angstfreien Umgang damit entwickeln können.

Mein anderer Bruder – er ist gerade süße 18 Jahre alt – hat mir kürzlich erläutert, dass Emanzipation für ihn »viel mit Beziehung« zu tun habe und dass er sich deshalb nun eine ältere Freundin ausgeguckt hat, die, anders als seine bisherigen 15-jährigen Flammen, weiß, was sie will und ihn herausfordert. Das ist doch schon was, dachte ich mir da, und war gleichzeitig irritiert, mit wie wenig ich mich inzwischen zufrieden gebe.

Soweit also alles gut? Ich weiß nicht. Nur weil sich der unmittelbare soziale Nahraum als gestaltbar erwiesen hat (erstaunlich genug), bedeutet das nicht, dass ein feministisches Agieren, das sich darauf konzentriert, ausreichend ist. Aber die Totalumgestaltung der Gesellschaft (weltweit versteht sich), hat sich als zu großes Projekt herausgestellt. Für mich jedenfalls. Ich bin hier wohl ganz Kind meiner Generation und das macht mich manchmal unfassbar wütend. Ist das der brennende Kern eines neuen Versuchs, Feministin zu werden?

So wenig sich der Wunsch, Indianer zu werden, je erfüllen kann, insofern der Indianer selbst eine Erfindung ist, so sehr möchte ich am Prinzip des Werdens, das im Wünschen steckt, festhalten. Der Wunsch, Feministin zu werden, hat mich nie losgelassen. Ich glaube, das ist mir letztlich wichtiger, als Feministin zu sein.

Ute Hölzl

MEIN GANZ PERSÖNLICHES F-WORT

Fußball und Feminismus

Fußball und Feminismus – wie geht das denn bitte zusammen? Nicht schlecht eigentlich. Denn wer behauptet eigentlich, dass Fußball ein Männersport sei? Ich meine: nur engstirnige Typen, die sich weder jemals ernsthaft mit Frauenfußball auseinandergesetzt haben noch wissen, dass Fußball unter US-amerikanischen Mädchen so etwas wie ein Volkssport ist. Ganz so wie bei uns Volleyball oder Handball.

Aber von diesem Fußball spreche ich nicht, oder zumindest nicht ausschließlich. Ich bin nämlich, trotz allem, auch ein Fan des anderen Fußballs. Und zwar des Fußballs, in dem Millionen und Milliarden von Euros verschoben werden, in dem Frauen höchstens als Angehörige bzw. aufgebrezelte ›Spielerfrauen‹ vorkommen, in dem es um Kampf, Durchsetzungsvermögen und andere archaische (vermeintlich männliche) Ur-Instinkte geht, in dem das größte Ziel der Sieg in einem Turnier ist, das dem Konzept ›Nation‹ huldigt.

Eigentlich nichts für eine aufgeklärte Feministin, denn bei Fußball unter diesen Rahmenbedingungen geht es um viel zu viele Dinge, die von mir abgelehnt werden. Hier gelten Regeln, die ich andernorts verachte und für deren Veränderung ich eintrete. Fußball ist homophob, Fankultur zu einem Großteil frauenfeindlich und manchmal auch rassistisch und antisemitisch – und doch, die Leidenschaft ist stärker als der Verstand.

Begonnen hat für mich alles bei einem Familienurlaub in Rimini, beim Campen mit dem neu gekauften Anhänger, der sich zu einem Zelt umbauen ließ. Zur selben Zeit fand in Spanien die Fußballweltmeisterschaft statt, bei der sich einerseits meine Fußballliebe zu den Azzurri, den eleganten Italienern in ihren azurblauen Dressen, ausgebildet hat, ich andererseits aber auch sofort gelernt habe, dass Fußball mehr als ein Hobby ist: Er kann sich auch auf Freundschaften auswirken. Meine erste bewusste Fußballerinnerung von damals verändert sich in der nachträglichen Betrachtung immer mehr zu einem Bild ohne Männer – wer weiß, ob das nicht nur ein Wunschtraum ist, mit dem ich mir (und vor allem den anderen) meine Fußballliebe erkläre. Am 5. Juni 1982 unternahm ich mit meiner Familie einen Tagesausflug nach San Marino. Es war der Tag, an dem in Barcelona das Spiel Brasilien-Italien stattfand. Alle arbeiteten an diesem späten Nachmittag unter der Woche, doch es wurde auch Fußball geschaut: Vor mehreren Geschäften standen Fernseher, manche auch mitten auf der Straße, davor immer wieder Grüppchen von Menschen – in meiner mentalen Rückblende nur Frauen. Es war ein dramatisches Spiel, dessen Favoriten – wie eigentlich immer – die Brasilianer waren: Auf dem Platz stand mit Zico, Eder, Falcão und Sokrates eine Jahrhundertmannschaft.

Ich war fasziniert von dem Aufschrei, der durch die Stadt ging, als Paolo Rossi das erste Tor schoss, von der Spannung nach Socrates' Ausgleich, von der freudigen Erregung, als Rossi die Italiener wieder in Führung schoss. Italien gewann das Spiel 3:2. Der Wechsel der Emotionen, der sich durch Spiel und Stadt zog, hat mich nie wieder losgelassen. An jenem Tag sprang dieses Fieber auf mich über: die Freude, die Spannung, die Aufregung, die ein Fußballspiel hervorrufen kann. Dass Italien bei diesem Turnier auch Weltmeister wurde und ich durch den Drahtzaun, der den Campingplatz von der Straße trennte, den örtlichen Jugendlichen beim Autokorso zusah, war nur noch eine Draufgabe. Es hatte mich schon gepackt – auch wenn mein damaliger Sommerfreund, ein gleichaltriger Deutscher, mich am Tag nach dem Finale, das Italien gegen Deutschland gewonnen hatte, ängstlich fragte: »Du magst aber schon noch mit mir spielen, oder?« Ich hatte wohl zu laut gejubelt.

Meine Fußballbegeisterung hielt an. Es hat sicher nicht geschadet, dass auch mein Vater und mein älterer Bruder Fußballfans waren – teils für dieselben Mannschaften wie ich, teils für andere. Damals fiel mir noch nicht auf, dass ich das einzige Mädchen in meinem Umfeld war, das sich für Fußball interessierte. Ich war außerdem auch das einzige Mädchen, das lieber gelesen hat, als mit Puppen zu spielen, ich war in ziemlich vielen Dingen das einzige Mädchen. Aber das lag eben daran, dass sich die anderen Mädchen für fade Dinge begeisterten, dafür konnte ich doch nichts! Trotzdem fiel mir irgendwann auf, dass meine Fußballbegeisterung wohl ungewöhnlich war. Vor wichtigen Spielen war ich den ganzen Tag aufgeregt und konnte mich kaum konzentrieren. Darüber konnte ich mich mit niemandem unterhalten, denn in meinem Umfeld gab es ja nicht einmal fanatische männliche Fußballfans. Das kam wohl daher, dass ich in einer Gegend aufgewachsen bin, in der es zwar überdurchschnittlich viele Fußballplätze pro EinwohnerIn gibt, doch die Spitzensportarten ganz andere waren: Skifahren, Rodeln und höchstens noch ein wenig Leichtathletik. Meine Helden aber waren Franco Baresi und Ruud Gullit, Marco van Basten und Paolo Maldini vom AC Milan. Mit ihrem Trainer Arrigo Sacchi revolutionierten sie den Fußball und gewannen in der Folge viele Spiele und Meisterschaften.

Alles steuerte auf den Höhepunkt zu: Italia '90, die Weltmeisterschaft 1990 in Italien. Ich war schon lange vorher aufgeregt. Dass die Salernitana, der Lieblingsverein meines süditalienischen Onkels, in die zweite italienische Liga aufgestiegen war, deutete ich als gutes Omen. Gianna Nannini und Edoardo Bennato trällerten »Una Notte Italiana« auf Powerplay, und für mich stand außer Zweifel, wer Weltmeister werden würde. Italien. Wer sonst.

Und dann kam der dritte Juli, das Halbfinale gegen Argentinien in Neapel. Italien tut sich schwer, auf der Gegenseite kommt Maradona auch nicht wirklich ins Spiel. Dann ein Stellungsfehler, Torwart Zenga zu weit vor dem Tor, Missverständnis mit Kapitän Bergomi und Caniggia köpft den Ball ins Tor. Der Ausgleich. Dann Elfmeterschießen. Italien ist draußen, die Enttäuschung ist riesig, schließlich wäre das ›unsere‹ Weltmeisterschaft gewesen, Italien hätte gewinnen müssen. Dass Deutschland dann den Titel gewann, war mir vollkommen egal, ich war mit Trauerarbeit beschäftigt. Nach einer weiteren durchweinten Nacht stellte ich mir schließlich die Frage: »Was hat ein Spiel von 22 Männern eigentlich mit meinem Leben zu tun? Warum können 90 Minuten meine Laune so beeinflussen?« Ich beschloss, Fußball aufzugeben. Und so war es auch.

Fußball war nicht mehr Teil meines Lebens. Champions League, Meisterschaften, Pokalschlachten? Egal, ich ging lieber mit meinen FreundInnen aus. Sollte der Fußball doch machen, was er wollte, ich war draußen. Ganz ist mir das natürlich nicht gelungen, doch die unbedingte, unumstößliche Leidenschaft war weg. Ich war zu tief enttäuscht worden, noch einmal wollte ich so ein Desaster nicht miterleben. Lieblingsmannschaften hielt ich auf Distanz, ich beobachtete nur noch, las Ergebnisse, das Herz aber ließ ich außen vor. Geholfen hat unter anderem auch, dass mir mit dem Einstieg von Silvio Berlusconi in die italienische Politik mein Lieblingsverein AC Milan, dessen Präsident Berlusconi war, vergällt wurde. Fußball wurde von ihm und seiner nach einem Schlachtruf benannten Partei Forza Italia eindeutig für politische Zwecke instrumentalisiert, man rechnete Siege von Milan im Europacup in WählerInnenstimmen um.

Zu dieser Zeit wurde es in meinem studentischen Umfeld immer offensichtlicher, dass ich nach wie vor die einzige Frau war, die sich für Fußball interessierte und sich auch damit auskannte. Ich kannte immer noch keine andere Frau, die meine Leidenschaft nachvollziehen konnte oder gar teilte. Was mir aber wiederum einige lustige Momente verschaffte: Nie hätte ich gedacht, dass man ein Wohnzimmer voller aufgeregter (natürlich männlicher) Fußballfans schneller zum Schweigen bringen konnte als durch einen Satz wie: »Ach, da hinten links, X, ich verstehe nicht, wieso er nicht statt Y im Mittelfeld links spielt, wie bei seinem letzten Verein, Z.« In den restlichen 80 Minuten, die das Fußballspiel noch dauerte, war von den anderen nichts mehr zu hören. Plötzlich hatten anscheinend alle Angst, etwas zu sagen – Angst davor, dass ich es besser wissen könnte.

Mit der Zeit hat mir dieses Spielchen Spaß bereitet. Wie gehen Männer damit um, dass eine Frau womöglich mehr über Fußball weiß als sie selbst? Die meisten lösten es auf die Weise, mir einfach mit kurzer Zeitverzögerung meine Aussagen als ihre eigenen zu präsentieren – ohne jeden Zweifel an der Urheberschaft.

Das war noch zu einer Zeit, als weibliche Fußballfans nicht einmal für die »Vermischtes«-Rubrik der Tageszeitungen taugten. Diese ›Adelung‹ kam erst später: Ab den späten 1990ern wurden Frauen auch als Fußball-Zielgruppe wahrgenommen, verstärkt übrigens in Zeiten vor Fußball-Großveranstaltungen. Zuschauerinnen und weibliche Fans gab es zwar schon immer – nur wurden sie nie thematisiert, so wie auch in vielen anderen Bereichen Frauen einfach nicht zur Kenntnis genommen werden. Seitdem hat sich die Rezeption von Frauen als Fans nur wenig geändert. Zentraler Bestandteil einer Berichterstattung ist immer noch die Begeisterung für den ›tollen‹ Männerkörper, der Trikottausch nach dem Spiel. Und kommen weibliche Fans mal ins Fernsehbild, dann bevorzugt als knapp bekleidete brasilianische Fans, die in Spielpausen gern mit Zoom ins Dekolleté gezeigt werden. Im Männerfußball bleibt die Frau draußen, das Spielfeld samt den umgebenden Tribünen ist für die Männer reserviert.

Die Frau ist Spielerfrau, Begleitung oder Groupie, aber nie Expertin und schon gar nicht auf dem Feld. Wie denn auch, wenn die Abseitsregel plötzlich zum goldenen Schlüssel erklärt wird, den man unbedingt braucht, um sich die Magie des Balles zu erschließen, wenn das Wissen über die Halbfinal-Paarungen der letzten Weltmeisterschaft zur Hürde wird, die man bewältigen muss, um als ›richtiger‹ Fan akzeptiert zu werden, oder wenn das wissende Abnicken von Insider-Gequatsche zum Maß aller Ding wird. In der medialen Erzählung wird Fußball verkompliziert und zu einer Geheimwissenschaft gemacht. Durch die Schaffung künstlicher Hindernisse werden Frauen immer noch als ›das Andere‹ außen vor gehalten. Aber: Man muss das Rezept nicht kennen, um festzustellen, ob etwas gut schmeckt. Fußball ist ein einfaches Spiel, sonst wäre es nicht so beliebt. Im Fußball geht es, ganz simpel, um Emotionen. Der erste große Sieg ist wie eine Einstiegsdroge, Niederlagen und Enttäuschen sind unausweichlich – als Fußballfan hat man eine (emotionale) Konstante im Leben, die man nie wieder los wird. Und dass eine Kategorie wie ›Geschlecht‹ dabei nebensächlich ist, sollte sich eigentlich von selbst verstehen.

Mein Fußballinteresse hat sich in den letzten Jahren gewandelt. Es hat sich verändern müssen. Mit dem Feminismus kamen für mich auch die Zweifel. Denn die Welt des großen Männerfußballs ist eine Blaupause für viel zu vieles, das ich eigentlich hinterfrage oder ablehne. Nation und Nationalismus, Männerbünde, fragwürdige Traditionen, Treue und Geschichtsbewusstsein? Nationale Symbole, rassistische Transparente, gewalttätige Fans, gerne auch aus dem rechten Eck, Geschäftemacherei, politische Instrumentalisierung, Homophobie, Ausschluss von Minderheiten? Aber dennoch: Wenn dann der Ball rollt, wenn der kleine ›Floh‹ Lionel Messi, Erbe von Maradona, über den Ball streicht, plötzlich beschleunigt, einen Haken schlägt und nach dem Torschuss spitzbübisch lächelt, dann ist das alles wieder vergessen, dann bin ich wieder dem Faszinosum Fußball erlegen. Auch wenn es bei dem Spektakel hauptsächlich um Profit und Geschäftemacherei geht, um Geld, Globalisierung, Grenzen und Ausbeutung. Sport als Spiegel der Gesellschaft: Meine Fußballbegeisterung kann ich mir auf diese Weise gut erklären.

Außerdem ist Fußball schon längst kein Männersport mehr. Dass bis hierher so viel darüber zu lesen war, hat auch damit zu tun, dass man sich fürs eigene Fußballspiel selten entschuldigen muss (wenn man nicht gerade böse foult) – für die schlechte Laune nach Niederlagen der Herzensmannschaft aber schon. Frauenfußball oder Fußballspielen ist mittlerweile ein akzeptierter Bestandteil einer lesbisch-feministischen Identität geworden. Schaut man in die USA, ist es um den Frauenfußball sogar noch besser bestellt als bei uns.

Für mich war Fußball immer schon Teil der Freizeitgestaltung. Im Garten meiner Eltern gab es so etwas wie ein natürliches Tor und mit zwei Brüdern und etlichen gleichaltrigen Nachbarjungs war es fast logisch, dass auch ich irgendwann dem Ball nachjagen würde. Nur einmal habe ich es kurz in einem Verein versucht, denn der Vater meiner damaligen besten Freundin war Sponsor des örtlichen Damenteams. Dass es ein solches gibt, hatte ich zuvor nicht gewusst. Aber die Meisterschaft war zu Ende, bevor ich mir einen Platz in der Mannschaft erkämpft hatte, und nach dem Sommer hatte Sonja schon wieder anderes im Sinn.

Das sollte auch lange Zeit der letzte Versuch bleiben, aktives Fußballspielen in einer gewissen Regelmäßigkeit in mein Leben zu bringen. Fußballfan sein ist eines, Fußball spielen dann doch etwas anderes. Auf dem Feld war (und ist immer noch) der konstruierte Widerspruch ›Frau und Fußball‹ viel auffälliger als vor der Mattscheibe. Kein einziger männlicher Mitspieler hat jemals erwartet, dass ich als Frau einen geraden Pass spielen kann. Dass ich wusste, wie Ball und Fuß zusammengehören, hat oft genug zu Staunen geführt. Nicht nur als Fan, auch als Spielerin muss man sich immerzu ›outen‹. Durch kleine Andeutungen bzw. Codes macht man dem männlichen Gegenüber klar: »Hey, ich versteh' was davon.« Meist war die Gesprächsbasis danach immer noch okay, aber selten so wie vorher. Eine Frau in der unbestrittenen Männerdomäne Fußball sorgt immer wieder für Aufsehen, vor allem auf dem Platz.

Gegen Ende meines Studiums konnte ich mich endlich dazu durchringen, wieder regelmäßig Fußball zu spielen, von der Theorie in die Praxis zu gehen. Ich meldete mich bei einer Frauenfußballgruppe im Uni-Sportzentrum an – voller Vertrauen in meine Fähigkeiten gleich für die Fortgeschrittenen-Gruppe. Und hier war ich endlich, das erste Mal in meiner langen Fußballkarriere, nicht das Besondere, die Andere, die Außenseiterin. Ich war einfach nur eine durchschnittliche Fußballspielerin, die nicht mal eine sonderlich gute Technik besitzt. Neben dieser – etwas bitteren – Erfahrung war der Kurs eine der besten Entscheidungen meines Lebens. Denn dort habe ich sie endlich gefunden, die Frauen, die ebenfalls Fußball liebten, trotzdem Feministinnen waren und noch dazu, die Krönung des Ganzen, meinen Musikgeschmack teilten. Eine merkwürdige Ironie, aber gerade jener Teil von mir, der sich am wenigsten mit meinen feministischen Überzeugungen vereinbaren lässt, hat mir geholfen, meine kleine feministische Community überhaupt zu finden.

Kapitel 6

MUSIK

Pauline Boudry

WE ARE THE FRONT OF LUXURY

Die Band-Politics von Rhythm King And Her Friends

Der Rhythm King ist ein Drumcomputer aus den 1980er-Jahren. Oder auch ein HipHop-Label aus den 1990ern. Wenn man weiter sucht, stößt man auf noch viele weitere Rhythm Kings. In den 1950ern gab es einen berühmten Musiker, der so genannt wurde, wie auch zahlreiche andere nach ihm. Es gibt Rhythm Kings aller Generationen, es gibt eine Menge davon, es handelt sich um eine verbreitete Spezies.

Dieser Name hat etwas Anonymes, Abstraktes. Aber der Rhythm King, egal an welchen man denkt, ist erstaunlicherweise immer männlich und hetero. Ob man einen Künstler oder Musiker vor Augen hat, einen Lonesome Cowboy mit Gitarre, ein individualistisches Künstlergenie, den nerdy Frickler hinter seinem Laptop, immer ist diese Figur männlich. ›Band‹ ist männlich, oder aber der Name bezeichnet männliche Musiker plus Sängerin; daneben gibt es das Wort ›Frauenband‹ oder ›Girlband‹, um das Ungewöhnliche, die Ausnahme zu bezeichnen. Als wir vor ein paar Jahren auf das Cover der Platte »Blondie« von Blondie stießen, stellten wir fest, dass die rosa Jacke des Gitarristen Chris Stein mit den auf den Rücken gestickten Worten »Rhythm Kings« ziemlich schick aussieht. Wir fanden, dass diese Worte eigentlich wie eine solche rosa Jacke sind – man kann sie sich aneignen, man kann sie auch klauen. So haben wir unsere Band Rhythm King genannt. Unser King ist aber nicht männlich, oder anders männlich, eher queer, und sie arbeitet nicht allein, sondern im Kontext, sie hat viele Friends, die mitmachen oder Ideen liefern.

> »everyone knew that she was / the real heroine / she would shake it all over / the real heroine / even her fake eyelashes were real

everyone knew that she was / the real heroine / she would shake it all over / the real heroine / even his fake moustaches were real« (Rhythm King And Her Friends nach Patti Smith, »No Picture of the Hero«)

Also gibt es nicht den einen King im Sinne eines Masters, es gibt keine Haupt- und Nebenfiguren. Es gibt auch nicht He or She mit ihren festen Rollen. Wir sind keine Band, die sich nur über Sexualität definieren möchte. Wir können nicht viel mit vorgefertigten Kategorien anfangen. Trotzdem sind Kategorien penetrant und diese Erfahrung machen wir immer wieder, wenn wir unterwegs sind.

Ein klassisches Beispiel ist die banale Frage: »Ist es für euch Frauen schwieriger, Musik zu machen?« Diese Frage klingt zunächst progressiv und zeigt, dass die Person sich schon mal Gedanken über Ungleichheit oder Ausgrenzung gemacht hat. Die Erfahrung zeigt, dass diese Ansprache dennoch konservativ ist; weil sie davon ausgeht, zu wissen, wen sie anspricht (eine Frau) und was das bedeutet. Immer, wenn wir versuchen zu antworten, sind wir nach dem Gespräch genervt. Zwei mögliche Antworten:

A: Dem Interviewpartner die Frage zurückstellen und diesem ebenfalls eine Kategorie zuweisen, z. B.: »Ist es einfacher für dich als Mann, als Journalist, Kritiker oder Musiker zu arbeiten?« Es wird immer von denjenigen, die nicht die dominante gesellschaftliche Position besetzen (können), erwartet, die Arbeit zu leisten, sich mit Hierarchien und der Normalität auseinanderzusetzen, sie zu reflektieren. Heterosexuelle Männer z. B. können neutral bleiben. Und sie antworten auf diese Frage nicht so gerne.

B: Auch wenn man die Frage umdreht, bleibt man in diesen binären Zuschreibungen: Hier ist die eine Kategorie der Frauen (die es schwerer haben) und da ist die Kategorie der Männer (die es leichter haben). Aber wenn man gar nicht als Frau angesprochen werden möchte, wie kann man auf diese Adressierung reagieren? Wenn man nicht für alle Frauen sprechen möchte, oder die eigene Identität nicht auf die Kategorie Frau oder Mitglied einer Frauenband reduzieren möchte (weil die Musik oder die Texte sich nicht (nur) mit Frausein beschäftigen), gibt es auf diese identitäre Frage eine nicht-identitäre Antwort? Z. B.: Keine Antwort. Keine Arbeit.

Wir spielen sehr gerne bei Ladyfesten oder feministischen Parties. Wir wurden eingeladen, während unserer Tour durch Skandinavien bei einer Frauenparty in Oslo zu spielen. Ein queeres Kollektiv namens OvaryAction hatte uns gefragt, ob wir gerne mit Scream Club aus Olympia spielen wollten. Wir haben uns gefreut, sie kennen zu lernen und haben natürlich zugesagt. Als wir zum Club kamen, hieß es, ihre Show sei gecancelt und Scream Club sollten irgendwo anders in Oslo spielen, früher. Nach ihrer Show sollten sie dann mit ihrem Publikum zu unserer Show kommen. In Oslo gibt es nur ein kleine Community für die Musik von Scream Club und Rhythm King And Her Friends, wir sollten uns also das Publikum teilen, aber nicht zusammen spielen. Wir versuchten herauszufinden, wer das entschieden hatte, und warum. Der Grund lautete: »We dont want the first night to be a lesbo band night. It´s for both girls and boys this night. Gays and straight people. I am exaggerating – but you know what I mean.«

Sie verpassten uns und auch Scream Club das Label »lesbische Band«, und machten die Rechnung: Zwei lesbische Bands in einem Club, das macht eine lesbische Nacht. Und eine lesbische Nacht schließt Boys und Straights offensichtlich aus.

Wenn es also stimmen sollte, dass sexuelle Identität und Geschlecht über das Publikum bestimmt werden, könnten wir umgekehrt fast nie zu Konzerten gehen, da bei 93,43 % der Konzerte nur Männer auf der Bühne stehen, die zudem eine straighte Performance liefern. Wenn ich mich nicht auch mit männlichen Rollen im Kino identifizieren würde, könnte ich außerdem gleich aufhören, ins Kino zu gehen.

Wenn ich so identitär adressiert werde, wie kann ich eine Antwort geben, die dieser Adressierung nicht entspricht? Oder sind Momente der Identitätspolitik sowieso immer unvermeidbar?

Als wir anfingen, mit Rhythm King And Her Friends aufzutreten, kannten wir nicht so viele Modelle queerer Bands. Drei queer agierende Frauen auf der Bühne verlangen natürlich eine andere Performance dem Publikum gegenüber. Die Codes, mit denen Frauen auf der Bühne spielen, die ein dominant männliches Publikum ansprechen, sind dagegen verfügbar und bekannt – süß-schüchtern etwa oder sexy-aggressiv. Diese lassen die Adressierung des Publikums als heterosexuell und männlich intakt (auch wenn selbstverständlich nicht alle im Publikum männlich oder heterosexuell sind). Als wir noch herumprobierten, wie wir auf der Bühne sein wollen, stellten wir eine Distanz zum Publikum her. Sie half uns, nicht den Erwartungen entsprechen zu müssen; wir waren mehr für uns und unser Miteinander da. Inzwischen hat sich das verändert. Wir adressieren die Leute direkter, versuchen ein Verhältnis zum Publikum herzustellen, unabhängig davon, wer eigentlich da ist. Es ist klar, dass wir für ein queer interessiertes Publikum, für FeministInnen zugänglicher sind, weil sie unsere Codes schneller verstehen; wir möchten aber nicht von vornherein bestimmen, wer ein ideales Publikum ist. In der Performance selbst passiert etwas mit dem Publikum. Wenn wir das Publikum queer adressieren, queeren wir es, egal, welche sexuelle Orientierung die Leute haben.

> »what can I wear today? / choose my pants or shall I use my dress / everything looks queer today / I know I need some vacation from my boyish closet / what shall I do today / used to smile try some aggression / everything looks how? today / I know I need a small vacation from my boyish closet
> in order to celebrate you beautiful / if only I had the power to change my sex and pleasure / twenty times a day! / in order to tell you how dear you are to me / I'd like to be a man to please you / and a woman to make you happy« (Rhythm King And Her Friends, »Pants«)

Das Misslingen, in eine Kategorie oder eine Form zu passen, interessiert uns sehr. So singen wir auf Englisch, Französisch, Bulgarisch, Italienisch – in all diesen Sprachen haben wir Akzente, die Geschichten erzählen. So gehen wir auch mit den Instrumenten um. Von Anfang an haben wir viele verschiedene analoge und elektronische Instrumente benutzt; wie in der Punk- oder Post-Punk-Musik wollten wir einen direkten und rohen Zugang zu diesen Instrumenten herstellen. Die Art und Weise, wie wir sie benutzen und untereinander tauschen, ist ähnlich wie bei den Sprachen – wir haben verschiedene Akzente an verschiedenen Instrumenten.

Wir schreiben Songs über unsere persönlichen Leben. Die queere Subkultur spielt eine Rolle, aber es gibt noch einiges mehr. Arbeit zum Beispiel. Kapitalismus und Heterosexualität hängen eng damit zusammen und treten auch sehr oft als Pärchen auf: Wenn du bei deiner Arbeit einem Bild weiblicher Heterosexualität entsprechen musst, um eine Ware besser zu verkaufen, verkaufst du eigentlich nicht ein Produkt, sondern zwei: das Produkt, das die Firma verkauft, und das Produkt Heterosexualität. Wenn du dich entscheidest, dieses Produkt der Heterosexualität nicht zu verkaufen, kostet es auch viel Arbeit, diese Arbeit zu verweigern.

Unsere erste Platte haben wir »I Am Disco« genannt. In dem Lied »I Am Disco« geht es um die Discokugel, die sich verwandelt hat: Sie hängt nicht mehr nur in Clubs, wie in den 1970ern bei Travolta, sondern mittlerweile möglicherweise auch in der Firma, in der du jobbst. Es ist dort so entspannt, dass du deine eigene Persönlichkeit kreativ bei der Arbeit einsetzt, ohne zu merken, dass es genau das ist, was von dir verlangt wird. Wenn du aber aufgefordert bist, deine persönlichen Eigenschaften einzusetzen, wie funktioniert es dann, weniger zu machen, zu streiken? Das Lied sagt

> »I've got a good disposition / but I've got a bad one / that wants to work too!« (Rhythm King And Her Friends, »I Am Disco«)

Wir haben neben der Arbeit in der Band andere Arbeiten, andere Interessen. Es ist eine bewusste Entscheidung, um nicht alles in Bezug auf die Band von ökonomischen Kriterien abhängig zu machen. Aber deshalb müssen wir mit den verschiedenen Dingen, die wir tun, jonglieren: Manchmal verdient man für wenig Arbeit viel Geld, manchmal arbeitet man sechs Monate intensiv ohne Geld. Sechs Monate lang hat man das Gefühl, dass es supergut geht, und dann muss man alles wieder von vorne überlegen.

Für ein solches Unternehmen ist es charakteristisch, dass du ziemlich prekär lebst, egal, wie viel du arbeitest und wie erfolgreich du bist. Das betrifft im Moment sehr viele, ganz gleich, ob sie Akademikerinnen, Künstlerinnen, Grafikerinnen, Musikerinnen, Journalistinnen oder alles zugleich sind.

> »I am disco / companies take speed / companies give speed jobs / high technology« (Rhythm King And Her Friends, »I Am Disco«)

Seit Ende der 1990er-Jahre wird kreativen Berufen und unterbezahlten Tätigkeiten von Seiten der Politik mehr und mehr eine zukunftsweisende Rolle verliehen. Ist es noch möglich, unsere Arbeit als subkulturell zu verstehen, wenn unsere Arbeitsweise zugleich als ein neoliberales Modell gilt, das neue innovative Märkte schaffen soll?

Unser neues Album heißt »The Front of Luxury«. Diese Parole »We Are the Front of Luxury« war auf das Fronttransparent einer Demo der OperaistInnen im Mailand der 1970er-Jahre gemalt. Sie schlugen vor, Leben und Arbeit gemeinsam zu gestalten. Ihr Gedanke dabei war, dass wir ganz neu erfinden, quasi jetzt in diesem Moment entscheiden können, wie unsere Geschichte aussehen soll. Und das ist Luxus. Luxus ist es z. B. auch, an einem Projekt zu arbeiten, bei dem viele Friends beteiligt sind: man kann viel arbeiten, manchmal auch nichts tun, nicht effizient sein, nicht konkurrent arbeiten. Das funktioniert nicht immer, aber es macht Spaß, es zu versuchen.

> »we are the front of luxury / we can invent a new story / desire is working / like a factory
> subculture is glamour / chainworkers of our life / the pearls you hold / are in the palms of your hands« (Rhythm King And Her Friends, »The Front of Luxury«)

Clara Völker

PLATTEN STATT SCHMINKE AUFLEGEN

HipHop und Feminimus

> »Wer is'n die Braut da? Die kann ja was.« – »Mann, für 'ne Frau spielst du echt krass coole Musik.« – »Ey, hat mich echt voll gefreut, mal 'ne Frau zu sehen, die auflegt. Ne, find' ich super, wirklich. Gibt ja so wenige.« – »Also der Plattenspieler funktioniert so: ...« – »Hi, du bist hier doch die DJane, oder?«

Schon klar: Baby, du bist 'ne Braut, deswegen hast du eigentlich keine Ahnung von Musik, weißt nicht, was Technik ist und schnallst noch nicht mal, dass deine Aufgabe in Pop- und HipHop-Kultur darin besteht, scharf auszusehen und die Jungs zu bewundern, die sich abmühen, dich mit ihren Tricks zu beeindrucken. Musst du denn jetzt auch noch unbedingt mitspielen wollen? Kannste dich nicht mit Tanzen und freshem Körpertuning anderer Art befassen? Oder Promo machen?

Na gut. Dann darfste halt mitmachen. Aber wenn du dann doch was kannst, dann wissen wir ja woher: hat dir dein Freund beigebracht. Ohne uns Jungs kann man das nun mal nicht begreifen. Ist doch klar, dass man im Plattenladen enorm verdutzt ist, wenn du eine Maxi kaufen willst, die vor zehn Minuten erst per Post angekommen ist, denn darüber kann dir doch noch keiner was erzählt haben. Als Mädchen kaufst du, wenn überhaupt, ja meistens Schrott. Mainstream-Zeug halt, das schon längst draußen ist und das alle eh schon kennen, hast ja nicht wirklich 'ne eigene Meinung, kennst dich nicht aus, stehst auf Schnulzen und so. Geschmack hast du halt hauptsächlich, was so Sachen wie Ohrringe, Einrichtung und Klamotten angeht. Aber das ist auch cool, dafür mögen wir dich ja. Okay, ein paar von uns finden es sexy, dir mal eine halbe Stunde beim Auflegen zuzugucken, auch wenn du eher miese Musik spielst und natürlich nicht mixen oder scratchen kannst, solange du gut dabei aussiehst. Aber ehrlich gesagt muss das auch nicht unbedingt sein, gibt doch eh schon zu viele DJs. Und guck mal, wir haben uns das doch so prima ausgedacht: Während dein Typ in den neuen 12"s wühlt, kannst du einfach mal die Klamotten-Sektion in unserem Plattenladen abchecken und dir dort ein flottes Babe-Shirt zulegen. Musst dich doch darum kümmern, dass du weiterhin repräsentativ bleibst, wenn du neben den Decks rumlungerst, schöne Augen machst und mit deinem Hintern wackelst. Ein paar Magazine gibt's da auch für dich, die, in denen nicht so viel Musik drin vorkommt. Weißt ja, Frauen sind voll im Check vom fünften Element im HipHop: Style. Das ist quasi nur für euch da, dieses Element, und dass ihr euch darin gut battlen könnt, das wissen wir ja. Coole Perlen mit ein bisschen Musikgeschmack und viel Stylecheck, das sind wahre HipHop-Mädels. Aber müsst ihr ernsthaft DJs, MCs oder Writer sein? Könnt ihr eigentlich gar nicht. Fangt also bloß nicht damit an. Oder macht halt euren eigenen HipHop, Frauen-HipHop, kann uns ja egal sein.

Ja, ja. Irgendwann hört man einfach nicht mehr hin, lacht still in sich hinein oder entgegnet zynisch: Danke, das ist aber nett von dir, dass du mir ein Kompliment dafür machst, dass ich eine Frau bin, dafür habe ich wirklich hart gearbeitet. Ich weiß, dass ich das sehr gut kann und bin da auch furchtbar stolz drauf. Oh, so funktioniert also ein Plattenspieler? Das ist ja interessant, toll, was du alles weißt. Der Soundtechniker kann mir nicht verbal vermitteln, dass ich leiser drehen soll, sondern greift mir ins Mischpult? Armer Kerl, hat wahrscheinlich den Stimmbruch nicht heil überstanden, man sollte wohl ein Zeichen vereinbaren. Du hast noch nie eine Frau gesehen, die einen Mixer bedienen kann und Schallplatten anzufassen weiß? Nicht schlimm, mein Junge, irgendwann ist doch immer das erste Mal, und da ist man dann halt etwas aufgeregt und versucht das durch dumme Sprüche zu kompensieren, geht vorbei. Hi, ja, genau, ich bin hier die DJane – du musst wohl Tarzan sein?

Manchmal, gerade wenn man jünger ist, ist es ganz schön anstrengend und demotivierend, sich immer wieder für sein Geschlecht rechtfertigen zu müssen: Ja, ich bin eine (weiße) Frau, ich mag Rapmusik und die Tasche auf meinem Rücken ist nicht meine XL-Kosmetiktasche, lieber Türsteher, ich leg' hier Schallplatten auf, keine Schminke. Ja, die Platten gehören tatsächlich mir, nicht meinem Bruder, Freund, Nachbarn oder sonst irgendeinem Mann, ich kann sie prima alleine tragen und brauche auch keinen Typen, der mich bei der Gagenabrechnung beschützt. Übrigens, wir stehen zwar auf dem gleichen Flyer und mögen ähnliche Musik, trotzdem teile ich mir mit dem DJ, der da gerade vor mir aufgelegt hat, nicht das Bett. Und, du glaubst es vielleicht nicht, aber auch Frauen können sich das Auflegen weitgehend selbst beibringen und brauchen keinen männlichen Mentor. Und überhaupt: lass mich doch einfach in Ruhe das machen, was ich möchte, und leb' deinen klischeebehafteten, deterministischen Geschlechtsdualismus woanders aus!

Das alles sind im Grunde altbekannte Vorurteile: Sexismus von Männern begegnet man nicht nur im HipHop, sondern auch beispielsweise im Baumarkt. Man gewöhnt sich ungewollt daran und entwickelt Strategien, um ihn entweder zu ignorieren oder die entsprechenden Ignoranten auflaufen zu lassen. Irgendwann wundert man sich, wenn man als einziger weiblicher DJ auf einem HipHop-Event auflegt, und nicht mindestens eine Person, oft auch in positiver Weise, kommentiert, dass man eine Frau ist, die öffentlich Schallplatten spielt. In anderen Musikrichtungen mag das schon an der Tagesordnung sein, es gibt beispielsweise diverse erfolgreiche weibliche Techno-DJs – einen international gebuchten weiblichen HipHop-DJ sucht man jedoch vergeblich. Das hängt wahrscheinlich damit zusammen, dass nur sehr wenige Frauen gleichzeitig HipHop-DJs und -Produzentinnen sind, und ihr Bekanntheitsgrad damit logischerweise geringer ist. Das Erstauntsein über die Abweichung von der Norm kann man eigentlich niemandem verübeln: Über einen DJ im Rollstuhl wäre ich wahrscheinlich auch positiv überrascht. Dennoch nervt es, wiederholt mit dem eigenen Frau-Sein in einer Situation konfrontiert zu werden, in der man selbst kaum daran denkt.

Dass man generell nur wenige weibliche HipHop-DJs zu Gesicht bekommt, liegt nicht nur daran, dass sich vergleichsweise wenige Frauen intensiv mit Rapmusik auseinandersetzen. In Netzwerken, die zu Bookings führen, findet der sowohl subtilere als auch effektivere Sexismus statt. Viele Jungs denken bei ihrer Partyplanung einfach nicht daran, dass es recht einseitig ist, wenn dort nur ihre männlichen Kumpels hinter den Decks stehen dürfen. Was Clubs angeht, konkurrieren weibliche DJs natürlich auch mit einer Masse anderer DJs und nur wenige BookerInnen scheinen es einer Frau zuzutrauen, Partys zu rocken. Andere, meist männliche, tendenziell gegenüber Feminismus Aufgeschlossene, empfinden sich hingegen als besonders fortschrittlich, wenn sie eine Frau einladen. Die kündigen sie dann sogleich mit dem Zusatz ›DJane‹ an, damit auch jede/r weiß, dass da nicht etwa ein DJ, sondern eine Frau Platten auflegt, etwas Besonderes und Unterstützenswertes also. Das mag nett gemeint sein, ist aber eher kontraproduktiv, da es besagten Ausnahmestatus, den zumindest ich nicht haben möchte, unterstreicht. Daher sind reine Frauenveranstaltungen auch immer etwas zwiespältig: Man will sich ja nicht von den Männern abgrenzen, sondern im Gegenteil einfach sein Ding machen, ohne dabei ständig auf sein Geschlecht hingewiesen zu werden. Klar ist es nett, dass auf solchen Events viele aktive Frauen zusammenkommen und Netzwerke formen können, den Anwesenden gezeigt wird, dass HipHop- oder Clubkultur nicht ausschließlich von Männern geprägt wird – aber eigentlich sollten solche Frauen-Support-Veranstaltungen überflüssig sein. Solange es allerdings völlig normal ist, dass auf vermutlich 95% aller (HipHop-)Veranstaltungen nur Männer auftreten oder auflegen, und die Wörter ›DJ‹ und ›MC‹ automatisch einen Mann bezeichnen, sind sie es leider nicht.

Die sich wie ein Refrain ständig wiederholende Frage lautet: Warum gibt es so wenige weibliche HipHop-DJs? Eine Antwort auf sie ist ebenso schwierig zu finden wie auf die Frage, weshalb beispielsweise die Quantenphysik kein weiblich dominierter Betätigungsbereich ist. Dass es vergleichsweise mehr weibliche MCs und Writer als DJs und Produzenten gibt, sich Frauen im HipHop aber generell weniger einbringen als Männer, hat meiner Meinung nach diverse Ursachen. Der Mangel an weiblichen HipHop-DJs kann kaum damit erklärt werden, dass Mädchen üblicherweise zu schwach sind, um Plattentaschen zu schleppen. Auch das Vorurteil, dass Frauen sich eben nicht so sehr für Musik interessieren, scheint nicht die Hauptursache für den weiblichen DJ-Mangel zu sein. Wirkt etwa die Technologie, auf der sowohl das Auflegen als auch das Produzieren beruht, auf viele Frauen abschreckend?

Eventuell. Denn Informatik und Technik sind noch immer eine männlich besetzte Sphäre, wohingegen Sprache und Körper Frauen als ihr Metier nahe gelegt werden. Mädchen, zumindest in meiner Generation, werden nicht dazu ermutigt, Technik auszuprobieren und so lange an einer Sache herum zu schrauben, bis sie ein zufriedenstellendes Ergebnis bekommen. Kein Wunder also, dass viele sich vor Mischpulten und Samplern scheuen oder kein Interesse dafür entwickeln. Die Barriere ist wohl dreifach: Zunächst einmal müssen Mädchen in Reichweite eines dieser Instrumente gelangen. Da diese Technologie jedoch größtenteils im Besitz von Männern oder Jungs ist, müssen sie forsch genug sein, nachzufragen, ob sie die Geräte oder Programme ausprobieren können, was vielen tendenziell interessierten Mädchen schwer fällt. Andere hingegen sind, paradoxerweise, selbst wenn sie beispielsweise in einem DJ-Workshop Decks und Mischer vor der Nase und damit die Gelegenheit zum Ausprobieren haben, extrem schüchtern und beobachten lieber, was jemand anderes damit anstellt, als es selbst zu versuchen. Zweitens erfordert es viel Geduld und Zeit, Mixen, Scratchen oder Produzieren zu lernen, man muss sich intensiv und meist alleine mit der Technologie auseinandersetzen und bekommt nicht sofort ein positives Feedback. Vielen Frauen oder Mädchen fehlt in dieser Hinsicht vermutlich einfach das Interesse am Tüfteln oder die Motivation. Sie sehen wohl keinen Sinn darin und vermuten, dass es ihnen wenig Spaß macht. Drittens befassen sich viele Mädchen vor allem in der Pubertät lieber hauptsächlich mit ihrem Äußeren oder ihren Gefühlen, da ihnen gängigerweise vermittelt wird, dass sich eine Frau im Wesentlichen durch diese Ausdrucksarten definiert. Dementsprechend sind Mädchen, die sich doch für Tätigkeiten wie das DJing begeistern, in diesem Interesse unter Gleichgeschlechtlichen meist recht isoliert. Auf viele wirkt es wohl nicht besonders motivierend oder förderlich, dass sie ihr anvisiertes Hobby nur mit Jungs teilen können. Hinzu kommt, dass es insbesondere im HipHop kaum Rolemodels für Mädchen gibt. Das massenmedial verbreitete Image von HipHop zeigt ein sehr reaktionäres Frauenbild und präsentiert Frauen selten in aktiven Rollen. Daher kommen wohl nicht viele Mädchen darauf, dass DJing, MCing, Breakdance und Graffiti keine reinen Jungsbeschäftigungen sind. Das sind einige der Faktoren, die dazu beitragen, dass insbesondere im HipHop nur wenige Frauen an den Mischpulten anzutreffen sind.

Es ist eine verbreitete Annahme, dass das unausgewogene Geschlechterverhältnis zum Besseren gewendet werden kann, indem man Mädchen an Technologie heranführt. Fraglich ist allerdings, ob beispielsweise DJ-Workshops, zu denen Jungs keinen Zugang haben, tatsächlich sinnvoll sind. Langfristig scheint es effektiver zu sein, wenn solche Workshops von einer Frau geleitet werden und beide Geschlechter daran teilnehmen können. Denn eine künstliche, reine Frauen-Umgebung entspricht nicht der Realität, in der sich die Mädchen bewegen, die (HipHop-)Welt ist nun mal (noch und auch) voller Jungs. Es ist wichtig, Mädchen beizubringen, sich gerade in gemischtgeschlechtlichen Kontexten Dinge zuzutrauen und nicht eine verschüchterte Abwehrhaltung einzunehmen. Natürlich können Mädchengruppen in einem bestimmten Alter eine produktive Alternative zu Jungscliquen sein, von einer prinzipiellen Geschlechterseparierung werden wir trotz nobler Absichten jedoch kaum profitieren. Zumal es wohl ebenso wichtig ist, Jungs zu vermitteln, dass auch Frauen in technisch-musikalischen Dingen kompetent sind und eine Vorbildfunktion haben können. Vieles wird sich auch im HipHop wohl erst dann ändern, wenn auf gesamtgesellschaftlicher Ebene mehr Normalität eingekehrt ist und Frauen ganz selbstverständlich in allen Berufen und Hierarchiestufen, und eben auch verstärkt hinter den Plattenspielern anzufinden sind.

Ein anderes Hindernis, das Mädchen vom DJing abhält, könnte die soziale Spannungszone Plattenladen sein. Dass dort meistens Jungs arbeiten, die irre stolz darauf sind, eine Menge Fachwissen angesammelt zu haben und ihre Erhabenheit gerne zur Schau stellen, hält viele Mädchen, die sich für Musik interessieren, wahrscheinlich von einem Besuch im Plattenladen ab – oder lässt sie nur mit einem mulmig-verkrampften Gefühl diesen Raum betreten. Natürlich sind auch Jungs mit den dortigen Coolness-Strukturen konfrontiert, Mädchen nehmen diese jedoch stärker wahr und stehen doppelt im Scheinwerferlicht, weil sie eben noch immer die Ausnahme sind und als solche behandelt werden. Genau so, wie ich selbst sehr daran interessiert bin, was eine andere Frau im Plattenladen oder im Club aus der Kiste zieht, interessiert es eben auch die Jungs. Dieses Beobachtet-Werden ist nicht immer diskriminierend oder abwertend gemeint, kann aber dennoch als störend empfunden werden. Glücklicherweise hat uns jedoch das Internet, auch was die Geschlechterverhältnisse im HipHop angeht, einige positive Effekte beschert. Während man einst nur im Plattenladen neue Releases anhören konnte, sich also körperlich in diese weitgehend männliche Wissenszone begeben musste, kann man nun im Netz neue Platten vorhören und sogar recht einfach per Mailorder bestellen. Dementsprechend gab es in den letzten fünf Jahren einen bemerkenswerten Anstieg an weiblichen DJs und Musikwissenden. Zudem ist es wesentlich leichter geworden, Informationen zu technischen Problemen – z. B. wie ein Mixer repariert wird, was der Unterschied zwischen sphärischen und elliptischen Nadeln ist, wie ein Crab-Scratch funktioniert etc. – zu erhalten: Man muss nicht mehr die Jungs fragen oder ihre Videos konsultieren. Außerdem ist es online viel unkomplizierter, Netzwerke zu bilden und zu pflegen. Hier hat Technologie also dazu beigetragen, dass sich die Geschlechterwaage zumindest etwas ausbalanciert.

Die pragmatischere Frage als die nach dem Grund dafür, warum es so wenige weibliche DJs im HipHop gibt, lautet: Wie geht man – abgesehen von beispielsweise den eingangs erwähnten verbalen Entgegnungsstrategien – damit um, dass man als weiblicher DJ immer wieder in unpassenden Situationen darauf hingewiesen wird, eine Frau zu sein? Lässt sich das irgendwie vermeiden? Eine Taktik kann in dem Versuch bestehen, die Weiblichkeit zu kaschieren, indem man die primären femininen Körpermerkmale hinter großen Hoodies und weiten Hosen versteckt – in der Hoffnung, dass es dann nicht sofort auffällt, dass man nicht männlich ist. Das führt natürlich nicht wirklich weit, nimmt aber gerade in Teenagerzeiten manchen Jungs die Angst. Und männliche Angst ist, wie in so vielen Feldern, auch im HipHop die hauptsächliche Triebkraft für die Ausgrenzung von Frauen. Eine andere Taktik kann es sein, selbstbewusst zur Schau zu stellen, dass man eine Frau ist, also bewusst feminin aufzutreten, womöglich High Heels und lange Fingernägel zu tragen und damit die Differenz zu unterstreichen. Das ist aber gerade dann nicht besonders effektiv, wenn mehr Zeit mit dem Aufstylen des eigenen Körpers als mit dem Heraussuchen von Platten und dem, worum es beim DJing eigentlich geht, verbracht wird. Beide Taktiken beziehen sich nur auf Äußerlichkeiten und sind meiner Meinung nach nur bedingt sinnvoll. Die beste Lösung besteht wohl darin, durch konstante Präsenz und vor allem durch gute Skills zu verdeutlichen, dass es egal ist, ob der DJ männlich oder weiblich ist, ebenso wie es recht egal ist, wie er oder sie aussieht. Es geht schließlich um die Musik. Handlungen sind effektiver als Worte und Oberflächen.

Denn auch wenn ich eine Frau bin, lege ich ja nicht deswegen auf, weil ich eine Frau bin. Sondern deswegen, weil ich gerne gute Musik laut höre und mit Leuten teile, weil es mir Spaß macht, auf wohlklingenden Anlagen zu mixen und weil es ein cooles Gefühl ist, den Dancefloor oder den Raum musikalisch unter Kontrolle zu haben. Während des Auflegens fühle ich mich hauptsächlich als DJ und suche den nächsten Track aus. Dass ich eine Frau bin, ist mir in der Situation völlig egal und so nebensächlich wie beispielsweise mein kleiner Zeh. Es sei denn, ich werde an mein Frau-Sein durch ein entsprechendes Kompliment oder einen blöden Kommentar erinnert. Klar, HipHop verhandelt Identitäten, und zu meiner Identität gehört neben vielen anderen Faktoren auch, dass ich eine Frau bin. Im Moment des Auflegens geht es aber um den Flow, nicht um Weiblichkeit oder Feminismus. Den kann man allerdings auch nicht ganz ausblenden: Natürlich finden sich mehr Tracks von Frauen auf meinen Plattentellern als auf denen eines durchschnittlichen männlichen DJs. Aber nicht bloß aus Prinzip, sondern weil es tolle Stücke sind, die zu selten öffentlich gespielt werden. Ebenso, wie ich nicht nur bekannte Hits auflege, spiele ich der Diversität wegen gerne Stücke von weiblichen MCs, zugegebenermaßen auch mit geschlechtspolitischer Intention, hauptsächlich jedoch, weil ich sie cool finde. Es ist ein Mythos, dass Frauen nur Platten von Frauen gut finden und man automatisch Musik für das eigene Geschlecht macht.

Gerade weil man in einem Feld, in dem wenige Frauen aktiv sind, immer wieder auf seinen Sonderstatus hingewiesen wird, kann man dazu neigen, den Sexismus, der einem begegnet, in eine Art ›Frauensolidarität‹ umzuwandeln: Da es nicht viele andere Frauen gibt, die sich in ähnlicher Weise mit HipHop-Kultur auseinandersetzen, freue ich mich doppelt, wenn ich einer begegne und versuche sie – auch wenn sie technisch gesehen schlechter auflegt als die Jungs, die ich kenne – zu integrieren und in ihrem Interesse zu unterstützen. Die Motivation dahinter besteht wahrscheinlich in der Hoffnung, dass sich der Umgang mit weiblichen DJs im HipHop normalisieren wird, je mehr Frauen sich auf allen Ebenen einbringen. Teilweise ist diese in eine Förderung umgeschlagene Frauensolidarität natürlich nicht wirklich produktiv, denn das Klischee, dass Frauen nicht auflegen können, räumt man nicht dadurch aus der Welt, dass man technisch weniger versierte Frauen hinter die Decks stellt, sondern im Gegenteil, indem man kompetente Frauen mit einem guten Musikgeschmack den Sound auswählen lässt.

Während es also einerseits die Tendenz zu einer Art unhinterfragten Frauensolidarität gibt, sind geschlechterbezogene Vorbehalte von Frauen natürlich auch präsent. Vor allem in gendertheoretisch angefärbten Kreisen begegnen einem Frauen, die es zwar super finden, wenn eine Frau Hip-Hop auflegt, aber nur, solange sie das als politische Pro-Minderheits-Praxis praktiziert und männliche Thematisierungen von Sexualität ausklammert. Hier ist Missy dann vor allem deswegen cool, weil sie bestimmt lesbisch ist, und das Wort ›Bitch‹ noch immer ein Anlass zu Grundsatzdiskussionen über Sprecherpositionen. Wenn ein weiblicher DJ in solchen Kontexten ein Stück spielt, in dem ein Rapper über heterosexuellen Sex und damit logischerweise über Frauen in expliziter Weise spricht, ist das Anlass für böse Blicke oder Kommentare mit dem Vorwurf, unreflektiert und unfeministisch zu sein. Völlig verkannt wird hier, dass man auch als Feministin Rap von Männern über Sex gut finden kann, selbst wenn er völlig überzogen und gerade deswegen sehr amüsant ist. Schließlich fände man es ebenso unterhaltsam, wenn eine Frau etwas Ähnliches machen würde, nur machen es leider viel zu wenige. Gleichberechtigung bedeutet schließlich auch, beide Geschlechter mit den gleichen Standards zu bewerten. Und dass die meisten männlichen MCs zumindest behaupten, heterosexuell zu sein, kann man ihnen ja nun wirklich nicht vorwerfen, zumindest solange es sie nicht dazu verleitet, Homosexualität als pejorative Metapher zu verwenden, was leider viel zu häufig vorkommt.

In Club-HipHop-Kreisen findet sich eine zweite Form von selbst gewählter Geschlechter-Stereotypisierung: Mädchen, die Videoclip-getreu tanzend einen Lolli zwischen den Lippen drehen und einen grimmig ansehen, weil man mit ihrer Projektionsfläche die Decks teilt, vermutlich neidisch und verstört davon, dass da gerade eine Vertreterin des eigenen Geschlechts den Ton angibt, was natürlich das gesamte Sozialkonstrukt in sich zusammenbrechen lässt. Denn eine Frau können die Mädchen doch nicht anhimmeln und hingucken lohnt sich da auch nicht mehr so wirklich, außer zum Lästern. Daher werden nicht nur aufgrund der vermeintlich fiesen Jungs wenige Frauen in HipHop-Club-Kontexten gebucht, sondern weil ein Großteil der Mädchen nicht damit zurechtkommt, dass ihnen eine Frau, und nicht wie gewohnt ein Mann, Musik vorspielt. Da diese dubiose HipHop-Rollenverteilung eben nicht nur von Männern propagiert wird, ist es oft am angenehmsten, Rap außerhalb von klassischen HipHop-Kontexten in undogmatischen Kreisen aufzulegen. Es ist also eine Fehlannahme, dass ausschließlich die Jungs daran schuld sind, dass sich wenige Mädchen im HipHop aktiv einbringen. Viele von ihnen erleichtern es Mädchen zwar nicht unbedingt, oder nur bis zu einem gewissen Grad. Aber es sind wohl auch die Frauen selbst, die sich Steine in den Weg legen, andere Frauen mit vermeintlich ›unweiblichem‹ Verhalten oder Interessen mobben, oder einfach nicht konstant genug am Ball bleiben.

Es ist doch absurd: Noch im 21. Jahrhundert dreht es sich bei Geschlechterfragen um Feminismus, nicht um ›Genderismus‹. Und nach wie vor sind es die Frauen, die darüber nachdenken müssen, warum sie anders sind. Denn noch immer ist ›normal‹ z. B. in der HipHop-Kultur männlich, auch wenn es sich langsam zu ändern scheint. Irgendwas läuft schief. Müssen ›wir‹ also noch immer darüber grübeln, ob es ein Paradox ist, zugleich biologisch eine Frau und kulturell ein Akteur zu sein? Sind Mädchen nicht normal oder gar männlich, wenn sie keine Lust haben, nur den Jungs zuzugucken, sondern lieber auch selbst was machen? Warum denken Frauen, die über Popkultur nachdenken, so oft auch über Gender-Fragen und Feminismus nach? Sind wir nicht in der Lage, von uns selbst zu abstrahieren? Oder gibt es tatsächlich noch immer ein womöglich unlösbares, grundsätzliches und dringliches Problem?

Weshalb beschäftigen sich kaum Männer mit Gender-Theorie, gar in der Verbindung mit Popkultur? Haben sie nicht ebenso mit gesellschaftlichem Druck, Schönheitsidealen etc. zu kämpfen und stören sie homogene Räume nicht ebenso wie ›uns‹? Haben wir es auch zu Beginn des 21. Jahrhunderts wirklich noch immer nötig, zu demonstrieren, dass Männer und Frauen gleichwertig sind und Frauen einen berechtigten Platz in der Popkultur haben? Muss man erwähnen, dass Feminismus und ein Interesse an populärer Musik, Mode oder Männern sich nicht ausschließen?

Langsam wird es müßig, seine Zeit mit Gedanken an solche Fragen und mit demonstrativen Gegenargumenten zu verbringen. Ein/e DJ will Musik spielen, ein/e Wissenschaftler/in forschen, ein/e Designer/in entwerfen – und sich nicht hauptsächlich über Gender den Kopf zerbrechen. Ich hoffe wirklich, dass die Frauen, die jetzt, im 21. Jahrhundert, geboren werden, diese Diskussion nicht mehr führen müssen. Dass sie über Gender-Theorie bzw. Feminismus und Popkultur als ein antiquiertes, vielleicht notwendiges, aber glücklicherweise überwundenes Gedankenwirrwarr kichern können, während sie sich interessanteren Beschäftigungen widmen: Clubs unterhalten, Platten machen, Technologie entwickeln und ihr Leben ohne ständige Feminisierung unabhängig von männlichen Monopolen, aber gemeinsam mit Männern selbstverständlich und selbstbestimmt leben. Damit das so wird: Taten sind effektiver als Theorien.

Rosa Reitsamer

ROAD TO NOWHERE

Weiße Männlichkeitskonstruktionen in Rock und Pop

Wenn wir über Ethnizität und Musik sprechen, meinen wir damit zumeist Musik von AfroamerikanerInnen und ›World Music‹. Ethnizität scheint nicht nur in den Diskursen über Musik eine soziale Kategorie zu sein, die ausschließlich auf Menschen nicht-weißer Hautfarbe und außereuropäischer Herkunft anwendbar ist. In diesem Verständnis bleiben Weiße in den Diskussionen über Rassismus ausgeblendet, und ihre kulturellen Produktionen werden nicht als jene von Weißen definiert, sondern als Kultur schlechthin. In den Theorien über Rock und Pop im Zusammenhang mit Ethnizität werden erst in jüngster Zeit Fragen nach der Repräsentation von Weiß-Sein gestellt. Beispielsweise weist Barry Shank in seinem Artikel »From Rice to Ice: The Face of Race in Rock and Pop« darauf hin, dass die Kategorie ›Race‹ in den Rock- und Pop-Diskursen äußerst widersprüchlich diskutiert wird. Einige KritikerInnen bezweifeln mittlerweile die Gültigkeit der Begriffe ›afroamerikanische Musik‹ oder ›White Music‹, zumal die Wurzeln der zeitgenössischen Rock- und Popmusik sowohl in der europäischen als auch in der afrikanischen Kultur zu verorten sind. Allerdings besteht kein Zweifel, dass die Suche nach spezifischen ›ethnischen‹ Charakteristika in der Musik, den InterpretInnen und ihrem Publikum mit der Entstehung von Rock ihren Ursprung fand. Viele afroamerikanische TheoretikerInnen attestieren der afroamerikanischen Musik einen zentralen Stellenwert im Kampf um kulturelle Hegemonie und sehen den Mainstream-Erfolg dieser Musik als einen Schritt in Richtung sozialer und kultureller Integration von AfroamerikanerInnen in die US-amerikanische Gesellschaft.

Neben diesen Positionen gibt es eine Reihe von Ansätzen, die feministische Theorien zur Analyse von Rock und Pop heranziehen. Lucy O'Brien

(1995) und Gillian G. Gaar (1994) beschreiben beispielsweise die Geschichte von Frauen im Rock, Pop und Soul und zeigen den Einfluss von Sängerinnen und Instrumentalistinnen auf die Entwicklung musikalischer Genres. Der Wunsch, eine weibliche Rock- und Popgeschichte zu schreiben, scheint nur zu verständlich, da Sängerinnen/Instrumentalistinnen/DJs mit wenigen Ausnahmen aus dem Kanon ausgeschlossen sind. Auf welche Weise hingegen spezifische musikalische Genres wie die Rockmusik in der Repräsentation und Vermarktung bestimmte Männlichkeitsstereotypen hervorbringen und bevorzugen, analysieren Autorinnen wie Angela McRobbie oder Sheila Whiteley (1997).

Während viele Diskurse über Ethnizität und Musik die Tatsache ignorieren, dass Gender eine wesentliche Rolle in der Musikindustrie spielt, übersehen feministische Diskurse allzu oft die unmittelbare Verbindung von Weiß-Sein und Männlichkeit in der Rock- und Popmusik. Hier sollen ausgewählte Definitionen von Weiß-Sein mit feministischen Analysen und Diskursen über Rock- und Popmusik verbunden werden, um hegemoniale Repräsentationen von weißen Männlichkeiten im Rock und Pop sichtbar zu machen.

Ruth Frankenberg beschreibt Weiß-Sein als einen Ort der strukturellen Bevorzugung, als einen Standpunkt, vom dem aus wir (Weiße) uns selbst, die anderen und die Gesellschaft betrachten und beurteilen; als eine Identität, die wir mittels bestimmter kultureller Praktiken herstellen, die meist unmarkiert und unbenannt bleiben (Frankenberg: 3). Diese Definition thematisiert unterschiedliche Aspekte von Weiß-Sein, die hier zur Benennung und Problematisierung von weißer, männlicher Hegemonie im Rock und Pop herangezogen werden, die wiederum auf verschiedenen Ebenen sichtbar werden.

Ich beschreibe eine Reihe maskuliner Repräsentationen im Rock und Pop, die sich in den 1960er- und 1970er-Jahren entwickeln und in den folgenden Jahrzehnten einige erfolgreiche Rekonfigurationen durchlaufen. Im Zentrum steht dabei die Analyse der Verbindung von Männlichkeit, Heterosexualität und Weiß-Sein. Diese Stereotype sind Teil und Ausdruck kultureller Praktiken, die die Repräsentationen und die Vermarktung von weißen Musikern bevorzugen. Ohne Zweifel gibt es weitere Repräsentationen und Stereotype weißer Männlichkeiten in der Rock- und Popmusik und auch zahlreiche Überschneidungen und Widersprüche. Ich beschränke mich hier auf die Untersuchung jener Stereotype, die Männlichkeit, Heterosexualität und Weiß-Sein erfolgreich repräsentieren und dadurch kulturelle Hegemonie beanspruchen. Sie sind »hegemoniale Männlichkeiten«, weil sie »jene Konfigurationen geschlechtsbezogener Praxis definieren, welche die momentan akzeptierte Antwort auf das Legitimationsproblem des Patriarchats verkörpern und die Dominanz der Männer sowie die Unterordnung der Frauen gewährleisten (oder gewährleisten sollen).« (Connell: 98)

Cock Rock und Teeny Bop

Im Herstellungsprozess weißer, männlicher Sexualität nimmt Rock eine zentrale Rolle ein. Rock bietet einer Reihe von gesellschaftlich akzeptierten männlichen Posen den Rahmen, sich in Stereotypen auszudrücken. Dabei spielt die Inszenierung männlicher Dominanz, die sich nicht zuletzt über sexuelle Kontrolle ausdrückt, eine wesentliche Rolle.

> »Under my thumb / The girl who once had me down / Under my thumb / The girl who once pushed me around« (Rolling Stones, »Under My Thumb«, 1966)

»Under My Thumb« betiteln Mick Jagger und Keith Richards einen Rolling-Stones-Song für das Album »Aftermath« (1966). Das Lied verdeutlicht die männliche Rebellion gegen gesellschaftliche Konventionen, unterfüttert mit Frauenfeindlichkeit. Drei Jahrzehnte (1995) später meint Jagger in einem Interview, das Lied wäre nicht wirklich anti-feministisch, sondern lediglich eine Karikatur und eine Antwort auf das dominante Verhalten von Frauen.

Allerdings weisen Simon Frith und Angela McRobbie bereits 1978 in ihrem Artikel »Rock and Sexuality« (1978/1990) darauf hin, dass Rock als Form »des sexuellen Ausdrucks« und »der sexuellen Kontrolle« operiert. Cock Rocker wie Mick Jagger repräsentieren eine aggressive und dominante männliche Sexualität, indem sie in der Performance Gitarren und Mikrofone als phallische Symbole einsetzen. Sie erweitern den Rock, der sich aus Rhythm'n'Blues und Country entwickelte, durch ein Spiel mit Assoziationen des ›starken Mannes‹ um eine dominante männliche Präsenz und Körperlichkeit.

Aber auch Teeny Bopper finden im Rock eine Inszenierungsfläche. Sie greifen auf die Konventionen der romantischen Liebe zurück, indem sie sich als der freundliche, sensible und nachdenkliche Junge von nebenan präsentieren. Die in Balladenform vorgetragenen Songs behandeln Enttäuschung, Einsamkeit, Frustration und die Suche nach der ›wahren‹ Liebe, die alle Ideale einer heterosexuellen Beziehung erfüllt. Während der Cock Rocker mit einer dominanten und aggressiven Männlichkeit entspricht, präsentiert sich der Teeny Bopper als romantisch, einfühlsam und leicht verletzbar. Frauen sind für beide selbstsüchtig, aggressiv und unzuverlässig.

Cock Rock und Teeny Bop sind zwei Stereotype, die sich in den späten 1960er-Jahren etablierten und bis heute immer wieder neu aufgelegt werden, sowohl in den Revivals der mittlerweile in die Jahre gekommenen Rockbands als auch von den seit einigen Jahren sehr erfolgreichen Retro-Rock-Bands. Damals wie heute können sich vor allem männliche Konsumenten mit Rock identifizieren, denn die Konzerte erinnern nicht selten an exklusive Männerorte, wo eine sexuell aufgeladene Atmosphäre das soziale Gefüge bestimmt. Hier findet hegemoniale weiße Männlichkeit sowohl auf der Ebene der Musikproduktion als auch auf der Ebene der Musikkonsumption ihren Ausdruck. An dieser frühen Rock-Formation zeigt sich eine weiße Identität, die sich über die Ausbeutung von afroamerikanischen MusikerInnen konstituiert, denn die Rolling Stones sind neben den Beatles oder The Who nur eine der ›weißen‹ Bands, die vor allem am Anfang ihrer Karriere Songs von afroamerikanischen MusikerInnen in einer ›weißen‹ Version veröffentlichten und zu weltweiten Hits machten.

Glam und Glitter

Ein weiteres Beispiel für weiße Männlichkeit entwickelt sich Ende der 1960er-, Anfang der 1970er-Jahre mit dem Glam Rock, der vor allem im britischen Raum Popularität genießt und letztlich auch großen Einfluss auf die Entwicklung des Punk in den späten 1970er-Jahren in Großbritannien hat. Für Glam Rocker wie David Bowie, T. Rex oder Slade wird die Bühne zu einem Ort, um sexuelle Ambivalenz auszudrücken; allerdings kommt auch die damals neue Androgynität nicht ohne Frauenfeindlichkeit aus.

»Sits like a man but smiles like a reptile / She loves him, she loves him but just for a short while / She'll scratch in the sand, won't let go of his hand / He says he's a beautician and sells you nutrition / And keeps all your dead hair for making up underwear / Poor little Greenie, woh ho« (David Bowie, »The Jean Genie«, 1972)

Neben Bowie sind auch Bands wie Queen oder Alice Cooper, die mit einem Mädchennamen für Sänger und Band und nekrophil geschminkten Gesichtern Bisexualität suggerieren, der Maskerade und Mimikry nicht abgeneigt. Insbesondere Freddie Mercury setzt mit seinen sich stets wandelnden Bühnenkostümen, die vom Leder-Schwulen über den Transvestiten bis zum sterbenden Schwan sämtliche Klischees abdecken (vgl. Vick 1999: 125ff), immer wieder neue Akzente für weiße männliche Identitätskonstruktionen. Im Unterschied zu den Cock Rockern und Teeny Boppern, die mit traditionellen maskulinen Konventionen spielen, greifen Glam Rocker homo- und transsexuelle Bilder für ihre Bühnenperformance auf. Glam Rock kann daher als ein musikalisches Genre verstanden werden, das weißen Musikern einen Rahmen für ein Spiel mit Geschlechtsidentitäten bietet. Ein Spiel, das Ende der 1960er-Jahre nur in Ausnahmesituationen Musikerinnen erlaubt war, denn ihre Repräsentationen blieben im Wesentlichen auf zwei Erscheinungsformen beschränkt: die Rockerin oder die Sängerin/Songwriterin. Vor allem Letztere können sich Anfang der 1970er-Jahre mit der sich formierenden Ära der Singer/Songwriter-Szene erfolgreich auf dem US-amerikanischen Musikmarkt platzieren, nachdem dieser mit wenigen Ausnahmen wie Queen und Bowie von der britischen Glam-Rock-Hysterie unbeeindruckt bleibt.

Punk

Beeinflusst vom Glam Rock markiert Punk einen Bruch in der Vermittlung von heterosexuellen Romanzen. Gesellschaftliche Normen werden attackiert, Konventionen von der romantischen Liebe durchbrochen und ihre Resultate – unerwünschte Schwangerschaft und Abtreibung – zum Thema.

»Dragged on a table in factory / Illegitimate place to be / In a packet in a lavatory / Die little baby screaming / Body screaming fucking bloody mess / Not an animal / It's an abortion« (Sex Pistols, »Bodies«, 1977)

Punk-MusikerInnen verbannen Sexualität aus ihren Lyrics und beginnen, Fragen nach der Verfasstheit der Gesellschaft zu stellen. Vor allem weiße Teenager etablieren die neue Subkultur mit einer D.I.Y.-Haltung, die nicht vorrangig auf musikalischem Können basiert, sondern auf Strategien der Selbstermächtigung. Eines der positiven Resultate dieser Subkultur ist, dass sie einigen wenigen Musikerinnen und Bands größere Handlungsspielräume ermöglicht als Cock Rock, Teeny Bop oder Glam Rock, denn Musikerinnen konnten zumindest für einen Augenblick die gewohnten heterosexuellen Rollen verlassen und sich jenseits des traditionellen Image als Sängerin nun auch als Instrumentalistinnen versuchen. Allerdings bleibt auch Punk (mit wenigen Ausnahmen) vor allem ein popkulturelles Phänomen der weißen Mittelklasse. Obwohl Punk mit seinem D.I.Y.-Gestus von feministischen und queeren Bewegungen (Riot Grrrl, Ladyfest) aufgenommen und weiterentwickelt wird, trägt Punk nur wenig zur Gleichberechtigung der Geschlechter in der Popkultur bei. Zu jener Zeit, als sich mit Punk eine neue Subkultur etabliert, ist Rock längst die zentrale popkulturelle Formation für die weiße Mittelklassejugend in den USA und Europa geworden (Grossberg 2000).

Cock Rock, Teeny Bop, Glam Rock und Punk sind einige Beispiele, in denen die Verbindung von Weiß-Sein und Männlichkeit durch spezifische popkulturelle Praktiken ihre Wirkungsmacht erlangt. Nachdem sich diese Repräsentationen weißer maskuliner Normativität erfolgreich etabliert hatten, stand ihrer Vermarktung als popkulturelle Images, ihrer Einspeisung in die globale Kulturindustrie und auch ihren bis heute zahlreichen Neuauflagen nichts im Weg.

Ende der 1980er-Jahre sind erste Versuche der Neudefinition weißer Männlichkeiten im Rock und Pop zu beobachten. Rückblickend erscheint der Zeitpunkt für die Suche nach neuen Ausdrucksformen für weiße maskuline Rock-/Popidentitäten nicht ganz zufällig, denn einerseits beginnen afroamerikanische MusikerInnen, DJs und MusikproduzentInnen mit HipHop, House und Techno (im Anschluss an Disco) verstärkt die Dominanz des weißen Establishments zu untergraben, indem sie sowohl die

›Otherness‹ der schwarzen populären Kultur verstärkt reflektieren als auch die Grenzen des Legitimen der weißen Kultur in Frage stellen. Andererseits kommt die feministische Kritik an maskulinen Rock- und Popimages und der männlichen Hegemonie in der Musikindustrie verstärkt zum Tragen. Die bislang unbenannten und unmarkierten Männlichkeitsstereotype sehen sich somit am Beginn der 1990er-Jahre von mehreren Seiten attackiert. In der Folge etablieren sich mit Britpop und der Hamburger Schule zwei neue popkulturelle Erscheinungsformen von weißen, heterosexuellen und maskulinen Popidentitäten.

Britpop und Hamburger Schule

Britpop entsteht um 1993 und etabliert sich in den folgenden Jahren erfolgreich. Jeremy Gilbert / Ewan Pearson beschreiben Britpop als ein popkulturelles Phänomen, das sich aus mehreren Elementen zusammensetzt: aus der Musik von ausgewählten britischen Bands, aus Diskursen, die die Existenz dieser Bands und ihrer Musik legitimieren, und aus den Mainstream-Medien, die Britpop anderen Musikgenres und Diskursen vorziehen.

> »I see her face everyday / I see her face / It doesn't help me / She's so high / I want to crawl all over her / I think of her everyday / I think of her« (Blur, »She Is High«, 1990)

Zwei zentrale Britpop-Bands, Blur und Oasis, erobern die europäischen Hitparaden mit ihrer Musik, die auf die Tradition der britischen weißen Gitarrenmusik von den Beatles, den Rolling Stones und den Kinks in den 1960er-Jahren bis zu den Smiths und den Stone Roses in den 1980er-Jahren verweist. Ihr Ziel ist es, die britische Popidentität in ein neues Gewand zu hüllen. Diese Identitätskonstruktion hat sich seit den 1990er-Jahren über einen ›klassischen‹ Gitarrenpop definiert, den junge, weiße Briten auf konventionellen Rockinstrumenten spielen. Blur und Oasis greifen diese Tradition geschickt auf, indem sie sie in ihrer Musik und ihrem Erscheinungsbild zu neuen Assoziationsketten zusammenfügen. Einerseits folgt das neue Genre des Britpop dem Motto: Gitarrenpop = Britisch-Sein = weiße Männlichkeit. Andererseits verweist es auf die musikalische Tradition von den Beatles, den Kinks und den Smiths. Das Resultat ist ein altes Stereotyp weißer britischer, männlicher Identität in neuer Form und eine Popmusik, die nach wie vor eine Vielzahl von gesellschaftlichen Gruppen, musikalischen Stilrichtungen und gesellschaftspolitischen Erfahrungen und Ereignissen ausschließt.

Beispielsweise inszeniert sich Blur als intellektuelle Brit-Pop-Band, die dem Machotum den Rücken zeigt, gerne ein softeres Männlichkeitsmodell hervorkehrt und in den Texten des Öfteren das Übel der Welt thematisiert. Ähnliche Identitätskonstruktionen finden wir bei den Bands der Hamburger Schule, dem zweiten erfolgreichen Beispiel für weiße, maskuline Identitätskonstruktionen der 1990er-Jahre.

> »Du liegst neben mir und dann / Blicken wir uns an / Deine Augen sehen / Was meine Augen sehen« (Tocotronic, »This Boy Is Tocotronic«, 2002)

Ungefähr zeitgleich mit dem Aufkommen von Britpop entwickelt sich in Deutschland das Phänomen der Hamburger Schule mit Bands wie Tocotronic, Die Sterne oder Blumfeld. Obwohl viele Bands dieses Label von sich weisen – nicht zuletzt, weil MusikjournalistInnen es einführten –, sind ihre Gemeinsamkeiten nicht ganz von der Hand zu weisen. Alle Bands haben mehr oder weniger ein Interesse an Politik, ihr musikalischer und politischer Hintergrund ist der (Post-)Punk, sie leben in Hamburg und ihre Songtexte, mit wenigen Ausnahmen in deutscher Sprache, behandeln zumeist die Probleme der männlichen Adoleszenz. Obgleich die Musiker eloquent und selbstreflexiv auf textueller und musikalischer Ebene versuchen, ihre gesellschaftliche Position zu thematisieren, bleibt auch die Hamburger Schule weitgehend ein Genre für weiße, heterosexuelle Männer. 1998 erklärten Die Goldenen Zitronen mit ihrem Album »Dead School Hamburg« das Ende der Hamburger Schule, und seitdem wurde der Begriff in der deutschsprachigen Musikpresse umgangen und durch die Diskussion um die ›deutsche Popidentität‹ ersetzt.

Britpop und die Hamburger Schule sind zwei popkulturelle Phänomene, die bereits etablierte Stereotype weißer, männlicher Popidentität einer Rekonfiguration unterziehen und sie an die veränderten Gegebenheiten der Musikindustrie anpassen. Interessant erscheint bei diesen Rekonfigurationsprozessen, dass hier eine implizite Gleichsetzung von Weiß-Sein mit Britisch-Sein bzw. Deutsch-Sein stattfindet. Den beiden Phänomenen ist gemeinsam, dass sie alle nicht-weißen, nicht-deutschen bzw. nicht-britischen Frauen wie Männer und ihre kulturellen Leistungen bewusst oder unbewusst ausschließen. Dieser Ausschluss zeigt, dass Weiß-Sein »nur Gestalt im Gegenüber zu den pluralen und in sich homogenisierten Konstruktionen sogenannter ›Nicht-Weißer‹ (gewinnt), wobei Schwarzsein seinen äußersten Gegensatz bildet« (Wollrad: 127).

Der Ausschluss manifestiert sich zu einer Zeit, als sich Frauen, AfroamerikanerInnen, Lesben, Schwule und Queers als MusikerInnen in der Musikindustrie zu etablieren beginnen und ihre Identitäten zu mächtigen Marketinginstrumenten für spezifische Zielgruppen werden. Musikalische Genres wie Soul, die Musikerinnen größere Handlungsspielräume geben als die bisher marginale Rollen, haben mit Britpop oder der Hamburger Schule kaum etwas gemein, und auch die traditionell mit schwuler oder afroamerikanischer Popularkultur assoziierten musikalischen Genres wie Disco oder die zeitgenössischen Tanz- und DJ-Musiken wie HipHop, Drum'n'Bass oder Jungle verbindet kaum etwas mit diesen beiden popkulturellen Phänomenen. Die erfolgreichen Rekonfigurationen weißer männlicher Normativitäten im Rock und Pop werden von der Musikpresse legitimiert und verteidigt, sie werden zur ›Reinform‹, sie werden als genuiner Ausdruck von britischer bzw. deutscher Popkultur präsentiert.

Retro-Rock

Seit der Jahrtausendwende scheinen allerdings die Versuche einer Neugestaltung von traditionellen männlichen Geschlechterrollen im Rock und Pop passé zu sein[1]. Aram Lintzel attestiert den »Pop-Männern 2006« sogar eine »eindeutige und starke, von Effeminisierung und Androgynität unberührte Maskulinität«. Retro-Rock-Bands aus Großbritannien und den USA zeigen, wie altbekannte Rockstereotype neu verpackt werden und mit der Legitimation der Medien die Hitparaden erobern.

Eine Vorreiter-Rolle in der Rückbesinnung auf eine Rock-Männlichkeit mit klaren Konturen nehmen Franz Ferdinand ein, denen Maximo Park, Bloc Party oder Hard-Fi gerne folgen. Gleich mit ihrem ersten Hit »Take Me Out« zeigen Franz Ferdinand, dass die Konventionen heterosexueller Liebe keineswegs der Vergangenheit angehören.

»So if you're lonely / You know I'm here waiting for you / I'm just a cross-hair / Just a shot away from you / If you leave here / You leave me broken« (Franz Ferdinand, »Take Me Out«, 2004)

Franz Ferdinand und Co. sind die rockigere, gestyltere und männlich robustere Neuauflage von Britpop. Sie lehnen die Suche nach ›weicheren‹ Männlichkeitskonstruktionen ab und setzen auf einstudierte Gitarrenposen und eine viril-maskuline Bühnenpräsenz. Einen Schritt weiter in der Verkörperung und Vermarktung weißer hegemonialer Männlichkeit gehen Bands wie Interpol und Editors. Ihr ungebrochenes Verhältnis zur Gitarre wie auch ihr Image lassen keinen Zweifel an Re-Maskulinierungstendenzen in der Rock- und Popmusik aufkommen.

Diese Rückbesinnung auf hegemoniale Männlichkeit können wir als eine Antwort auf die voranschreitenden Prekarisierungsprozesse lesen, die mit einer zunehmenden Auflösung traditioneller männlicher Geschlechterrollen einhergehen. Die neu entstandene Retro-Rock-Phase ist daher ein Versuch, die letzten Bastionen hegemonialer Männlichkeit zurückzuholen.

Der Versuch, hegemoniale Positionen in der Geschichte der Rock- und Popmusik aufzuspüren, zeigt, wie weiße, maskuline Popidentitäten durch kulturelle Praktiken ständig neu konfiguriert und vermarktet werden. Normativ weiß und männlich zu sein ist unmittelbar mit gesellschaftlichen Privilegien verbunden, z. B. mit jenem, als Rock- und Popmusiker zwischen einer Vielzahl von Repräsentationsmodi wählen zu können. Diese Freiheit bleibt Menschen nicht-weißer Hautfarbe, Frauen und Homosexuellen in ihren kulturellen Praxen meist verwehrt. Ihre Leistungen werden durch den Hinweis auf ihr Geschlecht, ihre Hautfarbe, ihre Herkunft oder ihre sexuelle Identität markiert und festgeschrieben.

ANMERKUNGEN

1 Eine Kritik an diesen, nicht nur auf den Bereich der Popmusik beschränkten Remaskulinisierungs- und Renationalisierungstendenzen wurde in letzter Zeit von Tocotronic vorgebracht. In einem Interview mit der Zeitung *Jungle World* äußert sich Dirk von Lowtzow zum Song »Wehrlos« ihrer aktuellen Platte »Kapitulation« (2007) folgendermaßen: »›Wehrlos‹ ist ein Lied über Sucht, über die Sucht nach Anerkennung und Geborgenheit. Es ist kein ungebrochenes Liebeslied, weil es eigentlich völlig hysterisch ist. Es nimmt eine total anti-männliche und anti-machtbesessene Position ein, und es korrespondiert ja auch mit Stücken wie ›Kapitulation‹. Beides sind Worte, die aus dem Feld der Strategie

kommen, und ich finde es in dem Zusammenhang interessant zu sagen, man ist wehrlos.« Weiter heißt es im Interview:

Seid ihr eigentlich noch wütend?

Auf jeden Fall! Ich finde, diese Platte ist wahnsinnig wütend. Sie ist ganz schnell geschrieben, auch die Texte, und sie ist ein einziges Aufbegehren gegen diese Harmlosistan-Kultur, die mich so nervt. Das geht los bei diesem unverkrampften Patriotismus und geht weiter über das, was man bei so vielen Künstlern feststellt, dieses überemotionalisierte Sich-selber-Einbringen in alles, dann gegen diesen Backlash in den Geschlechterbeziehungen. Deshalb auch so ein Stück wie »Wehrlos«, wo man sagt, man muss seine eigene Zerbrechlichkeit ausstellen, seine Fragilität. Das ist als Gegenmittel zu verstehen gegen diese Jürgen-Vogel-Welt, dieses »Ich hau mal der Frau hier auf den Arsch«, diese ganze Männer-Kumpel-Welt. Ich finde, es ist mit Sicherheit auch die, so doof das klingt, weiblichste Platte, die wir je gemacht haben. So ein Stück wie »Wehrlos« ist ja wahnsinnig feminin.

Etwa, weil es schwach ist?!

Nicht weil es schwach ist, weil es eben nicht männlich ist.

Weil es das Konzept von Männlichkeit dekonstruiert?

Ja, genau, darum geht es mir. Insofern nimmt die Platte auch eine Antihaltung ein gegenüber einem Männerbild, das es in der Rockmusik gibt, in dieser ganzen Indie-Kultur. Da herrscht ein Männer- und Frauenbild, das fast so ist wie vor 50 Jahren. Und damit meine ich jetzt nicht Eva Herman. Allein, was es bei deutschsprachigen Indie-Bands gibt: Diese komische Jungs/Mädchen-Kultur, die da herrscht, diese Verdummung, diese Sprachlichkeit, das finde ich so grässlich.«

Hier zeigt sich der Wille, die in Rock und Pop vorherrschenden Stereotypen zu durchbrechen, der aber durch essenzialistische Zuschreibungen wie »wahnsinnig feminin«, »wehrlos« und »Fragilität« wiederum konterkariert wird. S. Jungle World vom 27.06.07, *www.jungle-world.com/seiten/2007/26/10206.php* [letzter Zugriff: 16.08.2007]

LITERATUR

Connell, R. W.: Der gemachte Mann. Konstruktion und Krise von Männlichkeiten. Opladen: Leske und Budrich, 2000.

Frankenberg, Ruth: White Women, Race Matters. The Social Construction of Whiteness. Minneapolis: University of Minnesota Press 1991.

Frith, Simon und McRobbie, Angela: Rock and Sexuality. In: Frith, Simon und Goodwin, Andrew. (Hg.): On Record. Rock, Pop and the Written Word. London: Routledge 1978/1990, S. 371–389.

Gaar, Gillian G. (1994): Rebellinnen. Die Geschichte der Frauen in der Rockmusik. Hamburg: Argument 1994.

Gilbert, Jeremy und Pearson, Ewan (1999): Discographies. Dance Music, Culture and the Politics of Sound. London/New York: Routledge 1999.

Grossberg, Lawrence: What's going on? Cultural Studies und Popularkultur. Wien: Turia & Kant 2000.

hooks, bell: Weißsein in der schwarzen Vorstellungswelt. In: Dies.: Black Looks. Popkultur – Medien – Rassismus. Berlin: Orlanda 1994, S. 204–220.

Lintzel, Aram: Eva Hermans neue Männer. In: Netzzeitung.de vom 14.09.2006 *www.netzeitung.de/voiceofgermany/440086.html* [letzer Zugriff: 16.08.2007].

O'Brien, Lucy: She Bop II. The Definite History of Women in Rock, Pop and Soul. London/New York: Continuum 1995 2002.

Shank, Barry: From Rice to Ice: The Face of Race in Rock and Pop. In: Frith, Simon, Straw, Will und Street, John (Hg.): The Cambridge Companion of Pop and Rock. Cambridge: Cambridge University Press 2001, S. 256–259.

Vick, Andreas: Glanz und Glamour. Glitterlook und Bombastwelle der Siebziger. In: Kemper, Peter, Langhoff, Thomas und Sonnenschein, Ulrich (Hg.): »alles so schön bunt hier«. Die Geschichte der Popkultur von den Fünfzigern bis heute. Stuttgart: Reclam 1999, S. 120–128.

Whiteley, Sheila (Hg.): Sexing the Groove. Popular Music and Gender. London/New York: Routledge 1997.

Wollrad, Eske: Weißsein im Widerspruch. Feministische Perspektiven auf Rassismus, Kultur und Religion. Königstein im Taunus: Helmer 2005.

Barbara Schulz

DAS KLINGT JA SCHON GANZ ORDENTLICH!

Erfahrungen in Bandkontexten

Wieso gibt es eigentlich so wenige Frauen, die Musik machen? Oder gibt es sie und sie trauen sich nur nicht vor die Proberaumtür? Wieso gibt es Sängerinnen wie Sand am Meer, während man Frauen, die Gitarre, Bass, Schlagzeug oder andere Instrumente spielen, mit der Lupe suchen muss? Warum kennt man immer noch so viel mehr Männer als Frauen, die in Bands spielen oder als Elektronik-Produzenten bzw. DJs tätig und erfolgreich sind? Dieser Frage begegnet man, wenn man einmal begonnen hat, sich mit dem Thema zu beschäftigen, immer wieder – ob in Zeitschriften, beim Ausgehen oder einfach nur im Gespräch mit FreundInnen. Die Situation scheint eindeutig, der Männerüberhang allenthalben ist unübersehbar. Eine eindeutige Erklärung der Situation hingegen gibt es nicht, zu vielschichtig sind die Gründe. Auch ich kann mit keiner ultimativen Antwort aufwarten, sondern umgekehrt nur berichten, wie es ist, als Frau eben doch Musik zu machen und sich damit auch gern vor die Tür zu trauen. Und damit zu zeigen: »Hallo, hier geht was!« – und andere hoffentlich vielzählig zum Nachahmen anzuregen.

Ich war vier Jahre alt, als meine Eltern mich zum ersten Mal zu unserem Nachbarn begleiteten, der ein alter, lieber und sehr fähiger Klavierlehrer war. Ich wurde auf seinen Schoß gesetzt und er zeigte mir, wie man Klavier spielt. Ich probierte es und es gefiel mir gut. Trotzdem war das für mich kein Anreiz, auch selbst zu üben, so dass es bei ein paar lehrreichen Stunden blieb. Nichtsdestotrotz gaben meine Eltern nicht so einfach auf. Ein paar Jahre später bekam ich statt des sehnlichst gewünschten Ponys zu Weihnachten eine Bontempi-Orgel: schick, echt Plastik, echt rot. Ich orgelte in den darauf folgenden Jahren regelmäßig zu Weihnachten die immer gleichen Lieder (»Schneeflöckchen Weißröckchen«, »O du fröhliche«, »O Tannenbaum« usw.), doch ansonsten war ich, was das Üben betraf, nach wie vor eher faul. Viel lieber spielte ich Blockflöte und sang. Ersteres in der Schule, im Musikunterricht, Zweiteres in einer Jugendmusikschule, die an Wochenenden Chorfreizeiten veranstaltete und mich und meine mitsingenden Kolleginnen und Kollegen durch wöchentliche Proben und Ausflüge ordentlich einspannte. Ich entsinne mich, dass ich unter furchtbarem Lampenfieber litt, sobald es um Auftritte ging (das ist auch heute noch so, ich bin Stunden vorher unansprechbar und nervös, doch sobald ich eine Bühne betrete, fühle ich mich zu Hause!) und mich möglichst weit hinten hinstellte, was dem Chorleiter gar nicht so recht war, weil ich, wie er meinte, erstaunlich hoch und tief singen konnte und damit auch vorn ein Plätzchen bekommen hätte. Ich wollte das aber nicht und sang lieber hinten. Die Blockflöte fand ich irgendwann öde und das Singen mit dem Chor ebenfalls. Ich begann, Handball zu spielen, was die Wochenenden weiterhin ausfüllte, da wir fast jedes Wochenende ein Auswärtsspiel hatten. Die Musik ließ ich erst mal pausieren.

Natürlich gab es in der Schule nach wie vor Musikunterricht und ich erinnere mich gern an den Tag, an dem wir ein riesiges Xylophon ausprobieren durften: Das Instrument beeindruckte mich außerordentlich – den Klang liebe ich heute noch. Später begann ich bei jeder Gelegenheit, mit den Fingern zu trommeln, was einige meiner Mitmenschen (vor allem meine Eltern) extrem anstrengte: »Halt doch mal still!« Immerhin brachte es einen Jugendaufseher, den ich bei einer Freizeit in Cornwall kennen lernte, dazu, begeistert auszurufen: »Wow, du solltest mal Schlagzeugunterricht nehmen, das klingt ja schon ganz ordentlich!« Tatsächlich konzentrierte ich mich beim Musikhören neben dem Gesang primär auf Schlagzeug und Bass – Gitarre interessierte mich nicht sonderlich; ich war schon immer eine Freundin der tieferen Töne. Bei einem meiner wenigen Besuche im Hamburger Madhouse, einer ziemlich scheußlichen Yuppie-Disko, die aber über eine grandios laute Anlage verfügte und es jedes Mal schaffte, meine Eingeweide mit ihrem superbassigen Sound zum Schwingen zu bringen, meinte ich einmal sogar, mit dem Rücken an der Wand zu kleben. Großartig! Das war wohl auch der einzige Grund, warum ich dort ab und an versackte; die Gäste waren schrecklich und die Drinks viel zu teuer.

Einige Jahre vor meinen Madhouse-Besuchen hatte ich mich mit Christine angefreundet, dem tollsten Mädchen aus meiner Klasse, das richtig gute Platten zu Hause hatte, u. a. Hüsker Dü, Sex Pistols, aber auch frühe Madonna, Duran Duran und Yazoo. Wir verbrachten viele Nachmittage damit, unsere Lieblingssongs nachzuspielen: Christine spielte Gitarre, ich sang oder spielte ein paar Takte auf ihrem kleinen Keyboard. Wir hatten riesigen Spaß und irgendwann war sie auf einmal in einer ›richtigen‹ Band Schlagzeugerin. Ich war begeistert und besuchte sie und ihre Kumpels ab und zu in ihrem Proberaum im Freizeitheim, um dort mal für mich zu trommeln, mal als zweite Drummerin in Aktion zu treten. Von musikalischen Ambitionen war ich noch weit entfernt, aber es dauerte nicht lange, bis ich merkte, dass ich auch unbedingt in einer Band spielen und nicht nur ständig in irgendwelche Jungs aus unseren coolen lokalen Bands (zwei an der Zahl: G-Spot und Ray) verknallt sein wollte. Es sollte aber noch ein wenig dauern, bis es dazu kam. Erst mal bekam ich von Christine, mit der ich in meiner frühen Hamburger Zeit auch zusammenwohnte, ihre alte Gitarre samt Verstärker geschenkt. Darauf übte ich einige meiner Lieblingslieder, die ich immer so zurecht stutzte, dass ich mit meinen drei bis vier Akkorden hinkam. Bald schrieb ich auch eigene Songs, die ich mit dem Tape-Rekorder aufnahm. Manchmal gab ich den ein oder anderen Song bei einer Party zum Besten: zu vorgerückter Stunde und falls irgendwo eine Gitarre herumlag. Meist fand man meinen Gesang toll, über meine Talente als Gitarristin schwieg man sich aus …

Erst im späten Alter von 20 erlernte ich das Schlagzeugspielen ›richtig‹, denn zu der Zeit hatte ich meinen ersten schweren Liebeskummer. Ich hätte mich am liebsten umgebracht, beschloss dann aber, dass dies eine gute Gelegenheit wäre, endlich etwas zu erlernen, was ich schon immer gerne können wollte – eben Schlagzeugspielen. Ich suchte mir einen Lehrer, einen richtigen Rock-Drummer, hatte ein Jahr Unterricht, kaufte mir mein erstes Pearl-Schlagzeug und spielte mit unterschiedlichsten Leuten in diversen Proberäumen, einfach mal zum Ausprobieren. Meist blieb es bei losen Zusammenkünften und man kam nicht so richtig aus der Hüfte.

Und dann endlich kam sie, meine erste ›echte‹ Band, im Jahr 1990, kurz bevor Grunge losbrach. Ich hatte meine zukünftigen Bandkollegen Felix (Keyboarder, of Fünf-Freunde-Fame), Christian (Gitarrist, Sänger und Songschreiber) und Hagen (Bassist) allesamt über andere Bekannte kennen gelernt. Schnell ergab es sich, dass wir zusammen in einem Proberaum landeten. Damals war noch meine alte punkige Freundin dabei, der ich nicht nur musikalisch so viel zu verdanken habe, die sich aber schnellstens von uns verabschiedete. Wir alle waren musikalisch unterschiedlich sozialisiert, wobei Felix und ich eine gemeinsame Leidenschaft für schüchterne Gitarrenbands aus England (wirklich zu 90 % aus England!) teilten, jene ›Shoegazer‹ genannten Bands, deren Mitglieder bei Konzerten auf ihre Schuhe schauten, ihre Instrumente eher streichelten denn hauten und deren Haare schmale und ernste Gesichter verdeckten. Christian, unser Gitarrist, Sänger und Songschreiber, hörte viel Englisches, aber auch Amerikanisches; Hagen, der Bassist, sogar noch mehr Amerikanisches. Wie gut, denn durch ihn lernte ich tolle, äh, Männer-Bands wie firehose kennen. Alle drei standen auf Felt und The Go-Betweens, die ich kaum kannte, aber dann auch sehr mochte. Vor allem Lindy Morrison, die Schlagzeugerin (was wurde eigentlich aus ihr?). Wenn ich mir heute unsere alten Songs anhöre, stelle ich fest, dass unsere Vorbilder ziemlich leicht herauszuhören sind.

Beim Heiteren Himmel, wie wir uns nannten, spielte ich Schlagzeug und sang. Ganz selten schrieb ich auch mal einen Song (ich beherrschte nach wie vor vier Gitarrenakkorde, das musste reichen!) und fand es ansonsten prima, mich regelmäßig mit den Jungs im Proberaum zu treffen. Zuerst hatten wir einen Raum auf dem alten Schlachthof bei der Lagerstraße, später den ganz alten Proberaum der Sterne im Hamburger Stadtteil Hamm. Meist tranken wir erst mal Bier und diskutierten. Manchmal brachte Christian einen Song mit, den er sich zu Hause auf seiner Akustikgitarre ausgedacht hatte, manchmal improvisierten wir so lange herum, bis wir wieder einen neuen Song hatten. Es war erstaunlich, wie schnell wir eine gemeinsame musikalische Grammatik hatten: Innerhalb kürzester Zeit wusste jedeR, was wann am besten zum Song passen würde. Und natürlich auch, was den Anderen gefallen würde. Wir wehrten uns gegen Hierarchien, auch wenn sie manchmal kurz aufblitzten, z. B. wenn Christian augenzwinkernd verkündete, dass er kein Diktator sei und wir alle grinsen mussten.

Dadurch, dass keiner ›die Hosen‹ anhatte, kamen wir allerdings auch nicht wirklich schnell voran. Zwar hatten wir schon kurz nach unserer Gründung ein tolles Konzert auf einer Kunstausstellung von einer befreundeten Künstlerin, und auch danach spielten wir noch ein paar Konzerte in Darmstadt, wo die anderen herkamen. Aber so richtig auf Kurs brachten wir uns selbst nicht. Nur so ist es zu erklären, dass wir in den ganzen langen

Jahren unseres Bestehens kaum Aufnahmen machten und auch nicht sehr viele Konzerte spielten. Das lag sicherlich auch am Perfektionismusgedanken, der uns alle nächtelang umtrieb. Nichts, was nicht richtig gut war, sollte vor die Proberaumtür.

Immerhin nahmen wir im Jahr 1995 eine Single auf, auf die wir immer noch stolz sind. Wir spielten sie damals mit Wolfgang Petters, dem Mastermind von Hausmusik, im Wechslerhof in Landsberg, Bayern ein. Wir konnten sogar Micha Acher von The Notwist als Gast gewinnen, weil Hagen in der Nacht vor den Aufnahmen davon geträumt hatte, dass Micha unseren Song mit seinem schönen Posaunenspiel veredeln würde. Wolfgang rief ihn an, Micha Acher kam vorbei, spielte seine Melodie ein – und die Single war im Kasten. Wir traten auf einem Hausmusik-Festival auf, im alten Knust, und zu Hause in Hamburg sogar drei Mal in unser aller absoluter Lieblingskneipe, die ich noch heute schmerzlich vermisse, dem Heinz Karmers Tanzcafé. Das war ein Laden, wie es ihn wohl nie wieder geben wird – unser zweites Wohnzimmer. Ständig gab es Konzerte, billige Drinks, der Eintritt wurde gewürfelt und man hatte die Möglichkeit, die Band, die man gerade irgendwo verpasst hatte, dort entweder am Tresen anzutreffen oder – noch besser – bei einem Spontan-Gig zu bewundern.

Jedoch: So richtig auf Tour gingen wir nie. Und das fehlte mir. Für kurze Zeit ging ich ›fremd‹ und spielte noch bei einer anderen Jungs-Band, den Fluffy Pillows, die mich aufnahmen, nachdem ich ihnen bewiesen hatte, dass ich viel Bier vertragen kann. Und dass ich ganz gut Schlagzeug spiele. Wir hatten ein paar Konzerte, doch nach kurzer Zeit war klar, dass unsere musikalischen Geschmäcker weiter auseinander lagen, als wir gedacht hatten. Ich probierte noch eine andere Band aus, die sich Engel Saufen Rock'n'Roll nannte, und die meine erste ›richtige‹ Mädelsband werden sollte. Da spielte Sandra Zettpunkt (ebenfalls of Fünf-Freunde-Fame, heute bei Kajak und solo als Music for your heart erfolgreich) mit und Katrin Ehmke, eine alte Freundin von Sandra. Wir betrieben wilden Instrumentenwechsel, jede durfte mal die Gitarre, den Bass, das Schlagzeug spielen. Wir alle schrieben Songs, und die Proben waren arbeitsintensiv und lustig. Schon kurz nach unserer Gründung hatten wir ein paar Auftritte auf Partys und natürlich auch im Heinz Karmers Tanzcafé. Ich erinnere mich, dass ich eines Nachmittags mit Katrin auf einem zugigen U-Bahnhof stand, wir eine Snare und eine Gitarre dabei hatten und damit die Aufmerksamkeit einiger stark angetrunkener Männer erregten, die wenig charmant »'Ne Frauencombo? Ich geh' kacken!!!« riefen. Damals waren wir ein wenig beleidigt, heute lachen wir Tränen, wenn wir daran zurück denken. Doch die Liebe bei Engel Saufen Rock'n'Roll währte trotzdem nicht lange. Sandra ging zu den Sinalco Bums und kurz danach kam es zur Gründung von TGV.

Natürlich probte ich nach wie vor mit dem Heiteren Himmel, schließlich mochte ich das Zusammensein mit den anderen, das Schlagzeugspielen, den Gesang, alles war so entspannt. Vielleicht zu sehr, denn irgendwann bestanden die Proben nur noch aus ewigem Herum-Improvisieren und Endlosdiskussionen um Kinkerlitzchen. Eines Mittwochs, als die Band im Nebenraum uns mal wieder so richtig ankotzte (Rockabilly-Party-Spaßcombo, probte leider jeden Mittwoch und tut das meines Wissens auch heute noch genau da), kriegten wir uns in die Haare und stritten uns, was selten vorkam. Kurz darauf sagte unser Sänger und Gitarrist, dass er nach Berlin gehen würde. Wir lösten uns auf. Das war im Jahr 2002. Wir waren alle sehr traurig, spielten noch ein melancholisches letztes Konzert in der Astra-Stube – und das war's. Neben ein paar Beiträgen auf Compilation-CDs, die irgendwo in der Versenkung verschwanden, blieb uns die Single auf Hausmusik und ein nicht eingelöster Scheck über 10 DM von unserem größten Fan, einem schüchternen jungen Mann namens Lars Langenbach, der immer treu zu unseren Konzerten kam und womöglich bis heute auf eine CD wartet …

Meine nächste Band war ungleich arbeitsintensiver und ein – wie man bei uns im Norden sagt – ganz anderer Schnack. Ich kannte Elena Lange von Stella schon länger, aber wir hatten uns noch nie so richtig unterhalten. Das änderte sich, als wir uns nach einem grandiosen Konzert von Tortoise 1996 im Heinz Karmers Tanzcafé trafen (was bin ich diesem kleinen miefigen Laden doch bis heute dankbar). Nach einer halben Stunde spielten John McEntire und ein Kollege eine kleine Session, räumten ihre Plätze aber bald für andere muntere Improvisierer. Die legten gleich freudig los. Nur Männer natürlich. Gniedel gniedel krrr krrr. Und weiter gniedel gniedel gniedel. Es wurde richtig anstrengend. Da regte sich unser alter Bekannter Kristof Schreuf (Kolossale Jugend, Brüllen) schrecklich auf und brüllte mit seiner lauten Quengelstimme, wir sollten doch endlich mal was gegen das männliche Gewichse da vorne tun, BITTEBITTE SCHNELL!!!. Gesagt, getan. Elena schnappte sich die Gitarre, auf der gerade noch vier Saiten hingen, ich setzte mich an den Schrotthaufen, der ein Schlagzeug sein sollte, und los ging's. Wir hatten uns schnell geeinigt, dass wir eigentlich HipHop machen wollten, aber hier wohl doch Rock spielen müssten, weil wir den einfach schneller aus dem Ärmel schütteln konnten. Die arme Elena! Hatte nur vier Gitarrensaiten und musste mir mit kräftigen Tritten immer wieder die Bassdrum zurücktreten, die sich davonmachen wollte. Danach war klar, dass wir eine Band gründen wollten. Wir gingen zu zweit in den Proberaum, rockten los und beschlossen, dass wir einen Bassisten oder eine Bassistin finden mussten. Wir nahmen Engel-Saufen-Rock'n'Roll-Katrin und probten regelmäßig. Konzerte waren schnell organisiert, oft ganz spontan, häufig auch für wenig oder gar kein Geld. Hauptsache spielen! Und regelmäßig proben.

Und mit Proben war hier wirklich Musikmachen gemeint. Ich muss schmunzeln, wenn ich von neuen Bands wie The Long Blondes lese, die stolz darauf sind, dass sie nicht improvisieren, sondern ihre Songs spielen. Genauso ist es bei TGV. Improvisieren? Machen wir so gut wie nie. Wir gehen in den Raum, Elena und Katrin stöpseln ein, ich setze mich auf meinen Schemel, nehme die Sticks zur Hand – und los geht's. Wir trinken bis auf wenige Ausnahmen nur Wasser und Apfelschorle, um konzentriert arbeiten zu können. So kommt es, dass wir nach zwei bis drei Stunden genug haben – denn danach kann man ja noch gepflegt einen Wein in einer Kneipe trinken. Diese Arbeitsteilung gefällt uns allen sehr gut, getreu dem Motto: »Erst die Arbeit, dann das Vergnügen.« Das trifft auf TGV 100 %ig zu. Meist kommt Elena mit einem fast fertigen Stück in den Proberaum, Katrin und ich probieren dazu ein wenig herum, spielen dann zusammen – und fertig ist der Song. Es dauert nie lange, bis die Songteile sitzen, denn auch bei TGV stimmt die musikalische Grammatik – es läuft oft wie geschmiert. Ab und zu geht es selbstverständlich auch ein wenig turbulent zu, wenn wir uns gehörig um einzelne Teile der Songs oder auch um einzelne Töne streiten, oder weil wir vielleicht gerade mal alle gleichzeitig unsere Tage haben (was tatsächlich ab und an vorkommt!), doch ansonsten ist es meistens angenehm cosy mit uns drei Ladys. Wir proben und proben – und haben danach hoffentlich bald wieder ein Konzert, denn natürlich machen Proben, auch wenn sie anstrengend sind, Spaß, aber unser Leib- und Magen-Elixier ist doch die Bühne. Dort können wir uns so richtig austoben und gehen lassen – und vor allem endlich eine Reaktion auf unsere Musik bekommen.

Am schönsten ist es auf Tournee, wenn wir unsere Day-Jobs beiseite schieben und einfach nur Musik machen können. Das ging bisher einmal mit Blumfeld (1999), einmal mit Parole Trixi und SFB (»Girls got Rhythm«-Tour 2003) und zuletzt bei zwei Konzerten als Support von Sleater-Kinney (2006). Unser bisher größtes Konzert gaben wir 1999 auf dem Hamburger Fischmarkt, vor geschätzten 7000 Leuten, beim »Hamburg sounds blow the evil – Antifaschistische Kundgebungen go Rock'n'Roll« mit Blumfeld, Tocotronic, den Niños con Bombas und Les Frères Checkolade. Ich erinnere mich gern daran, wie wir vor uns hinschwebten, auf der kleinen Bühne, die der Laderaum eines mittelgroßen Lasters war. Ich spielte wie auf Wolken und hatte das Gefühl, etwas ganz Großem beizuwohnen. Das war einer der schönsten Momente meines Lebens. Wahnsinn.

Apropos Konzerte. In dem Zusammenhang sollte hier auf alle Fälle erwähnt werden, warum Konzerte, auch wenn sie noch so mühevoll vorbereitet und mit so viel Engagement bestritten werden, manchmal einfach grützig oder schlecht gelaunt rüberkommen. Das liegt nämlich oft nicht an den Bands selbst, sondern an den zuständigen Tontechnikern und Mischern, mit denen man es sich im Vorhinein auf keinen Fall verscherzen sollte. Schade nur, dass es so wenige Tontechnikerinnen gibt, denn die kämen sicherlich besser damit klar, wenn man sich als Frau auskennt. Denn es ist leider so: Viele männliche Kollegen gehen nach wie vor davon aus, dass man als Frau keine Ahnung hat von dem, was man da tut. Besonders schlimm ist es, wenn man auch noch zugibt, dass man sich auskennt. Bloß nie nach technischen Details fragen oder zu erkennen geben, dass man weiß, wie es geht. Denn wer sich als Fachfrau ausgibt, wird nicht ›normal‹ behandelt. Sondern muss sich ewig den gleichen Mistsatz anhören: »Wenn Leute da sind, klingt es ja sowieso wieder anders!« Den Satz haben wir bei all unseren Konzerten vielleicht fünfmal *nicht* gehört. Natürlich ist daran auch etwas Wahres, aber wenn man merkt, dass sich jemand keine Mühe geben will, weil die Zeit knapp ist und die Ladies ja sowieso nicht Bescheid wissen – dann ist das komplett ärgerlich. Irgendwann haben wir uns angewöhnt, den Satz für den jeweiligen Techniker zu Ende zu sprechen und zu grinsen, was uns natürlich den Ruf eingebracht hat, zickig zu sein. Wenn's weiter nichts ist!

Aber es gibt weitaus Schlimmeres. Zum Beispiel unser erstes Open-Air-Konzert im Jahre 1999. Da spielten wir nachmittags auf einem Uni-Sommerfest in Potsdam, zusammen mit Britta, Miyax und anderen. Da der

Techniker meilenweit von der Bühne entfernt war, war die Kommunikation schwierig. Wir hatten einen kleinen Disput mit dem Mischer, und als wir dann loslegten und Elena zum ersten Mal ins Mikro sang, flog mir fast das linke Ohr ab, so laut war es. Ich musste minutenlang schreien und wild gestikulieren wie ein Derwisch, damit der Techniker da hinten an seinem Pult mitbekam, dass irgendetwas nicht stimmte. Oder im Jahr 2000, als wir Die Braut haut ins Auge supporteten und der Mischer im Bielefelder Kamp unbedingt wieder den Standard-Satz »Wenn Leute drin sind …« loswerden musste. Wir gaben ihm verbal ein bisschen Saures, woraufhin er entgegnete: »Ich mach' nachher sowieso, was ich will!« Genau so war es dann leider auch. Er mischte uns so leise, dass wir, auch nach Aussagen wohlwollender Fans, wirklich kaum zu hören waren. Erst bei der Braut riss er die Regler und den guten Sound hoch. Das ist übrigens nichts Besonderes, denn viele große Clubs achten darauf, dass die Vorbands leiser gemischt werden, damit der Hauptact toller klingt. Trotzdem wollte ich den Mischer an diesem Abend verprügeln. Doch die Braut spielte so lange, dass ich irgendwann unverrichteter Dinge schlafen ging.

Da Elena mit ihrer anderen Band Stella immer viel zu tun hat(te) und ich neugierig auf musikalisches Neuland war, begann ich mit der sogenannten ›Knöpfchendrehermusik‹, die mich bis zum Jahr 2001 wirklich keinen Deut interessiert hatte. Im selben Jahr stellte mich ein guter Freund, ein Stylist, der oft am Theater arbeitet und sehr musikinteressiert ist, seinem Freund Jörg Theurer vor. Der hatte zu Hause einen fetten Computer und Millionen von musikalischen Ideen, ihm fehlte jedoch noch die passende kreative ›Hälfte‹. Wir verabredeten uns, er spielte mir seine Entwürfe vor und ich hatte schnell Ideen, wie man die Tracks noch vervollkommnen konnte. Flugs war unser erstes Lied im Kasten. Wir produzierten noch ein paar weitere und bestritten bald danach auch einige Konzerte. Ein Highlight war dabei sicherlich der Auftritt 2003 in der Schilleroper, einem inzwischen ebenfalls nicht mehr existierenden Club. Ich sang mir die Seele aus dem Leib, Jörg tanzte wie ein Berserker, und am Ende sah ich aus wie Falco (ich?) und konnte nur noch krächzen.

Natürlich könnte man von einem feministischen Standpunkt aus nun einwerfen, dass ich mich für ein Projekt ›hergegeben‹ hätte, bei dem ich ›nur‹ singe, aber das wäre viel zu kurz gegriffen. Ich kann mich bei Ponika, wie unser Projekt heißt, auf einem ganz anderen Level ausleben. Es ist etwas völlig Unterschiedliches, ob man irgendwo im Hintergrund am Schlagzeug vor sich hin trommelt oder ob man vorne auf der Bühne agiert und sich als Sängerin und gleichzeitig Animateurin des Publikums betätigen muss. Ich mag beides. Außerdem basteln bei Ponika Jörg und ich gemeinsam an den Songs und schreiben die Texte zusammen, nur singe ich zusätzlich und er bringt die Musik aus den Apparaten. Demnächst wollen wir aber noch mehr mit Live-Instrumenten arbeiten. Seit ich Lesbians on Ecstasy mit ihrer tollen Steh-Schlagzeugerin gesehen habe, die mittels Bassdrum und Roland Octapad spielt, will ich unbedingt etwas Ähnliches machen.

Ansonsten haben Elena und ich auch noch ein weiteres Knöpfchendreher-Projekt gegründet: Die Smalltown Girls. Die ergaben sich daraus, dass Elena mir ein Computerprogramm, mit dem sie gerne arbeitet, zeigen wollte. Dabei ist gleich ein neuer Track raus geflutscht, dem noch weitere folgten. Dank des Internets können wir beide, nachdem wir nicht mehr in derselben Stadt wohnen, auch als ›Fern-Band‹ existieren. Natürlich fehlt dabei der direkte Kontakt, und ich hoffe wirklich, dass wir uns sowohl mit den Smalltown Girls als auch mit TGV bald wieder im Proberaum einfinden und 1-2-3-4 unsere Musik zelebrieren können. Zwischenzeitlich habe ich auch begonnen, mit Neda (von Die Patinnen) Musik zu machen, ebenfalls am Computer. Noch sind wir am Rumprobieren, aber ich bin mir sicher, dass das eine längere Geschichte wird.

Trotzdem versuche ich, über meine Bands hinaus auch alleine Musik zu machen. Und so wie mir bisher immer alle Bands einfach so passiert sind, passiert auch hier das meiste ›just by chance‹. Kürzlich habe ich von meinen Nachbarn ein Klavier geschenkt bekommen, das gerne bespielt werden möchte – also nehme ich bald Unterricht und mache das wett, was ich als Kind vertrödelt habe. Außerdem leiste ich mir gerade Gesangsunterricht. Im letzten Sommerurlaub in Frankreich hatte ich meinen Laptop dabei, auf den mein Freund mir netterweise vorher ein Musikprogramm installiert hatte. So saß ich dann ein paar Abende da, hörte den französischen Grillen beim Geräuschemachen zu, schlürfte Champagner und bastelte ein paar Beats für neue Tracks. *Meine* Tracks! Das war schön. Mal sehen, was damit passiert. Aber das ist ja schon wieder eine ganz andere Geschichte …

comics

WAS GIBT ES NEUES?
ALSO KRIEGEN WIR MITEINANDER EIN KIND.
WOHL ODER ÜBEL. DU BIST JA AUF DAS THEMA FIXIERT.
ICH BIN NOCH SO JUNG.
DU BIST EINUNDDREIßIG.
ICH AUCH. UND ICH WILL EIN KIND. DRINGEND, FRAUENZEITSCHRIFTENKONFORM.
DU SAGST ES.
ICH HAB' DEN VERDACHT, DASS MICH ANDERE FÜR KONSERVATIV HALTEN.
DU BIST EIN BISSCHEN KONSERVATIV. DAS IST NICHT NEU. ICH SAG NUR: TATORT.
JA EH! DIESES KIND IST EINDEUTIG GEPLANT.
GERADEZU GENERALSTABSMÄßIG IN DIE WEGE GELEITET. SO BIST DU.
ICH FÜHL MICH ALS OB ICH DIE ERRUNGENSCHAFTEN DES FEMINISMUS MIT DEN FÜßEN TRETEN WÜRDE.
EINE JUNGE, GEBILDETE FRAU, DIE ZWEI JAHRE BEIM KIND DAHEIM BLEIBEN WILL.
JA EH! MACH DIR KEINE SORGEN.
ICH HAB KOPFWEH.
verena 06/05

KRAWALLMÄDCHEN

* eleganter unsinn *

THE NIGHT OF THE LIVING GROUPIES von Julie K.

nach dem Konzert- Backstage
Das war doch richtig cool, was?
Da hast du Recht. Cheers!
Peruckenstander
Moment!
Klopf, Klopf
Hi
Wir wollen euch nicht storen
wir sind grosse Fans von euch
Kommt doch rein!
Wir möchten euch gerne auf einen Drink einladen, direkt hier im Clubgebäude ist eine schöne Bar.
wow

Gleich als wir in die Bar kamen lief unser Lieblingslied und wir mussten tanzen
Flamboyant
Es ist wie ein in Erfüllung gegangener Wunschtraum, dass wir hier mit Euch sitzen
Cheers
Die himmeln uns richtig an. Toll
Stimmt
So gut wie Euer Konzert hat mir schon lange keins mehr gefallen, ausser vielleicht das Pet Shop Boys Konzert und ihr seid ja ein wesentlich angenehmerer Anblick. Ohne Perücken seht ihr sogar noch hübscher aus, was kaum menschenmöglich ist.

Sollen wir Flaschdrehen spielen?
Das habe ich ja schon ewig nicht mehr gemacht
Klar letzte Woche liegt auch sehr weit zurück
Au ja!
Wir schliessen jetzt!
Haut ab!
Nein!
Wir können doch in euer Zimmer gehen. Da ist eine Minibar.
Okay

Flüster
Lass uns mal kurz ins andere Zimmer gehen
Hier kommt der Sekt
Im Nachbarzimmer
Was sollen wir machen? Das ist doch klar worauf das hinausläuft.
Ist Sex mit Groupies überhaupt pc?
Hi, hi, ha, ha, hi, hi, ha, hi, hi, hi, hi, ha, ha, hi, hi, hi, ha, ha
Wen willst du?
Julian
Den will ich auch. Die sehen doch fast gleich aus. Kannst du nicht Michael nehmen?
Nein, mit Julian hat es gefunkt
Wir beschlossen dann Armdrücken zu machen und die Gewinnerin bekommt Julian
Mist. Wir sind gleichstark

Dann spielten wir Schnick-Schnack-Schnuck: Wieder Gleichstand: Beide Schere
Schnuck
Get teenage kicks right through the night
Super song!
Ja, ein Glück, dass wir das Spiel immer dabei haben
Danach machten wir das Super Tanzspiel "Dance, Dance Revolution"
Juhu, Juhu!
Das gibt es doch nicht: Wir haben genau die gleiche Punktzahl!
Verrückt. Dann teilen wir uns Julian halt
O.K.

Oh, ich bin so aufgeregt
Das ist die aufregendste Nacht meines Lebens
Lass uns erst mal kiffen. Das beruhigt die Nerven
Gleich gehen wir rüber
Klar
Du bist meine beste Freundin
U
Einige Minuten später
zzzzzhhhzzz
Trotzdem war es die schönste Nacht ever

Kurzbiografien

Fehmi Baumbach wird als Tochter zweier unbeugsamer Existenzialisten 1971 in einer kleinen Stadt in der niedersächsischen Provinz geboren. Studium der Freien Kunst, dann Umzug nach Berlin. Dort erste Ausstellungen und Gründung der Gruppe *The Bewegungselite*, die mit brachialen Mitteln leer stehende Gebäude besetzt, um dort Ausstellungen und Partys zu organisieren. 2000 löst sich die Gruppe wegen übermäßiger Hohenflüge auf und Fehmi Baumbach gründet mit Jim Avignon die Kunstpartyreihe *Friendly Capitalism Lounge*. 2000 tritt sie dem Popchor Berlin unter der Leitung von Almut Klotz bei. 2001 geht sie in unregelmäßigen Abständen mit Jim Avignon und Almut Klotz auf Europatournee, stellt dort in kleinen Clubs aus und fungiert als DJane. 2005 Geburt ihrer Tochter Mascha und Flucht in den Wald, in dem sie 2006 ihren Jagdschein macht.

Birgit Binder, 1973. Made in Transylvania. Ausgebildeter Risikofachmensch, IHK. Magister (sic!) Artium in den Fächern Japanologie, Massenmedien und Englische Philologie. StudentIn der Universität Waseda, Tôkyô, 1999-2000. Stipendien der Japan Foundation, Ôsaka, 1999, und des DAAD, Yokohama, 2003. Öffentlich in *Ex-Spex* und *Intro*.
birgit.binder@googlemail.com

Pauline Boudry ist Musikerin und Künstlerin. Sie spielt mit Linda Wölfel in der queer-feministischen Band Rhythm King And Her Friends. Seit 2000 sind sie viel rumgehangen, haben viel diskutiert, geprobt, aufgenommen, mit Sara John, Isabel Janke und Inka Dewitz Musik gemacht und sind in ganz Europa auf Tour gegangen. 2004 veröffentlichten sie »I Am Disco« und 2007 »The Front of Luxury«, beide auf Kitty-Yo. Von 2004 bis 2006 drehte Pauline Boudry das Tour-Diary »A Street Angel With a Cowboy Mouth«.
www.rhythm-king-and-her-friends.net
www.kitty-yo.com

Sarah Diehl, geb. 1978, Museologin, studiert Afrikawissenschaften und Gender Studies in Berlin. Herausgeberin u. a. der Anthologien »Brüste Kriegen« (2004, Verbrecher Verlag) und »Deproduktion. Schwangerschaftsabbruch im internationalen Kontext« (Alibri, 2007). Kurzgeschichten und journalistische Arbeiten in verschiedenen Publikationen. Arbeitet gerade an ihrem Dokumentarfilm »Abortion Democracy«, in dem sie die Entwicklungen zur Abtreibung in Südafrika und Polen vergleicht. Mitgründerin der NGO »European Rights for Polish Women«, die polnischen Frauen kostenlose Abtreibungen in Deutschland ermöglicht.
sarah.diehl@yahoo.de

elffriede lebt als biber in wien. sie kann und wird auch in zukunft sehr gut alles jederzeit und überall ZEICHNEN. und vor allem viiiiel. elffriedezeichnungen sind in 4 elffriedebüchern, div. magazinen und vielen sprachen veröffentlicht. aber dabei wird es nicht bleiben. das schwört euch elffriede. neu: »elffriede.seismograph«, edition ch/wien 2007 + »elffriede.soundrawing« cd-buch, wien-holland 2007
www.elffriede.net/soundrawing
elffriede@gmx.at

Christiane Erharter wird 1974 in Kufstein in Tirol geboren. Im Gymnasium weckt eine engagierte Geschichtslehrerin das Interesse für die Frauenemanzipation. Die Langeweile der Provinz bedingt eine heftige Beschäftigung mit Pop- und Subkultur. Nach der Matura zieht sie für ein Kunststudium nach Wien. Von 1998 bis 2000 macht sie mit Ina Freudenschuss und Cordula Thym eine Radiosendung zu Popkultur und Feminismus, ab Frühjahr 2000 arbeitet sie in der Innsbrucker Galerie im Taxispalais, wo sie u. a. eine Ausstellung mit Valie Export co-kuratiert. Im Herbst 2002 übersiedelt sie nach Oslo, um dort mit Ute Meta Bauer das Office for Contemporary Art aufzubauen. Seit Herbst 2006 lebt und arbeitet sie wieder in Wien und schreibt ihre Dissertation. 2007 organisiert sie mit Sonja Eismann in Wien die Ausstellung »DIY – Wir machen es uns selbst! Feministische Strategien in der kulturellen Selbstorganisation«. Gemeinsam realisierten sie bereits 2004 das Projekt »Re-Punk Electronic Music!« für die 3. berlin biennale für zeitgenössische Kunst, das sie in weiterer Folge in Lima, beim Ladyfest Wien 2004 und in Bremen präsentierten.

Ina Freudenschuss (29) lebt, studiert und arbeitet in Wien. Aufgewachsen in Tirol, verdankt sie ihre eigensinnige Politisierung der Liebe zur Popmusik. Als Journalistin arbeitet sie, um die Medienwelt mit einigen weniger beachteten – nämlich feministischen – Aspekten von Wirklichkeit zu bereichern. Zehn Jahre spielte sie in der Electro-Pop-Band Skizze gemeinsam mit ihrem Bruder Maximilian und bis vor kurzem bei Luise Pop.

Li Gerhalter (32) ist Historikerin in Wien, beschäftigt sich als solche u.a. mit Auto-/Biografieforschung und Re-/Präsentationsformen geschichtlicher Beziehungsmöglichkeiten von Frauen. Verschiedene Publikationen und ebensolche Erfahrungen im prekarisierten Arbeitssektor und Lebensraum Wissenschaft. Den schnurgeraden Weg vom steirischen Bergbauernhof über die Ottakringer Vorstadt zur Feministin findet sie nur logisch. Sie ist popkulturelle Konsumentin, liebt es elektronisch, übt an vier Saiten, ist fernsehseriensüchtig, als Einfrau-Nähkränzchen radikal und Heimwerkerinnenbaronin.

Karin Harrasser hat an der Universität Wien Germanistik und Geschichte studiert, Diplomarbeit zu Science Fiction. Sie war Juniorfellow am IFK und Research Scholar an der Duke University, North Carolina; wissenschaftsorganisatorische Tätigkeiten für das bmbwk, Konzeption und Durchführung von Wissenschaftskommunikationsprojekten, Herausgabe und Redaktion der Zeitschrift *sinnhaft*, Promotion an der Universität Wien zum Thema »Computerhystorien. Erzählungen der digitalen Kulturen um 1984«. 2005-2007 Post-Doktorandin am Graduiertenkolleg »Codierung von Gewalt im medialen Wandel« an der Humboldt-Universität Berlin. Derzeit forscht sie zur Wissensgeschichte der Prothesen und leitet ein Forschungsprojekt zur Herstellung von Wissen und Geschlecht im Museum.

Britta Hoffarth lebt und arbeitet als Diplom-Pädagogin und Mutter, freie Journalistin und Musikerin in Bielefeld. Promoviert zum launigen Thema »Das Performativ des gelesenen Textes – Eine interdisziplinäre Beschäftigung mit Star Trek – The next generation«. Verdingt sich von Zeit zu Zeit als Lehrbeauftragte zu den Themen: Gender, Popkultur, Diskurstheorie, Dekonstruktion und Cultural Studies. Ihr Musikprojekt trägt den Namen Stockholm.
myspace.com/stockholmelectron

Ute Hölzl ist in den Südtiroler Bergen aufgewachsen und später zum Studium in die große Stadt Wien gezogen. Hat nie abgeschlossen, ist dafür aber in der Stadt hängen geblieben, wo sie beim öffentlich-rechtlichen Jugendradio FM4 arbeitet, leidenschaftlich Sofa-Sport betreibt, mit Freunden und Freundinnen manchmal queere Partys veranstaltet und sich viel zu selten mit »Den Netten« zu einem gepflegten Kick im Prater trifft.

Jule K. ist als freie Illustratorin (z. B. Kolumne »ich und wir« für *Das Magazin*, *Szene Hamburg*, *Intro*), Comiczeichnerin (u. a. »Cherry Blossom Girl« bei Edition 52, Veröffentlichungen im *Strapazin*, *Spiegel online*) und Künstlerin (Ausstellungen u. a. mit Françoise Cactus »Me and my friends«, Studio xx Berlin, bei der Biennale Berlin und im Museum of Modern Art in Rijeka, Kroatien) tätig. Mit Roman Mäder bildet sie das »Lost in Music«-Team, mit dem sie durch Europa touren und Bilderserien zu ihren Lieblingsliedern präsentieren.
www.julekru.de

Nic Koskowski wurde 1973 in der Pfalz geboren, ist an der Ostsee aufgewachsen und landete zur Jahrtausendwende nach Zwischenstationen in München und Miami in Hamburg. Nach einem Modedesign-Studium verließ sie umgehend die Branche und arbeitet seit Ende der 1990er Jahre als freie Journalistin, Illustratorin und DJ. Nic Koskowski hat ihre Texte über Musik, Popkultur und Mode unter anderem in der Kölner *Spex*, der *Visions* und *J'N'C* veröffentlicht. Derzeit arbeitet sie an einem Comic-Projekt.

Chris Köver hat Jahre ihrer Jugend damit verbracht, nachmittags US-Serien auf RTL zu gucken. Später studierte sie in Lüneburg Angewandte Kulturwissenschaften und schrieb eine Magisterarbeit über die Fernsehserie »Buffy the Vampire Slayer«, die von schätzungsweise zehn Menschen gelesen wurde. Heute arbeitet sie als Redakteurin bei *Zeit Online* und schreibt dort Artikel über Pornografie, die von wesentlich mehr Menschen gelesen werden.

Krawallmädchen ist eine richtige Popstar! Zumindest in ihrer eigenen kleinen Welt. Sie ist der wahre Star der berühmten Band Räuberhöhle. Da führt sie mit ihrer Freundin ›Bärchin‹ ein Puppentheater auf, und eine Frau (Krawalla), die sich als Mensch verkleidet, singt für sie. Das brauchen die Menschen. Identifikation! Krawallmädchens Hobbys sind Hörspiele, Puppentheater, Comics, Mädchenkrawalle, Filme und Musik machen. Sie spielt am liebsten in Australien, Japan und den USA.
www.krawallmaedchen.net

Verena Kuni forscht und lehrt zu Fragen und Themen gegenwärtiger, vergangener und zukünftiger Kunst- und Medienkulturen; aktuell mit Fokus auf Medien der Imagination, Technologien der Transformation, philosophisches Spielzeug, Cyborg-Entomologie, D.I.Y.-Kulturen und digitalen Verfall. Sie schreibt für internationale Zeitschriften und Netzmagazine; seit 1997 hat sie eine monatliche Kunstradiosendung auf RadioX/Ffm. Von 1995-1999 Kuratorin für das Kasseler Dokumentarfilm & Videofest, leitet sie dort seit 1999 die interfiction-Tagung für Kunst, Medien- und Netzkultur. Mitglied des Old Boys Network (OBN).
www.kuni.org/v
www.gunst.info
www.homemade-labor.ch/weblog
www.interfiction.org

Verena Lettmayer, geboren 1970 in Hanau, lebt und arbeitet in Offenbach/Main. Jedoch kommt die Hälfte der Vorfahren aus Steiermark/Österreich. Künstlerin, Grafikerin und Schriftsetzerin, Studium an der HfG Offenbach (1995–2003). Hobby-DJ, Malerei, konzeptionelles Arbeiten mit Sprache / Sprache als konstituierendes Element für Realität / über: Natur / Identität als KünstlerIn / Geschlechterverhältnisse / Arbeit. Als: Booklets / T-Shirts / (und ein Video). Diverse Ausstellungen im Ausland (Reykjavík / Island, Cesky Krumlov / Tschechien) und Gruppenprojekte (mainspree, minisaloon, exfor).
www.verenalettmayer.de

Anne Lück ist freie Illustratorin und lebt in Hamburg. Nach einem Grafikdesign- und Kunststudium in Maastricht, Stuttgart und Kiel mit Bachelor 2005 kam sie wenige Monate später in die Hansestadt, um bei Mutabor anzuheuern. Dort angekommen, spezialisierte sie sich auf Illustration, was sie mit wachsender Begeisterung seit Anfang 2006 hauptberuflich ausübt. Neben Publikationen in *Lürzer's Archive 200 Best Illustrators*, *3x3 NY*, *Freistil* und dem *Encore Magazine*, illustriert sie Kolumnen und Artikel in *Mare*, der *Zeit* und dem *Jungsheft*.
www.annelueck.com

Julie Miess lebt in Berlin und spielt Bass bei Britta und Jens Friebe. Übt Gitarre. Im Herbst Abschluss der Doktorarbeit »Neufassungen des Monströsen: Autorin, Gender, Horrortext«. Veröffentlichungen u. a. »Another Gendered Other: The Female Monster-Hero«. In: Horrifying Sex. Essays on Sexual Difference in Gothic Literature. Hg. Anolik, Ruth. Jefferson, NC: McFarland, 2007; »Monster.« Aus dem Album »Das schöne Leben« von Britta. Flittchen Records / Indigo, April 2006.

Mimikry sind **Raphaela Kehl** aka Jones (*1979), **Eva Zulauf** aka Lilith (*1981), **Julia Wacker** aka Polly (*1982). Überleben und träumen in Zürich. Die Freundschaft begann 2003 an der Hochschule für Gestaltung und Kunst Zürich. Zuerst war das Nichts, dann die Silberkugel und jetzt Mimikry. Drei Wesen der Nacht rocken die Stadt, sind in Bewegung und erzählen Geschichten in Bildern. Unsere Arbeit ist eine Safari durch den Dschungel des Lebens. Als desillusionierte Teenager der 1990er-Jahre, umgeben von Techno und Konsum, suchen wir seit jeher nach HeldInnen des Alltags (Mama, Ronja Räubertochter, Momo, Pippi Langstrumpf, Sophie Scholl, Hannah Höch, Rosa Parks, Frida Kahlo, Bikini Kill, Valie Export, Janis Joplin, Jeanne d'Arc, Patti Smith und viele viele mehr) und der verbindenden Sehnsucht einer

gemeinsamen Revolution. Unseren Weg als Frau in der Gesellschaft beschreiten wir stolz und mit Humor. Mimikry loves you!
www.mimikry.ch.vu

Elisabeth Moch würde am liebsten das ganze Jahr über Kirsten Dunst hinterherreisen, um irgendwann doch mal mit ihr über Vampirzähne zu sprechen. Da sie aber von Beruf Illustratorin ist, zeichnet sie stattdessen Bilder für internationale Publikationen wie *Neue Probleme*, *Wallpaper*, *Indie* oder das schwedische Modelabel *Minimarket*. Im Frühling 2007 zog sie zusammen mit ihrem Nerdfreund und ihrer Busenfreundin nach Stockholm und versucht seitdem, die Schweden für Kölschen Frohsinn zu begeistern. Die Installation war Teil ihrer Diplomarbeit »New Kids On The Blog«, in der Elisabeth die Gedankenwelten Jugendlicher im Internet erforschte.
www.elisabethmoch.com

Bettina Mooshammer, geboren 1970 in Oberösterreich, lebt seit 2002 in Berlin. Seit 2005 abgeschlossenes Studium der Architektur (TU Wien), Diplomarbeit gemeinsam mit Eva Trimmel zu: »Ladyspace. Feministische Raumpraktiken am Beispiel Ladyfest«. Filmprojekt zu bedrohten Freiräumen: »Wagenplatz – Schwarzer Kanal – Berlin«. Produziert gemeinsam mit Eva Trimmel Texte und Visuelles sowie Vorträge zum Thema Ladyspace.

Mosh Mosh sind **Isabel Reiss** und **Viola Thiele**. Sie machen elektronische Musik und bezeichnen sich selbst als divenhaftes Duo. Ihre Debüt-EP mit dem schlichten Titel »Mosh Mosh« erschien auf dem Münchner Label Echokammer. Die beiden arbeiteten auch mit MusikerInnen wie Zombie Nation, Catriona Shaw, Heidi Mortenson und Joe Masi zusammen. Es wird gemunkelt, dass bald ihre erste LP auf Wired Records erscheint. Isabel Reiss ist freie Kuratorin, Herausgeberin des Zines *Elend & Vergeltung* (*www.elendundvergeltung.com*) und Filmemacherin. Sie lebt in Zürich. Viola Thiele a.k.a. Lola Amorez a.k.a. Iron Trudy a.k.a. Molly ist Musikerin, Künstlerin und Grafikerin und lebt in Berlin.
www.mosh-mosh.com

Stephanie Müller aka rag*treasure beiß(t)pony, März 2004: eine zahngelbweiße Nähmaschine strahlt vor meiner WG-Zimmertür, eingetauscht gegen eine handvoll handgenähter Kleider. Seitdem verwandelt sie eingefärbte Bandagen, geplatzte Fahrradschläuche und Stoffraritäten aus dem Altkleiderfriedhof in preisgekürte (Baltic Fashion Award 2005) Textilunikate und pendelt zwischen Mini-Nähzelle, Nähaktionen, Workshops und Proberaum. Dort kommt sie auch mit gebrochener Nadel zum Einsatz, verstärkt und verzerrt als Krachmacher-Instrument für unsere Indie-Noise-Kombo beißpony.

Rosa Reitsamer ist Soziologin. Sie war die Mitherausgeberin der feministischen Zeitschrift *Female Sequences*, publizierte Artikel zu Feminismus und Antirassismus in der Popmusik und organisierte Ausstellungen und Symposien. Seit 2004 realisiert sie gemeinsam mit Manuela Schreibmaier das Programm für den Raum aRtmosphere in Wien. 2006 publizierte sie gemeinsam mit Rupert Weinzierl die Anthologie »Female Consequences. Feminismus. Antirassismus. Popmusik«. Zurzeit arbeitet sie mit Wolfgang Fichna am FWF-Forschungsprojekt zu Musikszenen in Wien an der Universität für Angewandte Kunst Wien.

Katja Röckel aka Mrs. Pepstein ist 1974 in der Pfalz geboren. Nach einer ersten ›Karriere‹ als Kinderkrankenschwester verschlägt es sie 1997 zum Studium nach Leipzig, wo sie endlich alles entdeckt, was ihr schon immer gefehlt hat: Katja Ebstein, den Feminismus und das Radiomachen. 2000 erschafft sie gemeinsam mit anderen tollen Frauen das »female files of music«-Netzwerk Propellas. Als DJ spielt sie am liebsten auf Hochzeiten und Nachmittagstees. Ihr Geld verdient sie allerdings mit medienpädagogischen Projekten.

Christiane Rösinger, geboren und aufgewachsen in Baden, Grundschule, Realschule, Buchhandelslehre, Kind gekriegt, Abendgymnasium, Umzug nach Berlin, Studium der Allgemeinen und Vergleichenden Literaturwissenschaft, Fischbüro, exundpop, Lassie Singers, Britta, Flittchenrecords, Flittchenbar. Schreibt für *taz*, *Berliner Zeitung*, *Die Zeit* und andere. Ihr erstes Buch »Das schöne Leben« erscheint im Frühjahr 2008 beim S. Fischer Verlag.

Julia Roth lebt und arbeitet als leidenschaftliche Paarungsverhaltensforscherin, Kulturwissenschaftlerin und freie Autorin in Berlin. Zuletzt grübelte sie gemeinsam mit Susann Neuenfeldt, Carsten Junker und Julie Miess über der unerschöpflichen Frage »Was, wenn Bartleby eine Frau wäre?« (nachzulesen in »Gender kontrovers. Genealogien und Grenzen einer Kategorie«, hg. von Dietze, Gabriele und Hark, Sabine, Ulrike Helmer Verlag 2006). In ihrer Freizeit setzt sie sich von Zeit zu Zeit nach Andalusien und Argentinien ab, um landesübliche Tanzformen nachzuahmen, forscht an Methoden der Gebärmuttertransplantation und entwickelt Konzepte zur idiotensicheren Handhabung von Kondomen zur Einführung als Pflichtfach an Grundschulen.

Barbara Schulz, 39, wurde in Buxtehude geboren und zog mit 20 nach Hamburg. Sie schreibt und singt, seit sie denken kann, später kam die Liebe zum Schlagzeugen dazu. Sie spielte und spielt in div. Bands, u. a. bei Der heitere Himmel, TGV, Ponika und Novack. Ihre Vorbilder waren (sind?) Alison Moyet, Madonna und Lori Barbero. Sie hat Musikwissenschaft, Phonetik und ein wenig Französisch studiert, legt mit den Glowgirls auf und schreibt seit Jahren frei (u. a. *taz, junge welt, Intro*). Hat zuletzt zwei Monate in Köln bei der *Emma* gearbeitet. Lebt, schreibt und musiziert jetzt wieder in der alten Hanse.

Dimitrina Sevova, geboren 1971 in Varna, Bulgarien, lebt in Zürich und Sofia. Von 1985 bis 1990 besuchte sie das National College of Fine Arts and Art History in Sofia, von 1991 bis 1998 studierte sie an der National Academy of Arts, Sofia und schloss 1998 mit dem Master of Painting ab. Sie arbeitet als Künstlerin, Kuratorin, Theoretikerin und Autorin zu alten und neuen Medien in zeitgenössischen Kunstpraxen und –theorien. 2002 gründete sie mit Alain Kessi das Critical Media Art and Theory Collective code flow.
www.code-flow.net

Cornelia Sollfrank, Hackerin, Cyberfeministin und Konzeptkünstlerin erforscht seit Mitte der 1990er Jahre die weltweiten Kommunikationsnetze und nutzt diese zur Revolutionierung der Kunst.
www.artwarez.org
www.thing-hamburg.de

Amélie Schneider, Jahrgang 1982, studierte an der Academie Beeldende Kunsten Maastricht, Niederlande, und der Hogeschool Gent, Belgien, Grafik, Typografie und Illustration. Für ein Praktikum bei *Jürgen und ich* bzw. *Intro* zog sie 2004 nach Köln. Seither wimmelt es an visuellen Beiträgen in Rock und Pop sowie einer bunten Sammlung an Platten, Peep-Toes und prima Ohrclips. Seit 2006 gestaltet sie die Fanzines *Neue Probleme* und *Jungsheft*. Dieses Jahr stellte sie ihre grafischen Dienste *Neon* in München sowie *Zeit Campus* in Hamburg zur Verfügung. Wenn sie ins Regal schaut, stellt sie fest: »Hot Topic« ist ihr liebstes Buch.
amelie@rockmaedchen.com

Malin Schulz, geboren 1979, lebt und arbeitet, was ja dasselbe ist, in Hamburg. Sie entwickelte im letzten Jahr das Jugendmagazin *Zeit Campus* und ist nun verantwortlich für die Fotografie. Davor hat sie bei Ute Mahler und Vincent Kohlbecher Fotografie an der HAW in Hamburg studiert und als freie Fotografin gearbeitet. 2004 gewann sie mit einer Gemeinschaftsarbeit zum Thema »Schönheit« den Kodak-Nachwuchsförderpreis.
malinschulz@web.de

Jutta Sommerbauer wurde 1977 in Wien geboren. Sie studierte Politikwisssenschaft und Gender Studies in Wien und Huddersfield (GB). Nach ersten Experimenten mit Fanzines (*PUCKlzine, geringfügig beschäftigt*) war sie Mitbegründerin der feministisch-popkulturellen Zeitschrift *nylon*. 2003 erschien ihr Buch »Differenzen zwischen Frauen. Zur Positionsbestimmung und Kritik des postmodernen Feminismus« im Unrast-Verlag. Seit 2002 lebt sie in Bulgarien, wo sie als Universitätslektorin arbeitet und als freie Journalistin für deutschsprachige Zeitungen berichtet. Sie ist Mitglied des Osteuropa-Korrespondenten-Netzwerks n-ost (*www.n-ost.de*). Ihre Freizeit verbringt sie am liebsten als Passagierin in rumpelnden Minibussen, die sie unter anderem in die Türkei, den Iran, Mazedonien, Albanien und zuletzt nach Moldawien und in die Ukraine geführt haben.
jutta_sommerbauer@yahoo.de

Sandra Stein verbrachte ihre Kindheit an beständig wechselnden Orten im In- und Ausland. Seit 1999 arbeitet sie als freie Fotokünstlerin in Köln. Seit dem Fotografie-Studium an der FH Dortmund arbeitet sie mit verschiedenen Magazinen und Musiklabels zusammen, es folgten Ausstellungen ihrer Kinder- und Jugendlichen-Portraits im In- und Ausland. Als aktives Mitglied der Internationalen Künstlergruppe POC realisiert sie zahlreiche gemeinsame Projek-

te an den unterschiedlichsten Orten der Welt. 2007 gründete sie mit zwei weiteren Künstlerinnen den Projektraum weiss in Köln.
www.sandra-stein.de

Elena Stöhr lebt in Köln, wo sie zurzeit ihr Studium der Anglistik, Skandinavistik und Fennistik beendet und in das D.I.Y.-Ladenkollektiv Craftista! involviert ist. Sie ist Herausgeberin von *It's not just boys' fun* und *Rote Tränen* und möchte ihre Begeisterung für Zines in ihrer Promotion vertiefen. Außerdem schreibt sie Artikel für diverse Zines und Magazine und geht nie ohne ihre Kamera aus dem Haus (seit 2005 zahlreiche Fotoausstellungen in Europa, USA).
elena@novarecordings.de

Pia Thilmann, geb. 1978, lebt in Berlin und hat ihr Leben ganz dem Drag verschrieben. Performend mit den Kingz of Berlin (*www.kingzofberlin.de*), als Herausgeberin des ersten deutschsprachigen Bandes zu »Drag Kings« (*www.dragkingbuch.de*), dozierend in Workshops – immer dreht sich alles nur um das eine. Hat Philosophie-Abschluss, macht Cateringjobs, liebt Comics und Sukkulenten, schuftet gerne bei Festivals. Veranstaltet 2008 als »Herr Direktorin« das Drag Festival Berlin.
pia.thilmann@gmx.net

Cordula Thym wurde 1977 in Tirol geboren, wo sie auch aufwuchs. Zurzeit lebt sie als freischaffende Filmemacherin und Cutterin in Wien. Sie ist seit zehn Jahren in der Frauen- und Lesbenszene aktiv und war Mitorganisatorin des Ladyfest Wien.

Eva Trimmel, geboren 1974 im Burgenland, lebt seit 1992 in Wien. Seit 2005 abgeschlossenes Studium der Architektur (TU Wien), Diplomarbeit gemeinsam mit Bettina Mooshammer zu: »Ladyspace. Feministische Raumpraktiken am Beispiel Ladyfest«. Auflegerei bei Quote – der Club gegen Schieflagen. Schlagzeugerei bei Pauline in Rage. Produziert gemeinsam mit Bettina Mooshammer Texte und Visuelles sowie Vorträge zum Thema Ladyspace.

Clara Völker hat das Netzwerk FemaleHipHop.net initiiert, legt seit Ende der 1990er als Caynd HipHop auf, arbeitete als Redakteurin bei *De:Bug. Zeitschrift für elektronische Lebensaspekte* sowie als freie Journalistin. Lebt in Berlin und promoviert derzeit zu mobilen Medientechnologien im Zusammenhang mit dem Begriff des Virtuellen an der Bauhaus-Universität.
www.femalehiphop.net

Verena Weißenböck, geboren 1974. Bildende Künstlerin, Musikerin, Psychologin. Veröffentlichungen in Printmedien, u. a. *Fiber, Malmoe, Murmel, Progress*. Kuratorin der Internet-Bilddatenbank zum Thema »Gewalt an Frauen« (*www.bildergegengewalt.net*). Ausstellungsbeteiligungen. Gemeinsam mit Julia Kläring Herausgeberin der Comic-Reihe *Suppenheldinnen* (*www.klingt.org/resi/suppe*). Seit 2002 diverse unabhängige Comic-Veröffentlichungen.
verena@fusion.at

Linda Wölfel wurde 1975 im Weserbergland geboren, studierte and der HfK Bremen Fotografie und Design und lebt als Musikerin und Grafikerin in Berlin. Sie spielt seit Anfang der 1990er in Bands und veröffentlicht seit einiger Zeit zusammen mit Pauline Boudry als Rhythm King And Her Friends Platten. Soeben eröffnete sie mit vier Freundinnen ein Büro für Gestaltung in Kreuzberg.
linda_lo_fi@hotmail.com

Anna Wxxx, born and raised in HH-City, studiert Kostümdesign bei Reinhardt v. d. Tannen an der HAW. Sie ist Mitglied der Performancegruppe »PS«.
annawue@web.de

Vina Yun, Jahrgang 1974, lebt und arbeitet in Wien. Sie ist ehemalige Mitherausgeberin der Zeitschrift *nylon. KunstStoff zu Feminismus und Popkultur* und Teil des Redaktionskollektivs der zweimonatlichen Zeitung Malmoe (*www.malmoe.org*). Freie Autorin für diverse deutschsprachige Printmedien und Publikationen zu Pop, Gender, Queer, Postkolonialismus und Antirassismus. Hat mehr Disco-Platten zuhause als die Eltern, liebt Roboter und Katzen.
superwhiskas@gmx.at

Elke Zobl, geb. 1975 in Österreich, ist Kulturwissenschafterin und Kuratorin und lebt in Salzburg. Sie betreibt seit 2001 die Website Grrrl Zine Network (*http://grrrlzines.net*). Sie dankt allen Zine-Grrrls für die Interviews und die Inspiration. This research was supported by a Marie Curie International Reintegration Grant within the 6th European Community Framework Programme.
elke_zobl@yahoo.com

Sonja Eismann wurde 1973 in der Kurpfalz geboren und findet es sehr traurig, wenn Frauen auch heute noch meinen, ihr Geburtsdatum zwecks Verjüngung fälschen zu müssen. Sie wuchs in dem Glauben auf, dass ihr Provinzvorort das Größte sei, merkte beim Umzug in ein steirisches Dörfchen und anschließendem Literatur-Studium in Wien aber, dass sie sich damals wohl geirrt hatte. Stellte bei der Mitarbeit bei der Zeitschrift *nylon. KunstStoff zu Feminismus und Popkultur* glücklich fest, wie viele coole Feministinnen es in ihrer Nähe gab, findet aber heute unbedingt, dass Feminismus nicht glamourös sein muss, sondern nur kann. Hat viereinhalb lange Jahre in der ›hässlichen Stadt rund um den Dom‹ mit sehr vielen Männern bei einer Musikzeitschrift gearbeitet und teilt seit Anfang 2007 ihre Zeit zwischen Berlin und Wien. Ihrer Mutter ist sie heute noch dankbar, dass sie ihr schon als Teen feministische Bücher schenkte. (Foto: Christiane Erharter)

256 Seiten
mit Abb.
ISBN 9783931555788
€ 12,90 (D)

Anjela Schischmanjan / Michaela Wuensch (Hg.)

female hiphop. *Realness, Roots und Rap Models*

Ladies first!

HipHop gilt als von Männern dominierter Musikstil, in dem Frauen nur als ›Dekoration‹ in Musikvideos oder als »Bitches« in den Texten vorkommen. Doch von Anfang an haben sich Frauen immer wieder in die Bewegung eingebracht und das sexistische Image von HipHop zurechtgerückt. Nicht nur gegen Rassismus, sondern gegen jegliche Diskriminierung, lautet ihre Devise.

»Female HipHop« stellt Soul-Diven, weibliche MCs und Produzentinnen vor, die im HipHop neue Trends gesetzt haben. Der Sammelband bietet eine umfangreiche Geschichte der wichtigsten Frauen im HipHop, thematisiert allerdings auch die Problematik von Macho-Rollen und Sexismus – Auswüchse, gegen die sich die Musikerinnen immer wieder zur Wehr setzen müssen. Emanzipatorische Entwicklungen wie Homo-Hop werden reaktionären Phänomenen wie deutschem Porno-Rap, Nazi-Rap und sexistischen Videoclips gegenübergestellt.

304 Seiten
zahlr. Abb.
ISBN 9783931555153
€ 14,50 (D)

testcard #16: Extremismus

Extreme in Politik, Kunst und Musik

Der Begriff »Extremismus« ist aus der jüngsten politischen Debatte nicht wegzudenken. Meist bezieht er sich auf die Gefahr des internationalen Terrorismus und dient als Argument für schärfere, umfassendere Überwachungen. Während konservative Werte wie Nation, Familie und Religion Konjunktur haben und nicht selten mittels extremer Positionen verfochten werden, ist es um eine »extreme«, nämlich radikale und kritische Kunst derzeit schlecht bestellt. Neokonservatismus und Neoromantik bestimmen Bildende Kunst, Film und Musik – »testcard« fragt nach, warum das so ist und warum den Feuilletons zu »extremen« Positionen meist nur noch die Namen Christoph Schlingensief und Jonathan Meese einfallen. Haben alte Provokationsstrategien ausgedient? Erleben wir demgegenüber gerade einen »Extremismus der Mitte«?

Aus dem Inhalt: Musikskandale / Verharmlosung des Holocaust in der Popkultur / Der neue Nationalismus – Normalität oder Extrem? / Der Mondo- und Kannibalen-Film / Gender-Grenzen sprengen: Billy-Tipton-Porträt / Throbbing Gristle / Die extreme Linke und die Politik des Prekariats. Gespräche mit: Mayo Thompson (Red Crayola), Mark Stewart (The Pop Group), Jonathan Meese u. a.

www.ventil-verlag.de